## 추천의 글

독신들이여, 주목하라! 게리는 결혼이 무엇인지 아는 사람이다. 결혼을 꿈꾸는 사람은 그의 절실한 도움을 통해 당당히 그 자리에 이를 수 있다.
**리자 앤더슨**_ 〈포커스 온 더 패밀리〉 청년부 책임자, 〈The Boundless Show〉 진행자

현재 데이트 중이거나 약혼한 사람, 또는 앞으로 그럴 마음이 있는 사람이라면 반드시 읽어야 할 책이다! 많은 사람이 내 친구 게리 토마스를 성공적 결혼생활의 전문가로 꼽는다. 바로 그 주제의 핵심을 파헤친 책이다.
**에드 영**_ 펠로우십 교회 담임목사, 베스트셀러 Sexperiment 저자

나의 독신 시절에는 이 책이 없었던 게 아쉽다. 당신에게 결혼의 이유를 묻는 책이다. 생각하게 만드는 질문들과 무릎을 탁 치게 하는 교훈이 가득하다. 결혼을 생각하는 모든 이들의 필독서로 적극 추천한다.
**린다 딜로우**_ 《만족》, What's It Like to Be Married to Me? 저자

멋진 결혼생활은 성품의 산물이다. 결혼을 생각 중이거나 미루고 있거나 시도하려는 모든 사람의 기본 점검서다. 결혼이 두렵거든 이 책을 읽고 용기를 얻으라. 결혼에 준비되어 있지 못하다면 이 책을 읽고 준비하라.
**테드 커닝햄**_ Young and in Love와 Trophy Child 저자

성경적이고 논리적인 그의 조언에는 아버지의 심정과 지혜가 담겨 있다. 미혼자에게는 결혼에 대한 의문에 답해 주고 기성세대에게는 멘토와 길잡이가 되어 주는 책이다. 이제 나는 내 일을 그만두어도 될 것 같다!
**조이 에거리치**_ 〈Love and Respect〉 대표

뭔가가 망가졌다. 사방에서 결혼이 무너지고 있다. 게리 토마스가 그 원인을 정확히 짚어낸다. 게리가 그려 내는 지도를 통해 당신은 연애 감정의 도취를 넘어 데이트와 결혼에 대한 하나님의 마음을 볼 수 있다.
**제니 앨런**_ Anything 저자

"나는 왜 결혼해야 하는가?" 독신들은 데이트라는 험한 바다를 어떻게 항해하며 배우자를 찾는 일을 어떻게 거룩한 추구로 만들 것인가? 거기에 답해 주는 대망의 책이다.
**에스터 플리스**_ 문화 커뮤니케이터, 밀레니얼 세대 전문가, 전 〈포커스 온 더 패밀리〉 밀레니얼 세대 담당자

성경적 결혼관을 더없이 진솔하게 담아낸 책이다. 세상은 무턱대고 결혼의 **대상**에만 집착하지만 로맨틱한 관계를 심리적, 정서적, 신체적, 영적 관점에서 종합적으로 조망한 이 책은 독자에게 결혼의 **이유**를 이해하는 기틀을 다져 준다. 누구나 혼인 서약을 하기 전에 꼭 읽어야 할 책이다.
**미셸 앤서니**_ 뉴라이트교회 가정사역 부목사, 《하나님이 기뻐하시는 자녀교육》, *Dreaming of More for the Next Generation* 저자

21세기의 청춘 남녀에게 결혼에 이르는 길은 험로일 때가 많다. 게리 토마스는 그들을 지도한 경험이 풍부한 사람이다. 이 책은 결혼을 꿈꾸는 이들에게 큰 도움이 될 것이다.
**짐 데일리**_ 〈포커스 온 더 패밀리〉 총재

운명의 반쪽을 찾는다는 신화를 벗기고 동반자 같은 짝을 고르게 해준다. 그 짝은 신실한 사랑으로 '자기 목숨을 버릴' 사람이다. 배우자를 찾는 일에 지혜롭게 임하려면 누구나 읽어야 할 성경적인 책이다.
**레스 패럿**_ 《결혼: 남편과 아내 이렇게 사랑하라》 저자

게리 토마스는 독신들을 방해하는 흔한 신화를 명쾌하고 성경적이며 시의성 있게 벗겨 낸다. 결혼의 이유를 탐색하는 이 책 덕분에 독신들은 결혼 상대를 더 지혜롭게 고를 수 있다.
**린제이 노블스**_ 파워블로거, www.lindseynobles.com

연애학교
*The Sacred Search*

Originally published in English under the title:
*The Sacred Search: Updated & Revised*
ⓒ 2013, 2021 Gary Thomas
Published by David C Cook
4050 Lee Vance Drive, Colorado Springs, Colorado 80918 U.S.A.
All rights reserved.

This Korean translation edition ⓒ 2014, 2025 by CUP, Seoul, Republic of Korea.
This Korean edition is published by arrangement of David C. Cook
through rMaeng2, Seoul, Republic of Korea.

이 한국어판의 저작권은 알맹2를 통하여 David C. Cook과 독점 계약한 도서출판 CUP에 있습니다.
저작권법에 의하여 한국 내에서 보호 받는 저작물이므로 무단 전재와 무단 복제를 금합니다.

*The Sacred Search*

| | |
|---|---|
| **지은이** | 게리 토마스 |
| **옮긴이** | 윤종석 |
| **펴낸이** | 김혜정 |
| **디자인** | 홍시 |
| **본문 일러스트** | 바이블 박 |
| **마케팅** | 윤여근, 정은희 |
| **초판** | 초판 1쇄 발행_ 2014년 10월 27일 |
| | 초판 8쇄 발행_ 2020년 10월 16일 |
| **개정판** | 개정판 1쇄 발행_ 2022년 4월 28일 |
| | 개정판 4쇄 발행_ 2024년 10월 22일 |
| **개정증보판** | 개정증보판 1쇄 인쇄_ 2025년 5월 22일 |
| | 개정증보판 1쇄 발행_ 2025년 6월 5일 |
| **펴낸곳** | 도서출판 CUP |
| **출판신고** | 제2017-000056호 (2001.06.21.) |
| **주소** | (04549) 서울특별시 중구 을지로148, 803호 (을지로3가, 드림오피스타운) |
| **전화** | (02) 745-7231 |
| **팩스** | (02) 6455-3114 |
| **이메일** | cupmanse@gmail.com |
| **블로그** | www.cupbooks.com |
| **페이스북** | facebook.com/cupbooks |
| **인스타그램** | instagram.com/cupmanse |

ISBN 979-11-90564-72-4 03230      Printed in Korea.
파손된 책은 구입한 서점에서 교환해 드리며 책값은 뒤표지에 있습니다.

게리 토마스의
**인생학교** 01

# 연애학교
*The Sacred Search*

개정
증보판

게리 토마스 | 윤종석 옮김

나의 반쪽 어떻게 선택할까?
아름다운 만남과 데이트를 꿈꾸는 이들의 필독서

# The sacred search
What if it's not about who you marry, but why?

— **Updated & Rivised** —

Gary Thomas

데이트할 때 '십인조 대화'를 하라. 하나님과의 관계에서 비롯되는 대화다. 우리가 기도하고 성경을 읽으면 하나님이 우리에게 자신을 계시해 주신다. 우리는 겸손히 자신의 약점을 인정하고 더 나은 미래를 향한 비전을 얻을 수 있다. 혈대도 내화 소재가 떨어지지 않는다. 들은 닮을 더 그리스도를 닮아가는 역동적인 사람이 된다. 우리의 열정에도 다시 불이 붙는다.

만남 …

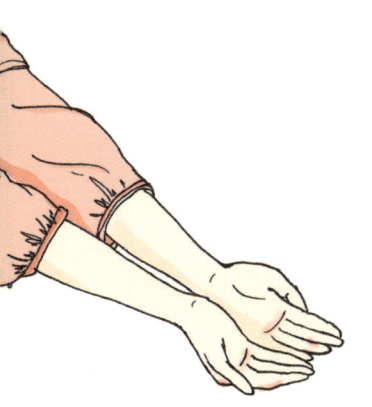

반면 남성은 신체적 매력을 풍기는 여자에게 도맨틱한 사랑을 느끼는 편이다. 하지만 사람의 삶에서 가장 확실하게 변하는 것이 있다면 바로 외모다. 결혼이란 함께 젊음을 지키는 게 아니라 함께 늙어가는 것이다. 나이가 들수록 몸은 변하게 되어 있다. 결혼 상대를 도맨틱한 매력만 보고 정하는 것은 매우 어리석은 일이다. 그 결정이 평생을 좌우하기 때문이다.

심리적으로 여성은 굳림힘 남자에게 도맵틱한 사랑을 느끼는 편이다. 하지만 여자들이 평생의 배필에게 궁극적으로 바라는 것은 동반자 의식, 판계 기술, 깊은 애정 드을 표현하는 능력이다. 굳림힘의 남자는 대개 그런 능력이 뛰어진다.

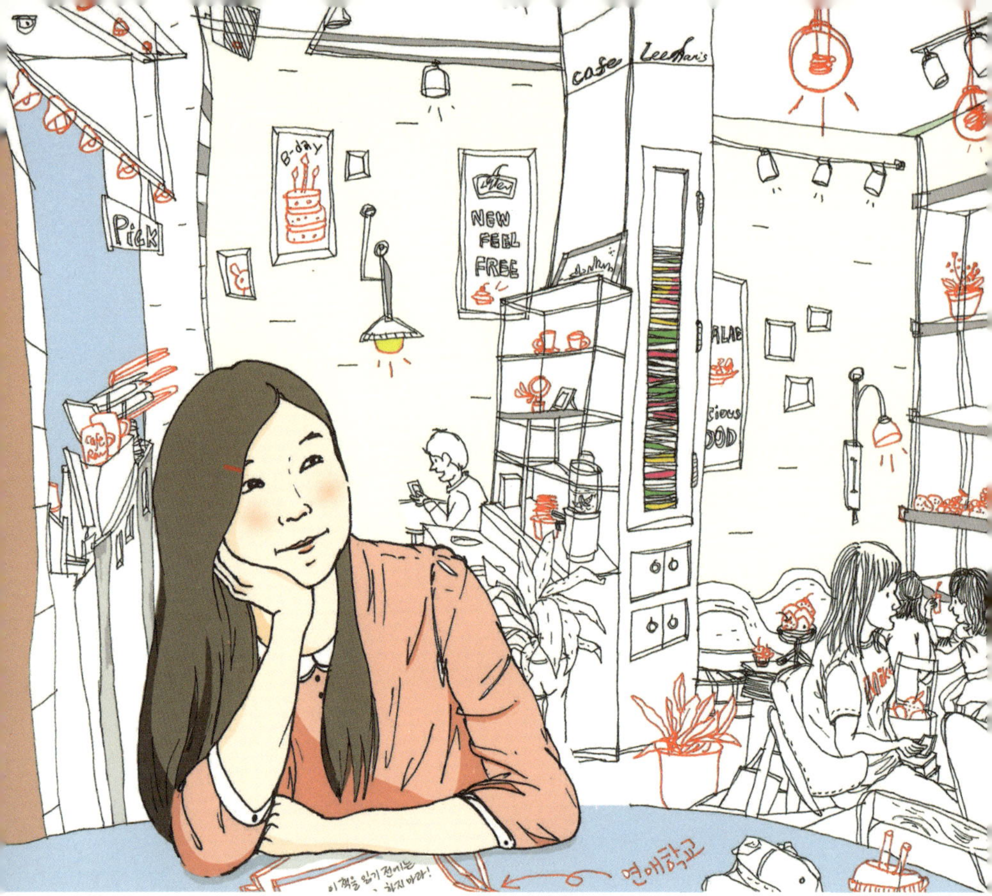
cafe Leeparis
B-day
NEW
FEEL
FREE
Pick
연애학교
이 책을 읽기 전에는
하지 마라!

혼자 있을 때도

자기야
어디야?
나,
여기지 ~

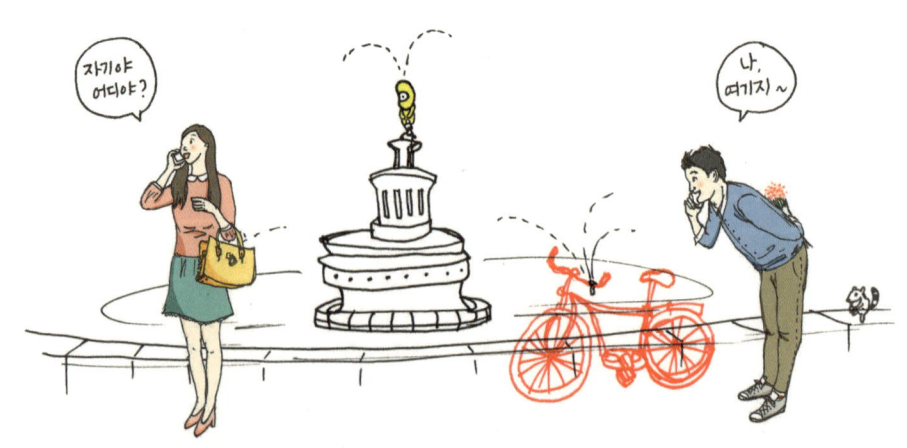

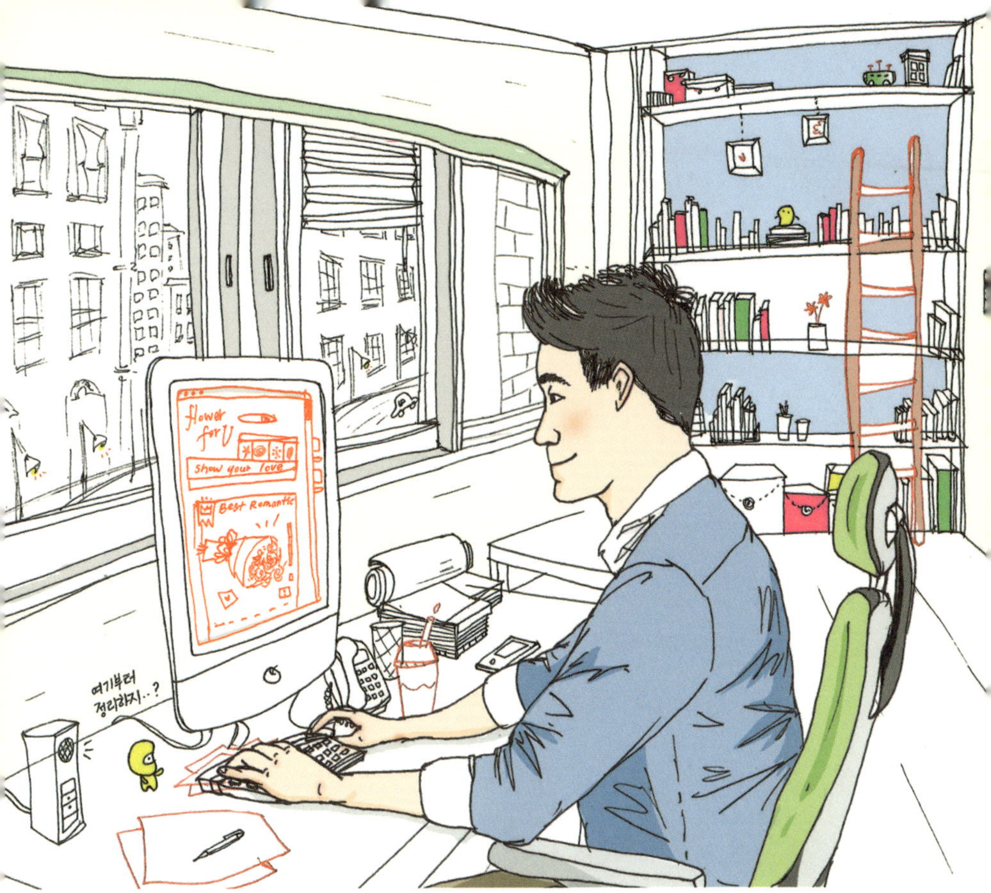
Flower for U
Show your love
Best Romantic
여기부터
정리하지..?

늘 생각나요.

어머나~ ;; ;;
ㅈ자잔~
달릴 준비됐음.

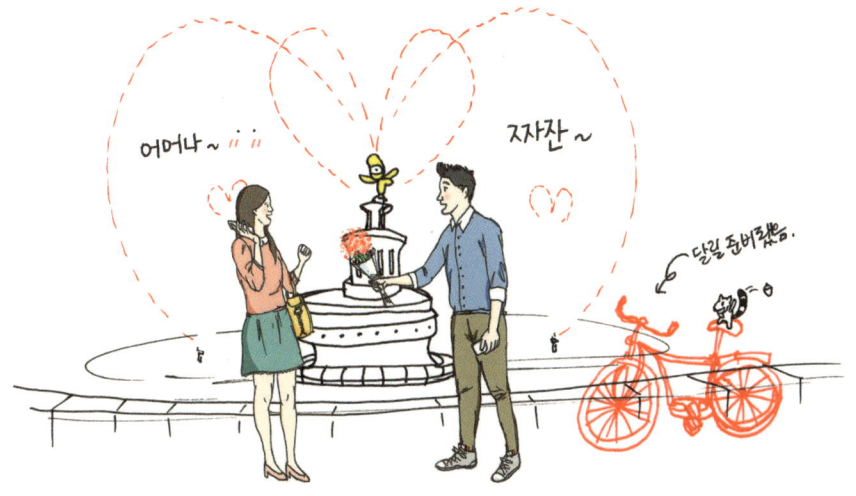

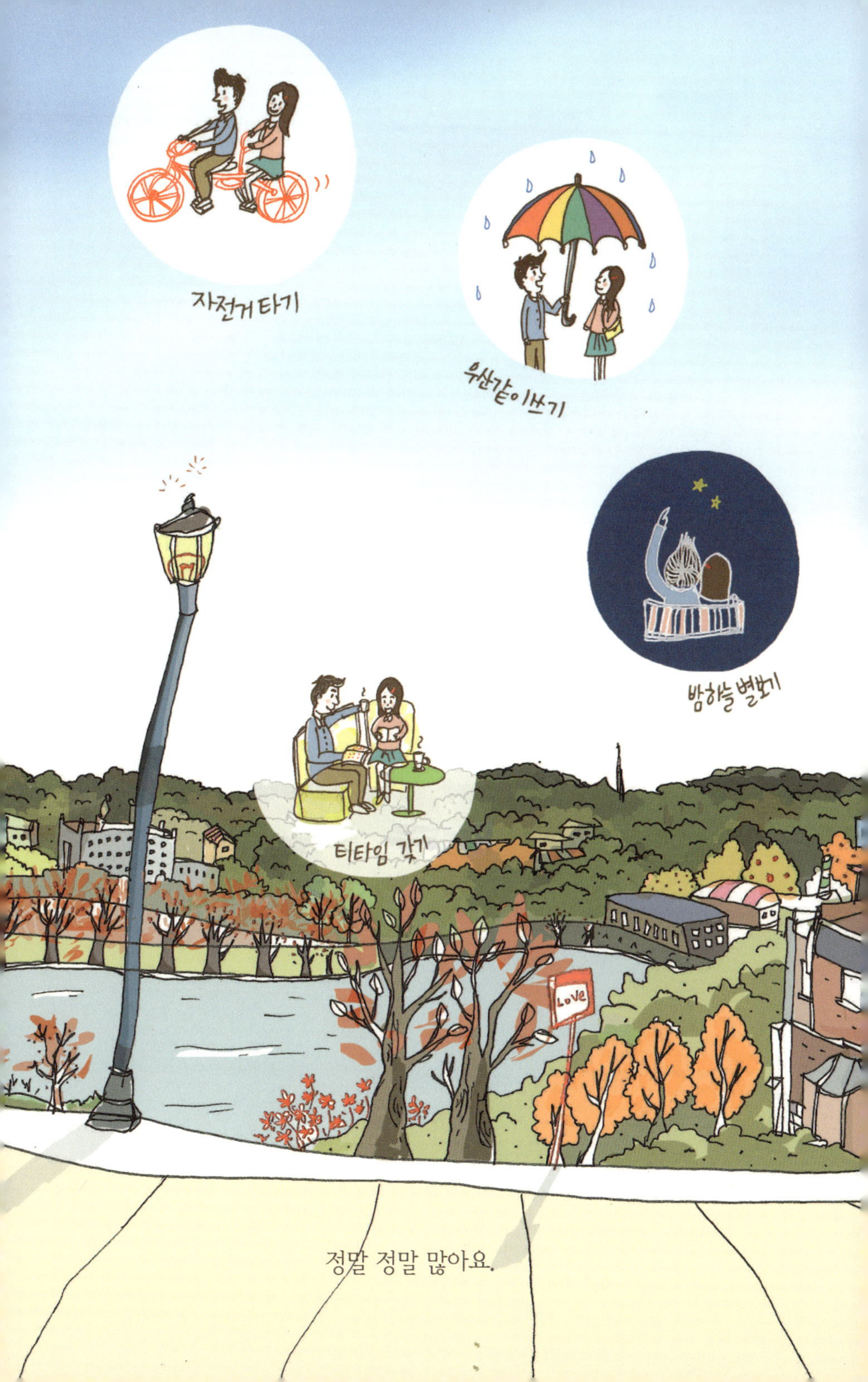

자전거타기
우산같이쓰기
밤하늘별보기
티타임 갖기
Love


정말 정말 많아요.

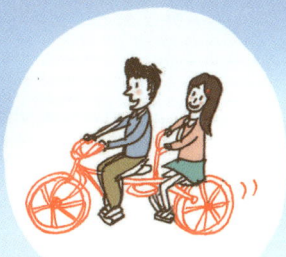

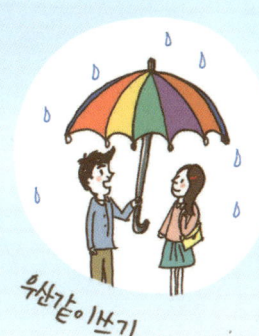

"결혼을 잘한 사람들은 애정 운이 좋아서가 아니라 의지적으로 그 길을 갔기 때문이다."

사랑에 계속 그리스도인이 너무 많다. 그들은 자신의 내뱉음을 하나님으로 배우려 한다. 결혼은 의지적으로 추구해야 할 일이며, 행복한 결혼이 내 삶은 딱 하나로 정해져 있지 않다.

우리는 상대에게 참으로 알면지를 받아들여지기를 원한다. 그런데 한편으로 두렵다. 상대가 내 참모습을 알면 혹시 벗어나지 않을까? 박히 내보일 만한 것이 내게 있기나 한가? 상대에도 내 참모습에 싫증을 낼까? 누군가를 느낄까? 반감이 들까? 그래서 우리는 숨는다. 상대를 알아 가려 하기보다 상대의 비위를 맞추려 한다. 그래서 내 본색이 드러나면 파트너가 떠날지도 모른다는 불안 속에서 살아간다. 친구들이여, 당신은 당신을 참으로 알고, 그래도 수용하고 사랑할 사람을 찾고 싶은가? 거기에 이르는 유일한 길은 대화다.

하지만 어느 순간 변해버린 그대를 보았어요.

".. 오빠는 맨날 미안하면 다지?"

"내가 언제 -"

"..우리 이제 그만 헤어져"

"너.. 그 말 후회 안해?"

"안해"

"..알았어.. 고마웠다."

"..."

저기요, 여기 계산이요

그런데 우리는 데이트와 배우자의 선택에 대해서는 그와 비슷한 '기독교식 야훼'도 말한다. 그리고 그런 말이 아주 고상하게 들린다. "배우자를 찾는 일도 걱정할 것 없어. 하나님께만 집중하고 있으면 그분이 내가 되면 사람을 보내 주실 거야."

그런 철학대로 산다가 30대와 40대가 되어 깊은 실망에 빠진 이들이 있다. 그들은 아직도 결혼하지 못해 하나님을 원망하는 마음과 싸우고 있다.

"배우자를 고르는 일에 관한 한 하나님이 네가 되면 좋은 짝을 보내 주실 거야. 나는 가만히 앉아 기다리면 돼!"

이 말은 정말 영적이고 믿음이 좋고 거룩하게 들린다. 하지만 이런 태도를 삶의 다른 영역에 대입해 보자. 예컨대 이런 말은 얼마나 '거룩하고' 지혜롭게 들리는가?

"나는 대학에 입학 원서를 내지 않겠어. 하나님이 나를 대학에 보내실 거라면 반드시 택시스 대학교를 시켜 내게 조청장과 기숙사 열쇠를 내게 하실 거야. 그게 표정이야." 이것은 또 어떤가?

"집의 원서를 작성할 이유가 뭐지? 내가 마이크로소프트에서 일하는 게 하나님 뜻이라면 그분이 그곳의 CEO를 시켜 나에게 전화를 하게 하실 거야."

그런 식으로 말하는 사람이 있다면 광신도로 취급될 것이다.

이렇게 몇 년간 웃고 울고를 반복하며
그대를 알아 왔다고 생각했는데…

나랑 결혼해 줄래?…

# CONTENTS

**Part1** 평생을 좌우할지도 모를 순간의 선택

- 01_ 어떤 눈물? 고통 아니면 기쁨   37
- 02_ 짜릿한 감정이 있어야만 하는가?   47
- 03_ 사랑에 빠지면 이성이 마비될까?   57
- 04_ 남자와 여자가 피해야 할 실수   73
- 05_ 운명적인 반쪽? 동반자 같은 짝?   85
- 06_ 천생연분은 진짜 있을까?   105

**Part2** 도대체 어떤 사람을 만나야 하는 걸까?

- 07_ 가만있지 말고 찾아 나서라   117
- 08_ 언제, 어떤 사람과 결혼할까?   127
- 09_ 나와 그대의 결혼스타일은?   137
- 10_ 어떤 사람을 만나야 할까?   159

11_ 정말 주의해야 할 네 가지 성격 유형     177

12_ 절대로 동정심에서 결혼하지는 마라     191

## Part3 만날 때 꼭 해야 할 것들

13_ 행복한 결혼은 그냥 주어지지 않는다     213

14_ 이것만은 의견 일치가 필요하다     231

15_ 데이트 할 때 꼭 해야 하는 대화     241

16_ 건강하고 유익한 데이트 시간     259

17_ 이성을 마비시키는 신경화학 전쟁     269

18_ 예수님이라면 데이트를 어떻게 하실까?     297

후기   그리스도 안의 멋진 커플들을 기대하며     307

주     313

## 감사의 말

이 책의 이전 판들을 읽고 여러 유익한 소감을 들려준 리자 토마스, 스티브와 레베카 윌키, 메리 케이 스미스, 존 카드, 스티브와 캔디스 와터즈, 린제이 토마스, 제이 필즈에게 감사한다. 지원을 아끼지 않은 에드 영 박사와 우리 교회인 텍사스 주 휴스턴 제이침례교회에게도 특별한 감사를 전한다. 예이츠와 예이츠 사의 내 저작권 대리인으로 오랜 세월 우정을 나누며 동역해 온 커티스 예이츠와 마이크 솔즈베리에게도 깊이 감사한다. 도서출판 데이비드 C 쿡 팀의 스테파니 베넷과 마이클 코빙턴에게 감사한다. 나도 팀의 일원이 되어 영광이다.

이번 개정증보판을 업데이트하는 데 고견을 베풀어 준 앤디 퍼킨스와 매트 클라크에게 감사한다.

# 평생을
# 좌우할지도 모를
# 순간의 선택

**PART 1**

# 어떤 눈물?
# 고통 아니면
# 기쁨
## 01

지금부터 소개하려는 두 가지 실화를 보면 결혼 상대를 지혜롭게 선택하는 게 얼마나 중요한지 알 수 있다.

첫 번째 실화의 남자는 얼굴이 굳어진 채로 이렇게 털어놓았다.

"솔직히 말해서 결혼생활은 내 인생의 가장 큰 십자가입니다."

평소에 과묵하던 이 남자의 눈에 눈물이 차올라 뺨을 타고 흘러내렸다. 그가 날마다 지고 사는 짐이 무엇인지 그 눈물이 모든 것을 말해 주었다. 그는 하나님께 놀랍게 쓰임 받는 사람이었다. 그러나 자신에게 힘이 되어야 할 결혼생활이 오히려 자신을 무겁게 짓누른다고 말했다. 부부관계를 유지하는 게 옳다고 믿기에 그러고는 있지만,

그는 인생 여정을 돌멩이가 잔뜩 든 신발을 신은 채 걷고 있다. 그래서 걸음을 내디딜 때마다 아프다. 배우자를 선택한 뒤로 아예 **주저앉은** 것은 아니지만 더 괴로워진 것만은 분명했다.

두 번째 실화의 30대 여성은 남편의 사랑을 말하며 전혀 다른 눈물을 흘렸다. 행복의 눈물이었다. 35세가 되기도 전에 그녀는 웬만한 사람이 평생 겪는 것보다 더 많은 병치레로 고생했다. 삶이 그렇게 고달플 줄은 몰랐다. 그런데 남편이 돌멩이가 잔뜩 든 신발이기는커녕 폭풍 중에도 의지할 수 있는 반석 같은 사람으로서 엄청난 격려를 베풀어 주었다. 암울한 날일수록 아내에게 웃음을 주었고, 마냥 볼품없는 모습일 때도 아내를 정말 아름답게 봐 주었다.

"남편은요, 제 삶에서 예수님 다음으로 가장 큰 기쁨이죠. 남편이 곁에 없었다면 지금 제가 어떻게 되었을지, 이 모든 어려움을 어떻게 이겨 냈을지 정말 상상이 안 돼요."

한 사람은 고통의 눈물을 흘리고 있다. 부부관계를 유지하기 위해 안간힘을 쓴다. 이 남자는 부부관계를 십자가에 비유한다. 그 관계 때문에 진이 빠지지만 그래도 참고 견디는 중이다. 또 한 사람도 울고 있지만 우는 이유가 다르다. 그녀가 우는 이유는 힘든 부부관계 때문에 괴로워서가 아니라 자기를 그토록 사랑해 주는 남편이 고마워서다. 그 사랑이 얼마나 놀라운지 그녀는 남편이 없는 삶은 상상할 수도 없다.

하나는 고통의 눈물이고 또 하나는 기쁨의 눈물이다.

이 남자의 결혼은 그의 말처럼 꼭 십자가를 지는 것 같다.

반면 이 여자의 연합은 천국의 맛보기에 견줄 수 있다.

당신은 결혼한 지 10년 후에 어떤 종류의 눈물을 흘릴까? 쓰라린 고통의 눈물일까, 아니면 따뜻한 기쁨의 눈물일까? 사실 모든 부부는 이 두 종류의 눈물을 종종 흘린다. 하지만 한 가지 기억해야 할 사실이 있다. 주로 고통으로 점철되는 부부관계도 있고 반대로 주로 기쁨으로 점철되는 부부관계도 있다. 결혼생활이란 누구에게도 쉽지 않다. 어떤 결혼생활은 서로 세워 주는 반면 어떤 결혼생활은 서로 허물어 내린다. 모든 부부관계는 시간과 노력을 요한다. 배우자의 진을 빼놓는 부부관계도 있고 반대로 기쁨과 열정과 친밀함을 자아내는 부부관계도 있다.

내가 이 책을 쓰는 이유는 당신이 결혼 10주년에 기쁨의 눈물을 흘리기를 바라는 마음에서다. 그때 당신이 진심으로 이렇게 고백할 수 있기를 바란다.

"그리스도인이 된 것 다음으로 이 사람과 결혼한 것이 내 평생 최고의 결정이었어요!"

나는 심리학자는 아니지만 평생 기독교적 관점에서 결혼에 대해 집필하고 가르쳤다. 성경과 최고의 관련 문헌을 공부했고, 각종 집회에서 전 세계 수십만 부부에게 강연했고, 수많은 부부에게 목회 상담을 했고, 많은 커플의 혼전 상담과 결혼 주례를 맡았다. 이렇게 사람들의 성공적 결혼생활을 돕는 데 일생을 바치면서 내가 깨달은 사실이 하나 있는데, 당신이 들으면 놀랄지도 모른다. **누구와** 결혼하느냐 못지않게 **왜** 결혼하느냐도 중요한 질문이다. 대상이 중요하지 않아서가 아니다 사실은 매우 중요하다. 다만 이유부터 묻고 정리하면 이를 바탕으로 대상도 지혜롭게 선택할 수 있다. 당신은 왜 결혼하려 하는가? 결혼 상대를 정하기 전에 그것부터 물어야 한다.

이 질문이 특히 더 중요한 이유가 있다. 재정 투자는 한 번 잘못해도 다시 시작할 수 있지만, 성경적 결혼은 단 한 번뿐인 일이다. 많은 그리스도인이 알다시피 성경적으로 '허용된' 이혼 사유가 두어 가지 있지만, 그런 사유는 제한적이고 엄격하다. 대다수의 경우 당신은 설령 자신이 선택한 배우자에게 실망한다 해도 그리스도인으로서 의무가 있다. 그 의무란 이혼하고 다시 시작하는 게 아니라 결혼생활을 개선하려 노력하는 것이다. 이 사실 하나만으로도 배우자 선택에 들일 시간과 노력의 가치는 두 배로 커진다. 현재의 데이트 상대와 이별해야 한다면 그 아픔까지도 감수해야 한다. 그리스도인은 결혼하기 전에 반드시 지혜로운 결정을 내려야 한다. 일단 결혼하고 나면 좋든 나쁘든 그 관계가 모든 아침과 모든 밤과 모든 주말과 모든 휴일을 지배한다.

배우자는 당신이 밤마다 자리에 눕기 전 맨 마지막으로 볼 사람이다. 아침에 깨어 맨 먼저 볼 얼굴도 그 얼굴이다. 배우자의 말은 당신을 격려해 줄 수도 있고 낙심에 빠뜨릴 수도 있다. 배우자의 유머는 당신을 재미있게 웃길 수도 있고 수치심으로 울릴 수도 있다. 배우자의 몸은 당신을 즐겁게 해 줄 수도 있고 위협할 수도 있다. 배우자의 손은 당신을 붙들어 줄 수도 있고 해칠 수도 있다. 배우자의 존재는 치유의 묘약이 될 수도 있고 온갖 후회를 불러일으킬 수도 있다.

## 더 나은 길

이제 결혼의 이유를 간략히 살펴보자. 이를 바탕으로 당신은 결혼 상대를 지혜롭게 선택할 수 있다.

대다수 사람은 세 가지 요인에 이끌려 결혼에 도달한다. 바로 로맨틱한 매력과 성적 끌림과 궁합이다 뒤에서 자세히 살펴볼 것이다. 하지만 이것으로는 장래 결혼생활의 행복과 만족을 내다볼 수 없다. 세 가지를 다 갖추었더라도 말이다. 왜 그럴까?

- **로맨틱한 매력**은 신경화학적으로 장기간 지속될 수 없다.
- **성적 끌림**도 연애 감정처럼 오래가지 않는다. 장기적으로 부부의 만족스러운 성생활은 초기의 성적 매력보다 성품, 영적 성숙도, 건강한 관계와 훨씬 더 관련이 깊다.
- 데이트 기간의 **궁합**은 휴가 때 서로 얼마나 잘 지낼 수 있는지를 말해 줄 뿐이다. 결혼생활의 대부분을 차지하는 것은 집안 살림, 맞벌이 생활, 육아, 일상사, 역할 수행 등인데, 이것을 얼마나 잘 감당할 수 있는지는 데이트 기간의 궁합으로 예측할 수 없다.

이 세 요인은 성공적 결혼생활의 예견이 될 수 없다. 그런데도 대다수 사람은 세 가지가 다 있으면 사랑에 빠졌고, 성적으로 끌리고, 데이트가 즐거우면 "이 사람이야! 제대로 만난 거야!"라고 생각한다. 대다수 그리스도인도 마찬가지다.

안타깝게도 많은 사람이 뒤늦게야 깨닫지만, 데이트 상대로는 최고였던 사람이 배우자로서는 최악으로 밝혀지곤 한다.<sup>적어도 큰 실망을 안겨 준다.</sup> 데이트와 결혼은 하늘과 땅 차이다.

예수께서 말씀하신 마태복음 6장 33절에 성공적 결혼생활의 두 가지 가장 중요한 요인이 나와 있다. 하나는 목적이고 또 하나는 성품의 성장이다. "너희는 먼저 그의 나라와 그의 의를 구하라, 그리하면 이 모든 것을 너희에게 더하시리라." 이 약속의 두 요소가 각각 무슨 의미인지는 그것이 우리에게 갖추어져 있는지를 분별하는 법과 함께 뒤에서 차차 살펴볼 것이다. 일단 이것만 알아 두라. **예수께서 보시기에 삶의 만족을 얻으려면 우리 자신의 이기적 목적이 아니라 하나님 나라를 섬겨야 하고 의롭게 자라 가야 한다.**

보다시피 이 구절에는 명령도 있지만 가슴 벅찬 약속도 있다. 풍성하고 의미 있는 삶을 주신다는 약속이다. "그리하면 이 모든 것을 너희에게 더하시리라." 이런 가정에서는 남편과 아내가 비전을 품고 그리스도 안에서 헌신하여, 주 안에서 함께 자라 가고, 신앙생활을 서로 응원하고, 주를 경외함으로 자녀를 기르고, 하나님을 공경하는 마음으로 서로 사랑한다. 그래서 기쁨이 넘쳐날 뿐 아니라 기적까지 벌어질 수 있다. 이기적인 사람이 섬기는 종으로 변하고, 낯설던 사람이 친밀한 친구가 된다. 일상생활은 하나님 나라를 세우는 보람된 드라마로 가득해진다. 물론 실수와 회개도 많고 좌절과 질병과 회의의 때도 있다. 하지만 결국은 하나님의 임재가 이긴다. 사람이 변화되고, 하나님 나라의 일이 이루어지고, 시련이 극복된다.

> 부부는 인생의 모든 계절을 함께 맞이하면서 … 놀라운 우정과 친밀감이 깊어진다. 처음의 성적 매력이나 연애 감정은 감히 거기에 비교할 것이 못 된다.

반면 나는 사람들이 자신을 위해 살 때 얼마나 서로 비참하게 만들 수 있는지도 목격했다. 처음에는 성적 매력이 남달랐을지 몰라도 대개 불과 몇 달 후면 둘 사이에 지독한 말과 행동이 오간다. 한때 그들은 서로가 없이는 살 수 없었다. 그런데 지금은 도저히 같이 살 수 없다. 같은 방이나 차 안에 있으면 싸움이 그치지 않는다. 전화 통화를 할 때도 마찬가지다. 이를 통해 나는 다음과 같은 옛말이 너무도 진리임을 깨닫곤 한다.

"행복한 결혼은 이생에서 천국에 가장 가까운 삶이지만, 불행한 결혼은 지옥에 가장 가까운 삶이다."

이런 문제의 원인은 대개 두 사람이 목적과 비전도 없이 함께 살려고 하는 데 있다. 바른 목적과 비전이 있어야 둘이 맺어질 뿐 아니라 앞으로 50~60년 동안 계속 서로 사랑할 수 있다.

실망할지도 모르겠지만 솔직히 말하는 게 좋겠다. 앞으로 50~60년 동안 당신을 계속 매혹할 수 있는 사람은 세상 어디에도 없다. 상대가 정말 재미있고 매력이 넘쳐 당신이 홀딱 빠져 있다면 그 매혹이 몇 년쯤은 갈 수 있다. 하지만 인간은 이기적 존재인지라 결국 서로에게 싫증내게 되어 있다. 아무리 부유하거나 잘생겼거나 유명한 사람도 이기적이기는 마찬가지다. 한때 안정과 활력을 주던 바로 그 관계가 이제 속박과 죽음으로 느껴진다.

당신의 결혼생활이 영적으로 풍요롭기를 바란다. 활력과 생동감과 친밀함을 낳는 삶이기를 바란다. 부부가 가장 친한 친구가 되어 평생 좋은 추억을 가득 쌓기를 바란다. 함께 가정을 일구어 가는 기쁨이 넘치기를 바란다. 자녀가 없거나 장성한 경우에는 자유를 만끽하기 바란다. 가정생활은 정말 복된 삶이며 친밀한 부부관계는 정말 놀라운 선물이다. 부부는 인생의 모든 계절을 함께 맞이하고, 함께 기도하고, 함께 자녀를 기르고, 함께 주님을 섬기고, 삶의 재미를 누리고, 섹스를 즐기고, 상심과 아픔을 견디고, 침체를 이겨 내고, 실망에 대처하는 법을 배우고, 이 모두를 통해 함께 자라 간다. 그러면서 놀라운 우정과 친밀감이 깊어진다. 처음의 성적 매력이나 연애 감정은 감히 거기에 비교할 것이 못 된다.

배우자를 지혜롭게 선택하면 그야말로 엄청난 보상이 따른다. 당신이 그것을 놓치지 않기 바란다. 반대로 어리석은 선택의 결과는 너무 고통스럽고 평생 간다. 당신이 그것을 견뎌야 할 일이 없었으면 좋겠다.

이토록 중요한 결정에 주의력과 분별력이 반드시 필요함은 아무리 강조해도 지나치지 않다. 지금은 어리석음을 로맨스로 포장할 때가 아니다. 당신은 그리스도 안에 뿌리를 둔 상태에서 지성을 총동원해야 한다. 하나님의 인도, 성경, 가족, 교회, 분별력 있는 친구 등 모든 자원을 활용해야 한다. 의지와 목적과 지혜를 모두 모아 이 결정에 임해야 한다. 그러면 결혼생활이 만족스럽고 풍요롭고 서로의 영혼을 세워 줄 소지가 훨씬 커진다.

자신에게 이렇게 물어 보라.

"지금으로부터 10년 후에 나는 어떤 종류의 눈물을 흘리고 싶은가? 기쁨의 눈물인가, 아니면 고통의 눈물인가? 내가 원하는 결혼은 나를 세워 줄 결혼인가, 아니면 나를 끌어내릴 결혼인가? 서로 동역하는 연합인가, 아니면 늘 서로 피하며 상처를 주는 관계인가?"

이 책을 계속 읽으라. 지금으로부터 10년 후에 당신이 기쁨과 감동의 눈물을 흘리도록 내가 최선을 다해 돕고 싶다.

**1.** 당신이 알고 있는 모범 부부의 예를 하나 꼽아 보라. 그 관계의 어떤 점이 훌륭해 보이는가?

**2.** 결혼한 지 10년 후에 주변에서 당신의 부부관계에 대해 어떻게 말했으면 좋겠는가? 당신이 원하는 이상적 관계를 글로 써 보라.

**3.** 당신이 보았던 절대로 본받고 싶지 않은 부부의 예를 몇 가지 꼽아 보라. 어떤 점을 피하고 싶은가?

**4.** 당신은 왜 결혼하기 원하는가?

**5.** 결혼의 목적이 '하나님 나라를 먼저 구하는' 데 있으면 배우자를 찾는 방법은 물론 어떤 사람을 택할 것인지도 달라질 수밖에 없다. 어떻게 그렇다고 보는가?

# 짜릿한 감정이
# 있어야만
# 하는가?  02

　당신의 도움이 필요하다. 아마도 내가 미처 읽어 보지 못한 성경 역본이 존재하고, 그 역본에 신기한 예외 조항이 들어 있는 것 같다.
　나로서는 충분히 알아볼 만큼 알아보았다. 흠정역<sup>KJV</sup>에서 《메시지》까지 성경 역본을 두루 섭렵했다. 그런데 눈을 씻고 보아도 그중 어디서도 지금 내가 찾으려는 예외 조항을 읽을 수 없었다. 그러니 혹시 당신이 찾거든 어느 역본인지 알려 주기 바란다. 이렇게 부탁하는 이유는 이미 많은 독신이 그 역본을 따르고 있는 것 같아서다.
　지금 내가 말하는 예외 조항은 마태복음 6장 33절에 나오는 것 같다. 정본에는 이렇게 되어 있다. "그런즉 너희는 먼저 그의 나라와 그의 의를 구하라. 그리하면 이 모든 것을 너희에게 더하시리라."

그런데 수많은 사람이 외우며 따르는 그 신비의 역본은 내용이 다르다. 거기에는 이렇게 되어 있다. "그런즉 너희는 먼저 그의 나라와 그의 의를 구하라. **단 배우자를 고를 때만은 예외다. 그때만은 너희 감정을 따라야 한다. 짜릿하고 로맨틱한 매력을 중시하고 전반적 궁합으로 관계에 재미를 더하면 된다.** 그리하면 이 모든 것을 너희에게 더하시리라."

당신에게 묻고 싶다. 당신은 정말 예수님을 신뢰하는가? 그분이 결코 당신을 잘못 인도하실 분이 아니고 당신이 가장 잘되기를 바라시며, 그분 말씀대로만 하면 가장 의미 있고 만족스러운 최고의 삶이 당신에게 임할 것을 믿는가? 이 말씀도 그분이 어련히 알아서 하신 말씀임을 믿는가? 우리 인생을 향한 예수님의 기본 원칙은 하나님의 나라와 의를 먼저 구해야 한다는 것이다. 평생 두 번째로 가장 중요한 결정 – 누구와 결혼할 것인가? – 은 바로 그 원칙에 근거해 내려져야 한다. 그렇게 할 수 있겠는가? 모든 중요한 결정이 이 기준을 통과해야 함을 당신은 믿는가? 배우자 선택이 예외라면 예외가 되지 **않을** 것이 무엇인가? 예수님의 말씀이 이토록 중대한 결정배우자 선택과 무관하다면 다른 덜 중요한 결정에 이 말씀이 중요할 까닭이 있겠는가?

명심해야 할 약속이 있다. 하나님의 나라와 의를 먼저 구해 일절 타협 없이 그 원칙대로 배우자를 고른다면 당신의 결혼생활은 훨씬 충만하고 영적으로 풍요롭고 전체적으로 만족스러워진다. **이 메시지를 타협하는 정도만큼 당신은 앞날의 만족을 위험에 빠뜨리고 엄청**

난 좌절과 후회의 문을 활짝 여는 것이다.

## 당신이 결혼하려는 이유는 무엇인가?

기성세대의 수많은 사람은 휴대전화가 있으면서도 아직도 매달 30~40달러를 내며 집 전화를 고수한다. 왜 그럴까? 늘 그랬기 때문이다. 휴대전화가 생기면서 유선 전화가 불필요해졌는데도 그들의 사고는 아직 이를 따라가지 못한다. 전화 가설 신청은 무의식의 반사 행위와도 같아서 그들은 집을 이사하면 통신사에 연락해 전화부터 새로 놓고 매달 요금을 낸다.

이렇게 세상의 변화를 따라가지 못하는 부모를 보며 당신은 웃을 수 있다. 하지만 젊은 세대의 독신에게도 몇 가지 취약점이 있다. 많은 사람이 이의 없이 맹목적으로 받아들이는 전제가 있는데, 바로 결혼 상대의 선택에 관한 한 무엇보다도 로맨틱한 흥분과 성적 끌림에 따라야 한다는 신념이다. 어쩌면 대다수가 그렇다.

우리 문화는 아직도 결혼을 행복 제일주의라는 렌즈를 통해 바라본다. 여기서 행복이란 로맨스의 강도와 성적 끌림으로 정의된다. 1960년대부터 사회학자들이 밝혀 왔듯이, 미국에서 사랑에 대한 기대치가 높아지는 청춘 남녀는 꾸준히 증가하는 반면 정작 우리가 결혼생활로부터 얻는 것은 점점 줄어들고 있다. 1967년에 대학생 나이 여성들을 상대로 실시한 한 연구에 따르면, 비록 '로맨틱한 사랑'이 느껴지지 않아도 자신이 찾는 모든 자질을 갖춘 남자가 있다면 결혼하겠다고 답한 사람이 76%였다. 그런데 최근 연구에서는 여성의 91%가 "절대로 그러지 않겠다"라고 답했다.[1] 엄청난 변화다. 사람들이 로맨틱한 감정을 배우자 선택의 기준으로 삼은 지 이미 여러 세대가 흘렀다. 하지만 당신이 예리하고 정직하게 평가해 보라. 이 방법이 실제로 우리에게 얼마나 통하고 있는가?

우선 정말 행복한 부부가 당신 주변에 얼마나 있는가? 결혼한 지 3년 미만인 사람들을 말하는 게 아니다. 당신이 아는 결혼 10년차 이상의 부부 중에 결혼생활이 존경스러운 경우가 몇이나 되는가? 한번 말해 보라.

추세에 주목하라. 대다수 사람은 주관적 행복을 찾아 결혼하지만 장기간 아주 행복한 사람은 드물다. 그런데도 해마다 무수히 많은 커플이 **자기네만은** 다를 거라고 생각한다. 그래서 **똑같은 전제**에 기초해 결정한다. "우린 특별한 '느낌'이 있잖아. 함께 있으면 행복한 것 같고, 대체로 궁합도 잘 맞고. 그러니까 결혼하자."

도대체 얼마나 많은 결혼이 더 실패로 돌아가야 우리는 이런 방식이 통하지 않음을 깨달을까? '사랑에 빠지는' 할리우드식 로맨스는 실제로 대중을 오도할 수 있다. 당신은 그 점을 따져 볼 용의가 있는가? 로맨틱한 감정이 아무리 뜨거워도 그것이 상대와 결혼해야 할 최선의 이유는 아닐 수 있다.

성적 끌림이 있어도 다른 요소가 다 배제된다면 그것이 우리를 오도할 수 있다. 얼른 하나만 예를 들자면 이렇다. 심리적으로 여성은 적극성, 넘치는 자신감, 추진력, 떡 벌어진 체격 등을 갖춘 **군림형 남자에게 로맨틱한 사**

랑을 느끼는 편이다. 하지만 여자들이 평생의 배필에게 궁극적으로 바라는 것은 동반자 의식, 관계 기술, 깊은 애정 등을 표현하는 능력이다. 군림형 남자는 대개 그런 능력이 **떨어진다.**[2] 다시 말해서 여성이여, 당신의 기분만 따라간다면 당신이 사랑에 빠질 대상은 12~18개월 동안 남자친구로서는 당신을 설레게 할지 몰라도 50~60년 동안 남편으로서는 당신을 좌절에 빠뜨릴 소지가 크다.

반면 남성은 신체적 매력을 풍기는 여자에게 로맨틱한 사랑을 느끼는 편이다. 하지만 사람의 삶에서 가장 확실하게 변하는 것이 있다면 바로 외모다. 결혼이란 함께 젊음을 지키는 게 아니라 함께 늙어가는 것이다. 나이가 들수록 몸은 변하게 되어 있다.

우리 대부분을 **결혼으로 이끄는 요인**이 사실은 장기간의 행복한 결혼생활에 거의 도움이 되지 않는다. 이것만 알아도 지혜롭게 선택하는 데 도움이 된다.

> 로맨틱한 매력이 아무리 멋지고 도취감을 줄지라도 사실 그것은 당신에게 유익할 수 있는 만큼이나 또한 당신을 잘못된 길로 인도할 수도 있다.

## 사랑에 빠졌다는 것만으로 충분하지 않을 수 있다

나와 동갑인 한 여성과 아찔한 대화를 나눈 적이 있다. 두 번 이혼한 그녀는 다시 남자를 진지하게 사귀고 있었다. 그런데 애인의 행동이 일주일에 두어 번씩 그녀를 울렸다. 그는 비열한 말을 했고, 폭력을 쓰지는 않았지만 여자를 무섭게 했다. 설상가상으로 그녀는 이 남자를 믿을 수도 없었다. 다른 여자에게 전화로 사랑을 고백하는 말까지 들은 터였다. 흥미롭게도 이는 그녀의 결혼을 두 번이나 파경으로 이끈 바로 그 문제였다. 그러니 그것이 그녀에게 위험 신호가 될 법도 했다.

물론 둘의 관계에 긍정적인 면도 몇 가지 있었다. 그는 생각이 깊고, 배려심도 있고, 가끔 시적詩的일 때도 있었다. 하지만 그렇다 해도 그녀가 관계를 지속한 진짜 이유는 무엇일까?

그래서 물었다. "이렇게 힘들다면서 그 사람을 계속 만나려는 이유가 무엇입니까?"

즉답이 나왔다. "사랑에 빠졌으니까요. 진심으로 그를 깊이 사랑하거든요."

나는 잠시 멈추어 말투를 '최대한 부드럽게' 가다듬었다. 이 부분은 지뢰밭이었다. 하지만 내가 이 상황을 지적해 주지 않으면 그러잖아도 두 번이나 파경을 맞은 그녀가 또다시 중대한 실수를 범할 것 같아 걱정되었다.

"첫 남편과도 사랑에 빠졌습니까?" 내가 물었다.

"당연하죠. 그가 바람피우고 나를 떠났을 때 정말 참담했어요."

"두 번째 남편과는 어땠습니까?"

"그때는 좀 달랐던 것 같아요. 그가 자존심을 내세웠으니까요. 하지만 물론 그와도 사랑에 빠졌죠."

"그런데 두 번의 결혼이 모두 실패로 끝났군요."

"맞아요."

나는 심호흡을 하고 나서 말했다. "사랑에 빠졌다는 것은 상대와 결혼해야 할 이유로 충분하지 않습니다. 그 이상의 것을 찾아야 할 겁니다. 두 번이나 해 보셨는데 남은 것은 깊은 상처였잖아요. 정말 세 번째도 똑같은 위험을 감수하시려는 겁니까?"

로맨틱코미디 영화에 나오는 절친은 그런 말을 해 주지 않는다. 가수 테일러 스위프트의 노래에도 그런 가사는 없고, 작가 니컬러스 스파크스의 각본에도 그런 대사는 없다. 하지만 이것은 엄연한 사실이다. **단지 사랑에 빠졌다는 이유만으로 그 사람과 결혼해야 하는 것은 아니다.** 내가 그렇게 믿는 이유는 다음 장에 설명할 것이다. 여기서는 일단 그 말만 던지면서 당신에게 최소한 생각이라도 해 보라고 권하고 싶다. 로맨틱한 매력이 아무리 멋지고 도취감을 줄지라도 사실 그것은 당신에게 유익할 수 있는 만큼이나 또한 당신을 잘못된 길로 인도할 수도 있다. 물론 로맨스 차원에서 상대와 '통하는' 것도 기분 좋은 일이다. 그것을 누리고 즐기라. 원한다면 노래를 지어도 좋다. 하지만 **거기에 당신의 인생을 걸지는 마라.**

나는 연애 감정이 사람을 만족스러운 결혼생활로 인도하기보다 오히려 잘못된 길로 이끄는 경우를 훨씬 많이 보았다. 상대를 존경하고 흠모하고 사랑함에도 다리가 후들거릴 정도로 황홀한 성적 끌림이 없다는 이유로 관계를 접는 이들도 보았다. 그런가 하면 객관적으로 누가 보아도 여러 심각한 문제의 조짐이 분명한데도 성급히 관계 속에 뛰어드는 이들도 보았다. 감정이 **워낙 강렬하고** 모든 게 **아주 옳아** 보여 자신의 일생과 앞으로 태어날 자녀의 행복을 거기에 건 것이다.

성경과 과학이 모두 증언해 주듯이 결혼 상대를 로맨틱한 매력만 보고 정하는 것은 매우 어리석은 일이다. 그 결정이 평생을 좌우하기 때문이다.

**1.** 최근에 결혼한 사람을 개인적으로 알고 있다면 그 사람이 결혼한 이유가 무엇일지 토의해 보라. 그 사람의 결정은 바람직한 이유에 근거한 것인가? 이렇게 다른 사람들의 사례를 보면서 배울 수 있는 교훈은 무엇인가?

**2.** 결혼 상대를 찾을 때도 마태복음 6장 33절에 근거해야 한다는 말에 당신은 동의하는가? 왜 그렇거나 그렇지 않은가?

**3.** 당신의 배우자감으로 고려할 만한 사람의 요건은 무엇인가? 마음속에서 완전히 배제해야 할 사람의 요건은 무엇인가?

**4.** "단지 사랑에 빠졌다는 이유만으로 그 사람과 결혼해야 하는 것은 아니다." 이 말에 대한 당신의 반응은 무엇인가?

# 사랑에 빠지면 이성이 마비될까? 03

　하나님이 지으신 우리 뇌의 생리를 보면 연애 감정은 모래시계와 같다. 상대에게 홀딱 반해 깊이 '사랑에 빠지는' 순간, 당신은 모래시계를 거꾸로 돌려놓는 것이다.
　이 모래시계가 지속하는 기간은 평균 12~18개월이다. 성적 끌림과 로맨틱한 매력은 평생에 걸쳐 다양한 강도로 되살아날 수 있다. 하지만 그것이 날마다 관계를 접합해 주는 주된 접착제는 아니다. 점차 감정은 '뜨거운 흥분'에서 '따뜻한 신뢰'로 바뀐다. 하나님은 우리 뇌를 설계하실 때 결코 연애 감정이 평생 가지 않게 하셨다.<sub>그만한 좋은 이유가 있다.</sub>

당신이 연애 감정에 빠져 있음을 어떻게 알 수 있는가? 이 주제로 집필 활동을 한 탁월한 생물인류학자 헬렌 피셔 Helen Fisher 박사가 발표한 바로는 다음과 같은 신경학상의 징후가 나타난다.

- 상대의 장점에만 집중하고 단점은 간과하거나 축소한다.
- 연애 감정에 빠진 사람은 극도의 에너지, 과잉 행동, 불면, 충동성, 행복감, 감정 기복 등을 보인다.
- 한쪽이나 양쪽 모두 자신이 사랑하는 대상을 얻으려는 목표에 집착한다.
- 역경이 닥칠수록 관계에 대한 열정이 약해지는 게 아니라 더 강해진다. 관계가 공격을 받을수록 열정이 더 뜨거워진다.
- 정서적으로 관계에 의존한다.
- 최대한 둘이 함께 있으려고 일상의 우선순위를 바꾼다. 떨어져 있으면 분리 불안까지 경험한다.
- 많은 사람이 "상대를 위해 죽을 수도 있다"라고 고백할 정도로 공감이 극대화된다.
- 연애 감정에 빠진 사람은 강박적이리만치 상대에 대한 생각이 많아진다.
- 성욕이 강렬해지고 어떻게든 상대를 소유하려는 자세가 관계를 지배한다.[1]

많은 연구가는 두뇌의 이런 전반적 상태를 가리켜 사랑하는 대상에 대한 '이상화理想化'라 표현한다. 상대의 약점은 보지 못한 채 장점에만 치중하는 것이다. 장점 중에는 가상의 것이 많은 반면 약점 중에는 누가 보아도 금방 알 수 있는 것이 많다. 당신은 사랑하는 사람을 이상화해 자신이 **원하는** 존재로 둔갑시킨다. 분명히 알아야 할 것이 있다. 그 상태에서 자신의 감정에만 의존한다면 결코 객관적 선택을 할 수 없다.

정작 당신 앞에 놓인 현실은 다음과 같다. "로맨틱한 사랑은 무의식적이고 통제하기 힘들며 일시적이다."[2] 그것은 **심리학적** 관점이고 내가 하려는 말은 이것이다. 처음에 엄습해 오는 감정은 무의식적이지만, 그리스도인으로서 자신의 감정과 사고와 집착을 어떻게 통제하는가는 우리 책임이다. 감정 자체는 우리의 선택 소관이 아닐지 몰라도 그것을 처리하는 방법은 **선택할 수 있다**. 우리는 감정을 키울 수도 있고 굶길 수도 있다. 탐닉할 수도 있고 시험할 수도 있다.

우리는 생물학적 운명대로 살아가야 하는 '진화된 포유류'가 아니라 창조주 하나님의 형상을 지닌 존재다. 하나님은 우리를 구원하시고 우리에게 자신의 성령을 주신다. 성령은 우리를 능하게 하시고 바로잡으시고 인도해 주신다.

**우리는 인간의 실상에 무지해서는 안 되며, 그래서 영적 구속救贖에 희망을 두어야 한다.** 다음 사실을 알면 우리 그리스도인에게 도움이 된다. 로맨틱한 사랑은 뜻하지 않게 불쑥 생겨날 수 있으며 나이 제한도 없다. 당신이 20대 미혼자든 50대 기혼자든 다를 바 없다. 이런 사랑은 당신을 대략 똑같은 정서와 과정으로 데려간다. 연애 감정의 일시성과 더불어 그 점을 알고 있으면 미리 조심할 수 있다. 그러면 막상 그런 감정이 닥쳐와도 대책 없이 위험에 빠지지 않는다. 연애 감정은 삶의 현실이지만 다 지나가게 되어 있다. 우리는 모두 그것을 처리할 줄 알아야 한다. 건강한 정서와 건강한 관계의 선한 청지기가 되어야 한다.

## 사랑과 사랑에 빠지는 중독

우리 문화는 사랑과 사랑에 빠져 있다. 헬렌 피셔 박사와 데이비드 R. 호킨스<sup>David R. Hawkins</sup> 박사 같은 심리학자는 연애 감정을 중독에 비유한다. 실제로 그것이 영향을 미치는 뇌 부위는 코카인이나 도박의 경우와 같다. 다만 남보다 알코올 중독에 걸리기 쉬운 사람이 있듯이 어떤 사람은 유전적으로 더 자주 더 강하게 '사랑에 빠지기' 쉽다. 연애 감정은 만인에게 같은 영향을 미치는 게 아니다.

신경학적으로 사람의 안전감, 자존감, 영적 성숙도, 성품 등이 모두 연애 감정에 영향을 미친다. 그런 요인에 따라 사람마다 사랑에 빠지는 **방식**, 그 경험에 뒤따르는 **감정**, 그 감정이 느껴지는 **강도**가 달라진다. 예컨대 정서가 불안하고 자존감이 낮은 사람은 정서가 비교적 안정되고 자존감이 높은 사람에 비해 관계에 더 집착하고 매달리는 경향이 있다. 결손 가정에서 자라 버림받을 것에 대한 두려움이 큰 여자는 관계를 서둘러 '확정 지으려' 할 때가 많다. 그래서 일사천리로 얼른 약혼해 버리려 한다. 그녀의 관심은 최상의 짝을 찾기보다 또 한 번의 실연을 피하는 데 있다. 남녀 모두 비교적 정서가 안정되어 있는 경우라면 강박적 사고, 병적 감정 기복, 필사적 집착 등이 없이 서로 사랑하고 존중할 수 있다. 이런 징후가 없다 해서 다른 커플에 비해 사랑이 부족한 것이 아니다. 오히려 각자의 정서적 기반이 더 든든하다는 의미일 수 있다.

이처럼 연애 감정의 경험은 사람마다 다르다. 하지만 일단 그 감정이 싹트면 거기에 짜릿함과 위력과 기대감은 물론 초월성까지 수반된다. 진정 달콤한 연정은 신비롭고 시적이다. 나는 그것을 깎아내릴 마음이 없다. 하지만 실제로 당신이 통과하는 과정은 누가 보기에도 아주 뻔한 신경화학적 반응이다. 그 신경화학적 반응이 오히려 당신의 능력을 떨어뜨려 상대의 결점과 약점을 객관적으로 분별하지 못하게 한다. 토머스 루이스Thomas Lewis 박사는 그것을 이렇게 표현했다. "사랑은 물리적으로는 눈멀지 않았을지 모르지만 이성적으로는 전혀 무능력해 보인다. 현실 인식에 필요한 어느 정도의 비판적 시각도 없어 보인다."[3]

> **정작 우리가 관계를 위해 노력하는 이유는 감정이 강렬해서가 아니라 좋은 짝을 만났기 때문이어야 한다. 그것이 지혜로운 길이다.**

한 젊은 여성이 내게 말하기를 남자친구와 혼담을 나누는 중이라 했다. 그녀가 조언을 구하기에 우선 남자친구의 장점을 들은 후에 단점을 물었다. 대답하는 그녀의 얼굴이 약간 붉어졌다. "글쎄, 그게 참 신기해요. 단점이 하나도 없거든요."

"정말요?"

"정말요. 저도 믿어지지 않아요. 제가 운이 좋은가 봐요."

나는 그녀에게 "우리가 다 실수가 많으니"라는 야고보서 3장 2절 말씀을 환기하면서 이렇게 말했다.

"성경에 당신의 남자친구도 포함해 우리가 다 실수가 많다고 했으니 저는 당신의 관점보다 성경의 진리를 더 믿겠습니다. 제게 조언을 구하셨으니 말씀드리지요. 이 남자의 실수를 말할 수 있기 전에는 결혼하지 마십시오. 제가 보장하건대, 아니 그보다 하나님의 말씀이 보장하건대 그도 반드시 실수할 테니까요. 결혼하기 전에 상대가 어떤 사람인지 충분히 아는 게 좋습니다."

관계를 시작하거나 지속하거나 종결할지 여부를 들뜬 감정에 내맡기는 것은 위험한 일이다. 그 위험이란 이런 것이다. 감정에 휩싸여 있는 이들은 관계가 힘들어지면 반드시 그럴 때가 온다 대부분 그 갈등에서 제기된 이슈를 무시한 채 무조건 관계를 봉합하려 한다. 서로 **감정이 강렬하다는 이유로** 말이다. 하지만 정작 우리가 관계를 위해 노력하는 이유는 감정이 강렬해서가 아니라 **좋은 짝을 만났기 때문이어야** 한다. 그것이 지혜로운 길이다. 그런데 우리는 좋은 짝이어서가 아니라 감정 때문에 관계를 지속할 때가 너무 많다. 다시 말해서 우리 대부분은 지혜를 따라가지 않고 감정에 끌려 다닌다.

## 사랑에 빠지면 아무것도 안 보인다

새로운 연애 감정에 비하면 삶의 다른 관계는 모두 덜 중요해 보인다. 참 희한한 일이다. 어떤 여성이 25년 넘게 살아온 고향을 '꼭 떠나야' 할지도 모르겠다며 내게 기도를 부탁했다. 그녀는 고향에서 수입이 좋은 직장에 다니고 있었고 평생 교회도 거기서 다녔다. 친구들과 가족도 모두 그곳에 있었다.

"왜 이 모든 것을 두고 떠나시려는 겁니까?" 내가 물었다.

"하나님이 그렇게 인도하시는 것 같아서요." 그녀의 답이었다.

알고 보니 진짜 동기는 하나님이 아니라 한 남자였다. 그것도 2천 5백 킬로미터나 떨어져 사는 남자였다.

"선뜻 모든 것을 버리고 따라가시려는 것으로 보아 아주 대단한 남자인 모양입니다. 그렇게 멀리 사는 남자를 어디서 만났습니까?" 내가 말했다.

잠깐 말이 끊겼다. "그게 좀…"

"온라인에서 만나셨나요?" 내가 떠보았다.

"네."

"그러니까 한 번도 직접 만나 본 적은 없군요."

"네. 하지만 몇 주 동안 거의 매일 전화로 대화를 나누었어요."

미리 말해 두지만 나는 온라인 데이트를 비판하는 사람이 아니다. 결혼은 선한 것이며 결혼을 의지적으로 추구하는 것은 부끄러운 일이 아니라 칭찬받을 일이다. 현대의 첨단기술을 활용하는 것은 교회가 성원할 일이다. 하지만 대면하여 만나 본 적도 없는 사람 때문에 삶 전체를 두고 떠난다는 것에는 나는 경악할 수밖에 없다. 연애 감정의 위력이란 그런 것이다. 그것 때문에 우리는 제정신이 아닌 말을 할 수 있다. 제정신이 아닌 행동까지도 할 수 있다.

헬렌 피셔 박사에 따르면 로맨틱한 애착은 '성욕보다 강하다'.[4] 신경학적으로 말해서 **끓어오르는 연애 감정을 조절하는 것보다 몸의 성욕을 물리치기가 더 쉽다**. 남성이여, 연애 소설을 읽는 여자만 여기에 약하다고 생각해서는 안 된다. 여자보다 남자가 외모에 더 끌리기 때문에 '첫눈에 반하는 사랑'은 여자보다 남자에게 더 많다.

연애 감정에 빠져 미련하게 행동한 적이 있다면 당신만 그런 게 아니다. 나와 함께 자란 한 남자는 청년 시절에 값비싼 데이트와 고급 선물로 여자의 애정을 사려고 전 재산을 쏟아붓다시피 했다. 평소에 재정 관념이 멀쩡한 친구였는데 자꾸 선물과 데이트에 거금을 들였다. 그러면 자신이 얼마나 매력 있는 연애 상대인지를 마침내 여자가 알아보리라 믿은 것이다. 하지만 그의 돈이 떨어지자 여자의 관심도 식어 버렸다.

헬렌 피셔 박사가 말한 바로는 '로맨틱한 사랑은 집요하고 … 통제하기 힘들기' 때문에[5] 일단 사랑에 빠지면 신경화학적 반응이 가라앉기 전에는 거기서 헤어나기 어렵다. 그 기간 당신의 뇌는 두 가지 일에만 집중한다. 바로 상대를 **얻고** 상대를 **지키는** 것이다. 얻거나 지킬 만한 **자격을 갖춘** 사람인지 따져 볼 여력은 없다. 설령 당신이 집착하는 상대가 끔찍한 행동을 하더라도 당신은 연애 감정을 버리기가 쉽지 않다. 그 감정은 좀처럼 당신을 놓아 주지 않고 끈질기게 버틴다. 상대가 당신이 결혼해서는 안 될 사람이라는 증거가 넘쳐 나더라도 말이다.

사랑에 빠지는 순간 당신은 취약해지고 아무래도 비합리적 상태가 된다. 모든 긍휼을 담아서 하는 말이다. 당신 자신을 믿지 마라. 실상을 제대로 인식하고 안전장치를 해 두라<sup>안전장치에 대해서는 뒤에서 살펴볼 것이다</sup>. 연애 감정에 사로잡히면 누구도 온전히 객관적일 수 **없다**. 그러므로 가족과 친구들과 어쩌면 신앙 공동체의 도움 없이는 이 싸움에 들어서지 마라. 당신은 뻔한 징후를 무시한 채, 변호할 수 없는 행동마저 변호할 것이다.

여기서 나이든 독자에게도 한마디 하고 싶다. 중년 커플은 흔히 이렇게 말한다. "나는 나이도 있고 결혼도 해 보았다. 내가 원하는 게 무엇인지 안다. 그러니 지름길로 질러가도 괜찮다. 굳이 시간을 들여 서로 알아 갈 필요가 없다." 이것은 위험한 사고방식이다. 연애 감정이 뇌를 장악하면 당신의 나이가 아무리 많아도 처음으로 짝사랑에 빠진 18세 아이와 똑같이 눈이 먼다.

우리 부부는 한 지인의 후회를 영영 잊지 못한다. 그는 25년 동안 금슬 좋게 지내던 아내를 사별했다. 그래서 결혼생활이 너무 그리워 아내의 장례를 치른 지 불과 몇 달 만에 사람을 사귀어 재혼했다. 하지만 머잖아 알고 보니 성품이 훨씬 부실한 여자와의 결혼생활은 전혀 달랐다. 아무리 결혼하고 싶어도 결혼 상대의 기준을 타협해서는 안 된다.

## 실연의 아픔

사랑에 빠지면 당신은 얼마간 비합리적이다 못해 극도로 취약해진다. 심리학적으로 말해서 "실연으로 상한 마음은 인간이 겪을 수 있는 가장 스트레스가 큰 인생사 중 하나다. 그것을 능가하는 심리적 고통은 자녀의 죽음 같은 참사뿐이다."[6] 만약 당신이 반한 상대가 믿을 만한 사람인지도 모른 채 당신의 감정만 믿고 뛰어들었다가 상대가 바람을 피우거나 당신을 버린다면, 당신이 느낄 상실감은 그야말로 엄청날 것이다. 그 사람의 성품이 못됐다는 사실 때문에 당신의 고통이 없어지는 것이 아니다.

물론 누구나 다 그런 것은 아니지만, 실연 당하고 우울증에 걸려 결국 심장마비나 뇌졸중으로 죽은 사례도 더러 있다. 신경학적으로 사람에게 거부당하는 고통이 뇌에 일으키는 일부 작용은 육체적 고통의 경우와 똑같다. 정서상의 상처지만 그만큼 절절하다는 뜻이다.

상대의 감정을 가지고 노는 것도 똑같이 위험하다. 한 심리학자가 지적했듯이 남자에게 마음을 주었다가 거두는 일부 여성은 무서운 대가를 치른다. 일부 남성이 결별을 잘 수습하지 못하고 격노로 반응하기 때문이다. 그래서 폭발하지 않고 분노를 통제할 수 있는 남자인지 충분히 알기 전에는 그에게 장래를 약속해서는 안 된다. "최근에 우리가 실시한 여러 연구 결과, 매정하게 버림받은 남자 중 살의를 품는 사람의 수가 놀랍도록 많다. … 실연은 남자를 살인자로 만들기에 충분하다."[7]

명심하라. "매년 미국에서 살해되는 여성의 약 절반은 남편, 남자친구, 전남편, 전 남자친구 등 그들을 사랑한다는 사람에게 살해된다. 각각의 상황도 놀랍도록 비슷하다."[8]

사랑에 빠지는 일은 굉장히 위험한 게임이다. 상대를 잘 가려서 해야 한다.

남성이여, 여자를 버리는 것도 똑같이 위험하다. 몇 년 전 휴스턴의 한 여성은 남편이 정부와 함께 호텔에 있다는 것을 알고 격노한 나머지 자신의 차로 남편을 쳐 버렸다. 그러고도 양이 안 차 주차장을 빙 돌아와 그를 다시 쳐서 차에 깔리게 했다.

특히 가슴 아픈 대목은 남편의 몸이 차바퀴에 깔려 있는 상태에서 그녀가 차에서 내려 남편에게 사과하면서 아직도 그를 사랑한다고 말했다는 것이다.[9]

감정이란 위력적인 것이다. 그러므로 감정을 가지고 놀아서는 안 된다. 당신의 결혼 상대도 반드시 감정을 다스릴 줄 아는 사람이어야 한다. 배우자에게는 자신의 약한 모습까지도 다 내보여야 한다. 그래서 나라면 상대가 성경의 표현으로 '육신'에 지배당하는 게 아니라 성령의 통치를 받는 사람, 부정적 사고와 행동을 다스릴 줄 아는 사람이기를 원한다.

## 지혜로운 사람은 기다릴 줄 안다

이 모두가 당신에게 결혼을 너무 서둘러서는 안 된다는 논거로 다가왔으면 좋겠다. 지혜로운 사람은 인내할 줄 안다. 날것 그대로의 연애 감정을 말과 행동으로 옮기는 것은 솔깃하지만 어리석은 일이다.

"네가 말이 조급한 사람을 보느냐. 그보다 미련한 자에게 오히려 희망이 있느니라." 잠 29:20.

한 젊은 여성이 내 친구 버지니아 프리젠Virginia Friesen에게 '이상형 남자'를 만났다고 말했다. 그녀는 사귄 지 3개월밖에 안 된 남자친구와 벌써 혼담을 나누고 있었다. 예식 준비에 꼭 필요한 시간만 남기고 결혼 날짜까지 정하려는 중이었다. 남자친구는 '그녀의 이상형인 데다 그전에 사귀었던 남자와는 전혀 딴판'이었다. 버지니아의 대답은 모범적이고 지혜로웠다. 당신도 이 말을 깊이 생각하기 바란다. "내 전 남자친구도 3개월 때까지는 내 이상형이었어. 그런데 6개월 만에 관계가 무너져 버렸어."**10**

"내가 생각하던 사람이 아니었어." 진정 사랑했던 사람에게 실망하고 나서 당신에게 그렇게 말한 친구가 얼마나 많은가! 그제야 제대로 본 것이다! 본래부터 상대는 그런 사람이 **아니었다**. 여태 그들은 상대의 참모습이 아니라 자신이 이상화한 가공의 인물과 사귄 것이다.

피셔 박사는 사랑에 빠진 지 8개월밖에 되지 않은 커플들과 28개월 된 커플들의 뇌 사진에서 큰 차이를 발견했다. 관계가 2년을 넘어선 이들은 아직 연애 감정이 끓어오르는 이들에 비해 서로의 관계나 상대를 보는 눈이 훨씬 현실적이었다.**11** 그런데 많은 커플이 2년을 기다리지 못하고 결혼한다.

성경에 연애 기간에 대한 말씀은 없으며, 나 또한 율법처럼 규정을 정할 마음은 없다. 일정한 기한에 연연하기보다는 상대를 상당히 정확하게 볼 수 있는 시점까지 교제를 진행하는 게 중요하다. 그러나 여태까지 살펴본 경험과 지혜로 미루어 볼 때, 사귄 지 1년도 안 되어 약혼하는 것은 약간 어리석은 일이다. 그보다 일찍 결혼을 결정할 경우 적어도 객관적이고 지혜로운 친구들의 축복 속에서 해야 한다. 혼자서 결정하는 것은 도박과 같으며 그 결과가 평생 간다. 이미 입증되었듯이 혼자서 못할 것도 없다는 사고방식은 적어도 어느 정도는 망상이다.

암울하거나 냉담한 50년의 결혼생활보다 순탄하고 행복한 45년의 결혼생활이 낫지 않은가? 물론 젊은 독신에게나 배우자를 사별하고 비탄에 젖은 사람에게나 5년은 **길게** 느껴질 수 있다. 하지만 잘못된 관계를 정리하고 더 나은 관계를 찾는 쪽이 장기적으로 훨씬 더 현명한 선택으로 느껴질 것이다.

신경화학적 반응은 불과 몇 달이면 반드시 사그라지게 되어 있다. 거기에 이끌려 평생의 결정을 내린다면 이는 어리석은 일이다. 현재 좋은 사람과 교제 중인데 당장 연애 감정이 없다고 결혼을 **마다하는** 것도 똑같이 어리석다. 연애 감정 없이 결혼하는 것은 '밑지는 장사'라는 말을 나도 들어 보았다. 그러나 내게 감사의 글을 보내온 독자도 여럿 있다. 초기의 불꽃은 없었지만 이 책을 읽고 나서 성품과 비전을 기준으로 배우자를 선택했는데, 돌아보니 그러기를 아주 잘했다는 것이다. 상대가 훌륭한 배우자감인데도 당신은 **초기에** 로맨틱한 끌림이 강렬하지 않다는 이유만으로 그 사람을 아예 배제할 수 있다. 반대로 로맨틱한 전율이 아주 강렬하다는 이유만으로 함량 미달의 사람을 **고집할** 수도 있다.

이것을 다른 정황에서 말해 보자. 결혼한 지 36년 된 내가 딴 여자와 '사랑에 빠진다' 하자. 그것이 내가 아내와 이혼하고 딴 여자와 로맨틱한 관계를 추구해야 할 충분한 이유가 되는가? 당신이라면 그렇게 말하겠는가?

그렇지 않기를 바란다.

기혼자인 나의 행동이 '사랑에 빠진' 상태에 지배당해서는 안 되는 것처럼, 미혼자인 당신도 연애 감정에 지배당해야 할 이유가 없다. 여담이지만 결혼은 '예방 접종'이 아니라서 결혼한 후에도 타인에게 연애 감정을 느낄 수 있다. 우리 부부가 읽은 한 연구에 따르면 기혼자도 평생 6~7명의 타인에게 연애 감정을 느낀다. 내가 보기에 높은 수치다. 결혼생활 36년 동안 나는 두 번 그런 적이 있었고 아내는 한 번뿐이었다. 내 경우 처음에는 재앙을 초래할 뻔했다. 예상치 못한 일인 데다 어떻게 대처해야 할지 몰랐기 때문이다. 그러나 두 번째는 쉽게 피해 갈 수 있었다. 적절한 대응법을 배운 상태에서 사태를 즉시 파악했던 것이다.

내가 예시하려는 말은 이것이다. '사랑에 빠졌을' 때는 그것을 평가해야지 노예처럼 자신을 거기에 내주어서는 안 된다. 연애 감정은 아주 절절하게 뇌를 지배하는 짜릿한 쾌감이다. 하지만 위험하고 거짓된 신神이다.

5장에서 살펴볼 내용을 잠시 덧붙이고 마치려 한다. 하나님은 배우자 선택을 다분히 우리 재량에 맡기신다. 연애 감정을 중시하는 것은 취향 문제일 수 있다. 나야 이 부분에서 주관이 강하지만, 당신이 함께 살 배우자는 당신이 정한다. 당신이 황홀한 연애 감정도 수반되는 좋은 짝을 만나야겠다면 그거야 당신 소관이다. 내게 중요한 것은 연애 감정이 있느냐 없느냐가 아니다. 연애 감정과는 **별도로** 두 사람의 건강한 관계와 지혜로운 선택이 중요하다.

**1.** 당신이 사랑에 빠진 적이 있다면 첫 번째 경우를 말해 보라. 두 번째와 세 번째도 있었는가? 지금 되돌아보면 당신이 사랑에 빠졌던 대상은 진지하게 사귈 만한 자격을 갖춘 사람이었는가?

**2.** 연구가들이 말하는 '이상화'란 상대에게 있지도 않은 장점을 부여하고 단점에는 눈을 감는 것이다. 당신도 거기에 공감하는가? 어떻게 하면 사람들이 이 오류에 빠지지 않을 수 있겠는가?

**3.** 당신은 시작을 말았어야 할 관계를 감정 때문에 시작한 적이 있는가? 반대로 더 시간을 들였어야 할 관계를 감정이 없다는 이유로 끝낸 적이 있는가? 미래의 관계에서는 로맨틱한 감정이 어떤 역할을 했으면 좋겠는가?

**4.** 심리적으로 건강하지 못한 대상과 로맨틱한 관계에 빠진 사람을 알고 있는가? 혹시 당신이 그런 경우인가? 그 관계는 어떻게 끝났는가? 아직 끝나지 않았다면 지금 당신은 어떻게 대처하고 있는가? 미래의 관계를 생각할 때 당신이 여기서 배울 수 있는 교훈은 무엇인가?

**5.** 당신이 보기에 두 사람이 처음 만나 약혼에 이르기까지의 적절한 기간은 어느 정도인가? 그 근거는 무엇인가?

# 남자와 여자가 피해야 할 실수 04

　좋은 배우자를 찾으려면 자신부터 좋은 사람이 되어야 한다. 이번 장에서 하려는 말을 남녀별로 숙고하여 조금이라도 감화를 얻기 바란다. 여성에게 먼저 말한 다음 남성에게 말하려 한다. 양쪽을 다 읽고 모든 내용을 신중하게 생각하면 좋을 것이다. 제목을 거창하게 붙였지만 솔직히 나는 모든 남자와 모든 여자가 무엇을 원하는지 **당연히** 모른다. 다만 일반 추세를 논하여 당신의 사고를 자극하고, **마땅히 원해야 하는** 것에 대한 객관적 평가를 돕고자 한다.

## 여성이 범하는 중대한 실수

여성이여, 아내가 남편의 경건을 중시하듯 당신도 남자친구의 경건을 중시해야 한다. 그것이 당신을 향한 내 목표다. 감정이 사그라질 때 당신 인생의 사명을 지탱해 주는 것은 남자의 성품이다. 나는 남편의 외모 때문에 불평하는 아내를 거의 본 적이 없다. 아내들이 보내오는 이메일의 주제는 **거의 언제나** 성품 문제다.

그런데 대부분 여자는 애초에 성품을 갖춘 남자를 구하는 게 아니라 '사랑에 빠질' 대상을 구한다. 사랑이 느껴지면 관계를 성사시키려고 남자의 모든 단점을 두둔한다. 그러나 사랑이 느껴지지 않으면 남자의 성품이 아무리 뛰어나도 그를 배우자감으로 진지하게 생각하지 않는다.

여기 아이러니가 있다. 독신 여성은 남자친구의 행동이 나빠 보여도 얼른 정당화하며 적당히 둘러댄다. 그런데 많은 아내는 자기 남편이 얼마나 못됐는지 주변 모든 사람이 알아주기를 간절히 원하며, 그런 형편없는 인간과 함께 사는 자신을 모두가 동정해 주기를 바란다. 사실 여자들은 결혼하고 조금만 지나면 자신이 연애 시절에 묵과하고 옹호했던 바로 그 문제로 남편을 책잡는다. 한 여자는 상담자 윈스턴 스미스에게 이렇게 말했다. "제 남편이 얼마나 속물인지 모르실 거예요! 그가 대학 때 무슨 짓을 했는지 제가 말했던가요?" **결혼 전에는** 왜 그 사건을 문제 삼지 않았는가? 그것을 알고도 받아들였다면 왜 이제 와서 끄집어내는가?

그 반대라면 얼마나 좋겠는가. 독신 여성은 남자친구의 약점에 대해 주변 사람들과 진지하게 의논하며 지혜로운 결정을 내려야 한다. 반면 아내는 남편의 명예를 진정으로 옹호하며 친밀한 관계를 가꾸고 유지해야 한다. 남자친구일 때는 약점을 무시하다가 결혼하고 나서 남편의 실책에 대해 험담하는 것은 안타깝게도 이혼으로 가는 확실한 길이다.

한번은 내가 청중이 많이 모인 자리에서 모든 기혼 여성을 자리에서 일어서게 했다. 그리고 나서 이렇게 말했다.

"남자의 경건이야말로 미혼 여성이 배우자를 고를 때 고려해야 할 가장 중요한 두 가지 요건 중 하나입니다. 이 말에 동의하지 않으시는 분은 자리에 앉아 주십시오."

자리에 앉는 아내가 한 명도 없었다. **단 한 명도** 없었다. 그날 모든 기혼 여성이 모든 미혼 여성에게 한 말은 이것이다. 성품이 확실한 남자, 주 안에서 자라 가며 경건을 추구하는 남자를 찾으라. 기혼 여성이 아내로서 가장 중시하는 점이 바로 그것이다. 그런데 많은 독신 여성은 말로만 성품을 운운할 뿐이다.

"그야 성품과 경건도 중요하죠. 하지만 저는 제 남자친구도 하나님을 사랑한다고 생각해요. 방법만 좀 다르다 뿐이죠."

여성이여, 자신에게 물어 보라. 지금부터 10년 후면 짜릿한 연애 감정은 사라지고 없을 것이다. 당신은 매일 반복되는 일상 속에서 자녀와 남편과 함께 살고 있을 것이다. 그때 당신이 가장 바라는 남편의 모습은 무엇이겠는가? 당신이 정말 현명하다면 바로 지금 **그것을** 찾을 것이다. **그런 사람을** 찾으라.

대부분 기혼 여성이 원하는 남편은 경건하고, 건강한 유머 감각이 있고(웃음은 고달픈 삶에 도움이 된다), 아빠로서 자녀의 삶에 참여하고, 직업윤리가 철저한 사람이다. 그런데 독신 여성은 이 네 가지 자질을 뒷전으로 밀쳐두곤 한다. 생활력이 강한 노력파보다 계획만 많은 몽상가에게 더 끌리는 여자도 있다. 그들은 약속을 지키는 건실한 남자보다 현재의 성적 끌림을 더 중시한다. 수많은 독신 여성이 원하는 남자는 심장을 두근거리게 하고, 손에 땀이 나게 하고, 성적 끌림을 자극하는 남자다. 그러나 수많은 아내가 원하는 남자는 믿을 수 있고, 날마다 아내와 자녀의 곁을 지켜 주며, 다달이 꼬박꼬박 은행에 월급이 입금되는 남자다.

당신이 지금 중시하는 것과 10년 후에 중시할 것 사이에 이런 괴리가 있다. 이 괴리를 정직히 다루지 않으면 당신은 후회에 찬 삶을 자초한다. 배우자를 지혜롭게 선택하려면 더 중요한 이슈부터 제대로 심사숙고해야 한다. 즉 공통된 사명이 있고 성품이 바르냐에 따라 앞으로 50~60년 동안 당신은 복을 누릴 수도 있고 화를 입을 수도 있다. 불과 몇 달이면 식을 성적 끌림이나 짜릿한 로맨스에 치중해서는 안 된다.

아울러 여자는 남자의 지위에 휩쓸리기 쉽다. 남자가 부자인 데다 직업이 대단할 수 있다. 교회 지도자일 수도 있다. 그래서 당신은 그런 남자라면 다른 부분도 다 괜찮겠거니 생각한다. 하지만 당신이 결혼할 대상은 **지위**가 아니라 **사람**이다. 부자 중에도 구두쇠와 실업자가 있고 사역자 중에도 이상한 사람이 있다. 지위 때문에 상대의 됨

됨이를 놓쳐서는 안 된다. 당신이 찾는 것은 성품이지 지위가 아니다. 직함만 대단한 사람이 아니라 속이 꽉 찬 사람을 찾아야 한다.

당신이 "먼저 그의 나라와 그의 의를 구하"려는 진실한 그리스도인이라면, 당신이 찾아야 할 남자가 사도행전 6장 3절에 요약되어 있다. "성령과 지혜가 충만한... 사람을 택하라." 초대 교회가 물색한 회중의 지도자는 바로 그런 사람이었다. 당신도 그런 사람을 찾아 가정을 이루어야 한다. 성령이 충만한 사람이자 지혜가 충만한 사람이다. 성령이 충만한 이들은 하나님을 향하여 살아 있으며 하나님이 그들 속에서 역사하신다. **이 기준으로** 배우자를 선택하면 절대로 후회할 일이 없다. 당신의 남자친구에 대해 "그는 성령과 지혜가 충만한 사람이다"라고 솔직히 말할 수 있는가?

> 당신이 지금 중시하는 것과 10년 후에 중시할 것 사이에 이런 괴리가 있다. 이 괴리를 정직히 다루지 않으면 당신은 후회에 찬 삶을 자초한다.

## 남성이 범하는 중대한 실수

이번에는 남성에게 말한다. 나도 남자라서 당신이 무엇을 찾는지 잘 안다. 우리는 예쁜 여자를 유난히 좋아한다. 이것은 과학으로도 입증되었다. 네덜란드에서 시행된 한 연구에 따르면 매력 있는 여자는 실제로 남자의 인지 기능을 교란할 수 있다.[1] 남자의 이런 성향은 성경에도 나와 있다. 그래서 잠언 31장에 보면 젊은 남자에게 여자의 아름다움이나 미색에 현혹되지 말라고 했다. 외모는 사라지기 때문이다[30절]. 우리가 외모에 혹하는 것을 하나님도 아신다. 앞서 네덜란드의 연구를 인용했는데 거기에 가담한 한 교수는 고급 학위를 받고 전문 서적을 집필한 사람이다. 그런 그가 한번은 어느 학회에서 절세미인을 만났다. 대화 중에 그는 어떻게든 좋은 인상을 남기고 싶었다. 그런데 어디에 사느냐는 그녀의 물음에 그는 **정말 자신의 주소가 기억나지 않았다.**[2]

결혼한 부부간에는 이런 매혹이 아주 좋은 것이다. 아내의 몸에 매혹되는 것은 정말 복이다[잠 5:18-19]. 하지만 아내를 고를 때는 영원한 것을 더 중시하도록 신중을 기해야 한다. 당신이 미처 생각하지 못했을지 모르지만, 여자의 몸은 성품보다 훨씬 빠른 속도로 변한다.

성적 끌림도 마찬가지다. 처음에 성적 끌림을 유발했던 요인이 계속되지 않는다. 어쩌면 여자친구가 당신에게 홀딱 빠져 육체관계를 원할지 모른다. 하지만 아직 결혼 전이라면 그녀의 그런 행동 자체가 이기심의 발로다. 그녀는 자신의 욕망이 발동하는 대로 당신을 탐해 적극적으로 그런 관계를 주도할 수 있다. 그러나 당신을 진정으로 사랑하며 아껴 주는 여자친구라면 당신이 **그리스도 안에서** 가장 잘되기를 바랄 것이다. 부적절한 육체관계를 삼갈 것이며, 당신을 비웃거나 유혹하거나 하나님과 떼어 놓으려 하지 않을 것이다.

이런 실수를 범하는 남자를 나는 수없이 많이 보았다. 그런 남자와 대화하노라면 정말 서글퍼진다. 성적 끌림이 고조되는 관계 초기에는 어차피 애정의 절제가 문제일 뿐 애정 표현에는 어려움이 없는 법이다. 그런데 남자는 섹스에 적극적인 여자친구가 결혼 후에도 섹스에 적극적일 거라고 생각한다. 하지만 사실은 대개 정반대다. 데이트 관계가 죄로 지탱되었다면 당신의 결혼생활을 지탱해 줄 것은 무엇이겠는가? 당신의 여자친구는 결혼 전부터 이기적으로 행동하고 있다. 무슨 근거로 당신은 그런 사람이 아내가 된 뒤에는 이기적으로 행동하지 않을 거라고 생각하는가?

당신의 여자친구가 결혼 전에 **육체적 선을 넘으려** 한다면 조심하라. 그 이기심의 죄가 **결혼 후에는** 오히려 성적 친밀함을 죽이거나 망쳐 놓는다. 죄란 본질상 하나님의 창조 질서를 뒤집는 것이다. 결혼을 벗어난 섹스는 없어야 하고 부부간에는 만족스러운 섹스를 풍성하게 나누는 것이 하나님의 창조 질서다. 결혼을 벗어난 섹스에 관해 하나님께 불순종하는 사람이 부부간에 만족스러운 섹스를 풍성하게 나누는 데는 순종하겠는가? 혼전에 하나님을 밀쳐내고 제멋대로 하는 사람이라면 결혼 후에도 계속 그러지 않겠는가?

그래서 아내를 고를 때는 지금 하나님 나라를 먼저 구하는 여자를 찾아야 한다. 지금 의를 구하는 여자를 찾아야 한다. 데이트할 때 하나님 뜻대로 하지 않는 여자가 결혼 후에 갑자기 바뀌는 법은 없다.

결혼 후에 성적 만족을 누리려면 외모에만 치중하지 말고 덕 있는 여인을 찾는 것이 가장 확실한 길이다. 잠언 31장에는 그런 여인이 "여호와를 경외하는 여자"로 표현되어 있다[30절]. 그런 여자는 자상함과 긍휼과 너그러움과 이해심이 많고, 용서를 잘하며[모든 남편은 용서받을

<sup>일이 많으므로</sup>, 예수님을 본받아 섬기려 한다. 이런 여자야말로 섹스 상대로서 큰 만족을 줄 뿐 아니라 전체적으로 자상한 아내가 된다.

다시 말해서 아름다움의 매혹을 무시할 필요는 없지만 그래도 성품이 존경스러운 여자와 결혼하라. 강점과 은사가 당신의 감탄을 자아내고, 주님과 동행하는 영적인 삶을 당신도 본받고 싶어지는 그런 여자와 결혼하라.

잠언 12장 4절에 젊은 남자에게 주는 경고가 나온다. "어진 여인은 그 지아비의 면류관이나 욕을 끼치는 여인은 그 지아비의 뼈가 썩음 같게 하느니라." 암 투병으로 서서히 야위어 가는 사람을 본 적이 있다면, "욕을 끼치는 여인은 그 지아비의 뼈가 썩음 같게 하느니라"라는 표현이 당신의 마음에 섬뜩하게 다가와야 한다. 경박한 여자에게 마음을 빼앗긴다면, 그 여자가 아무리 예쁘거나 부유하거나 귀여울지라도 당신은 속에서부터 타들어 갈 것이다.

내가 만난 남자들이 고백하는 말이 있다. 자신이 지금 하나님과 동행하고 있는 이유가 확고한 신앙의 여인과 결혼한 덕분이라는 것이다. 이런 아내는 남편에게 감화를 끼칠 뿐 아니라 남편의 영적 냉담함이나 미성숙을 방관하지 않는다. 그래서 이런 남자는 아내의 견고한 신앙과 지혜와 본보기가 없었다면 자신이 어떻게 추락했을지 생각만 해도 몸서리가 쳐진다고 고백한다.

나도 아름다운 여자와 결혼해서 좋다. 이것은 복이므로 굳이 부인할 마음이 없다. 하지만 경건한 여자와 결혼했다는 사실이 내게는 **더 귀하다.**

여자는 주로 이상적 로맨스에 끌려 결혼하고 남자는 성적 매력에 휩쓸려 결혼하는 것이 현실이다.물론 이런 틀에 박힌 구분이 당신에게는 해당하지 않을 수 있다. 그 반대도 가능하다. 배우자를 지혜롭게 선택하려면 먼저 이런 열등한 동기부터 버려야 한다. 결혼의 이유가 잘못되어 있으면 대상도 잘못 고르게 된다.

## 잠깐의 덧없는 재미에 인생을 맡기지 마라

이번에는 세상이 중시하는 것을 예수님의 가르침과 비교해 보자. 세상은 잠깐의 짜릿하고 로맨틱한 애착을 중시한다. 하지만 그런 감정은 우리를 취약하고 비합리적이게 만들며, 유효 기간이 고작 평균 12~18개월에 그친다. 세상은 '사랑'을 평가할 때 정서적 애착의 강도를 기준으로 삼는다. 하지만 과학으로 입증되었듯이 그런 애착은 오래가지 않는다. 그것은 잠깐의 덧없는 사랑이며, 대부분 영화와 소설과 노래가 그런 사랑을 예찬한다. 당신도 그것을 무엇보다 중시하도록 여태 길들여졌고, 그것만이 '진정한' 사랑이라는 말을 귀가 따갑게 들었다.

영화 〈타이타닉〉에서 로즈의 새 남자친구 잭은 함께 달아나는 것이 도리에 어긋난다고 말한다.서로 안 지 72시간도 되지 않았기 때문에 더욱 그렇다. 그러자 로즈는 이렇게 대답한다. "물론 말이 안 돼요. 그래서 나는 그것을 믿어요."[3] 멋진 배경 음악 때문에 이 장면이 설득력을 얻을지는 몰라도, 이런 '사랑'의 결과는 거의 언제나 슬픔에 찌든 삶이다.

반면 예수님은 우리에게 매사에 영원한 것에 기초해 결정하라고 가르치셨다. 영원한 것이란 바로 하나님의 나라와 의를 구하는 삶이다. 그분의 말씀은 우리에게 연애 감정보다 영적 사명을 공유할 사람을 찾으라고 촉구한다. 당신의 객관적 시각을 모두 앗아갈 사람을 찾아서는 안 된다. 예수님의 가르침대로 우리의 결정은 의로운 삶으로 이어져야 한다. 경건한 방향으로 내게 감화를 끼칠 사람, 내가 잘못된 길로 갈 때 그것을 지적해 줄 사람, 내가 잘못할 때 용서해 줄 사람, 내가 어찌해야 할지 모를 때 지혜롭게 격려해 줄 사람을 찾아야 한다.

영적으로 건강한 사람은 그런 삶을 갈망한다. 그런 삶은 덧없는 애착을 낳는 게 아니라 점점 더 기쁨으로 충만해진다. 성적 욕구와 로맨틱한 애착을 넘어 관계의 중요한 '제3단계'는 장기적 애정이다. 이런 결속은 우정과 공통된 사명을 통해 가장 잘 다져진다. 그것은 죽을 때까지 지속되며, 연애 감정과 달리 나이가 들수록 더 깊어진다. 연애 감정은 시간이 가면 스러지지만, 의지적으로 가꾼 친밀한 애정은 세월이 갈수록 더 깊어진다.

예수님의 말씀은 하나님의 백성을 영적 동반자 관계로 부른다. 사실은 성경 전체가 그렇다. 당신도 바로 그것을 찾아야 한다. 상대는 나와 동행하며 하나님 쪽으로 갈 사람인가? 배우자를 지혜롭게 선택하는 것은 이기적인 일이 아니라 하나님이 주신 한 번뿐인 인생에 대한 선한 청지기 사명이다. 심각한 정신적 문제나 중독이나 성격 결함이 있는 사람과 결혼한다면 이는 마치 무거운 배낭을 지고 마라톤을

달리는 것과 같다. 자신에게 물어 보라. 내가 생각하고 있는 상대는 하나님이 주신 내 경주에 도움이 될 사람인가, 아니면 모래 자루처럼 내 발목을 붙들 사람인가?

물론 배우자 선택은 동업자나 친구를 선택하는 일과는 다르다. 성적 매력이 없다면 남편이나 아내 역할을 수행하기 어렵다. 상대의 벗은 몸을 볼 생각만 해도 구역질이 난다면 그 사람과 결혼하지 마라. 섹스는 결혼의 중요한 일면이다. 성생활을 즐기며 거기에 열심히 협력할 수 없겠거든 결혼하지 말아야 한다. 하지만 장기적으로 대부분 결혼에서 성적 친밀감이 사그라지는 이유는 외모의 매력이 없어서가 아니라 관계상의 문제 때문이다. 두 사람이 진정으로 서로 아껴 주고 다정히 대하며 공통된 사명이 있고 함께 성장하고자 한다면, 자연히 성적으로 친밀해지고 싶을 수밖에 없다.

다시 말해서 배우자를 고를 때는 마태복음 6장 33절에 나오는 기준 **이상**을 생각해야 한다. 절대로 그 **이하**여서는 안 된다. 만약 당신이 관심을 두고 있는 상대가 함께 하나님 나라를 먼저 구하며 의로운 삶을 추구할 만한 사람이 아니라면, 당신은 차선에 안주하는 것이다. 예수께서 우리 삶에 가장 중요하다고 말씀하신 부분이 빠져 있기 때문에 그분의 관점에서 보면 그렇다.

**1.** 남자친구나 여자친구로서는 괜찮을지 몰라도 남편이나 아내로서는 받아들여지기 힘든 성품은 무엇인가?

**2.** 로맨틱한 감정보다 상대의 성품을 더 중시하라는 말은 현실성이 있는가? 그것을 배우려면 어떻게 해야 하겠는가?

**3.** 여성에게 묻는다. 당신이 남편으로서 원하는 사람과 남자친구로서 관심이 가는 사람 사이에 괴리가 있는가? 서로 토의해 보라.

**4.** 남성에게 묻는다. 외모보다 성품에 기초하여 배우자를 결정하는 게 얼마나 중요하다고 보는가? 어떻게 균형을 이룰 수 있겠는가?

**5.** 세상이 로맨틱한 관계에서 흔히 중시하는 다섯 가지 요건을 꼽아 보라. 그것을 성경이 말하는 참되고 영속적인 사랑과 비교해 보라.

# 운명적인 반쪽?
# 동반자 같은 짝? 05

　세상이 로맨틱한 관계에서 흔히 중시하는 다섯 가지 요건을 꼽아 보라. 그것을 성경이 말하는 참되고 영속적인 사랑과 비교해 보라.

　우리 문화에 팽배해 있는 잘못된 관념이 있다. '나를 완성해 줄' 수 있는 사람이 딱 한 명이라는 생각이다. 이 표현은 영화 〈제리 맥과이어〉[1]에 출연한 톰 크루즈를 통해 불멸의 말이 되었다. 이런 사고방식으로 배우자를 선택하는 평생의 결정에 접근하면 위험하다. 그런데도 이것이 세간의 통념이다. 여러 연구를 따르면 독신 대부분은 꽤 필사적으로 '운명적인 반쪽'을 찾고 있다. 러트거스대학교에서 시행한 연구 결과, 20대 독신 여성의 94%는 배우자의 첫째 조건으로 운명적인 사랑을 꼽았다. 운명적 만남으로 느껴지는 남자라야 한다는 뜻이다. 똑같이 놀라운 결과로, 정말 그 사람을 '나의 결혼적령기'에 만나리라고 생각한 응답자가 87%에 달했다.[2]

## 플라톤이 말한 사랑

'운명적 반쪽'을 믿는 사고방식의 기원은 믿기 힘들 만큼 황당하다. 2천 년도 더 전에 그리스 철학자 플라톤은 '초인'이라는 자웅동체 인류가 한때 존재했다고 추측했다. 초인은 신들을 전복하려 했다. 한 인간 안에 양성을 겸비한 '완성된' 존재다 보니 그들은 힘이 너무 셌다. 그래서 제우스는 "이제부터 내가 각 인간을 둘로 나누겠다… 그들은 더 약해질 뿐 아니라 숫자도 많아져 우리에게 더 유용해질 것이다"라고 말했다.[3]

강제로 둘로 쪼개진 그들은 재회를 간절히 원할 수밖에 없었다. 마침내 두 반쪽이 서로 만났을 때 그들이 할 수 있는 일이라고는 서로 꼭 달라붙는 것뿐이었다. 하지만 그 결과는 죽음이었다. "서로 떨어져서는 아무것도 하려 하지 않았기 때문이다."[4] 승리는 제우스의 몫이었다. 타락하고 지나치게 의존적인 인간은 이제 힘이 없어 신들에게 위협이 되지 않았다.

플라톤은 로맨틱한 사랑이 우리를 더 약하게 한다고 보았다. 이는 사랑이 우리를 더 강하게 한다는 성경적 관점과 대비된다. 당신에게는 사랑이 어떤 역할을 하는가? 사랑하기에 그 사랑 덕분에 더 강해지는가, 아니면 자신이 더 취약하고 나약하고 심지어 지나치게 의존적으로 느껴지는가?

연애 감정은 우리를 지나친 의존 상태에 빠뜨릴 수 있다. 그렇지 않은가? 개체성을 잃고 상대에게 함몰되어 단 몇 시간도 차마 떨어져 있지 못하니 말이다. 그러면 우리는 전혀 새로운 방식으로 취약해진다. 그 관계를 떠난 삶은 너무 시시하게 느껴져 사실상 삶이 멎어 버린다. 플라톤은 그 이유를 인간이 한때 분리되지 않았던 적이 있어서라고 보았다. 그래서 지금도 혼자서는 살아갈 수 없다는 것이다.

그의 추측은 이렇게 이어진다.

> 예로부터 인간에게는 태어날 때부터 서로를 향한 에로스가 있다. 에로스는 옛 본질[단일한 존재인 양성]을 회복한다. 둘로 하나를 만들어 인간의 본질을 치유하려 한다. 이렇듯 우리 각자는 한 인간의 반쪽이다. 반토막 난 생선처럼 하나가 둘이 되었다. 그래서 늘 자신의 반쪽을 찾으려는 것이다.[5]

## 성경이 말하는 인간의 참 본질

성경이 보는 인간의 본질은 전혀 다르다. 성경에 따르면 우리의 문제는 옛날에 각자의 반쪽과 갈라진 것이 아니라 우리 죄로 말미암아 하나님과 분리된 것이다. 그래서 우리는 예수 그리스도께서 십자가에서 이루신 일을 통해 하나님과 화목해져야 한다. 일단 하나님과 화목해지면 그분이 우리를 본연의 인간으로 회복하신다. 결혼은 신기하고 영광스러운 것이지만 하나님의 자녀라는 우리의 정체성에 비하면 부차적이다. 천국에는 결혼이 아예 존재하지도 않는다<sup>마 22:30</sup>.

그러므로 평생의 배필을 구할 때 우리는 상대에게 아쉬워 매달리지 않는다. 오히려 함께 하나님의 사랑을 나누며 삶 속에서 그분의 목적을 이루어 갈 사람을 참을성 있게 구한다.

'운명적 반쪽'을 찾아야 한다는 플라톤 철학은 지혜를 저버린 채 나와 상대가 '운명적 만남'인지를 신비롭게 분별하려 한다. 그런 식으로 잘 맺어지는 사람도 어쩌다 있겠지만, 어리석고 경솔하게 행동하는 사람이 훨씬 많다. 우선 상대가 내 영혼의 짝이요 운명적 만남인지 어떻게 아는가? 흔히 사람들은 감정으로 그것을 분별하려 한다. 전에 없이 서로 전기가 통해야 한다. 하지만 앞서 이미 확인했듯이 연애 감정은 강렬해 모든 것을 삼켜 버릴 뿐 아니라 **수명이 짧다**.

어떤 그리스도인은 좋아하는 사람이 나타나면 "내가 하나님께 기도했거든"이라고 말할 것이다. 그분의 인도를 구하는 당신의 노력에 박수를 보낸다. 하지만 상대에게 홀딱 빠져 있으면 당신의 뇌는 온통 그 사람을 얻고 지킬 생각밖에 없다. 그런 상태에서 과연 객관적으로 하나님의 음성을 능히 분별할 수 있을까?

상대의 성품과 가치관 등 배우자로서의 적합성을 분별하는 것은 **힘든 일**이다. 충분한 시간, 주변의 조언, 자신에 대한 건강한 객관적 회의가 필요하다. 반면 상대를 '하나님이 정해 주신 짝' 내지 플라톤의 표현으로 '운명적 반쪽'으로 생각하기는 비교적 쉽다. 직감으로

'느껴지고' 그냥 옳아 보인다. 다른 대상은 상상할 수도 없다. 그러니 **천생연분**을 찾은 게 틀림없다!

이런 사람은 성품, 성격 궁합, 삶의 목표, 바라는 가정, 영적 건강, 기타 중요한 요소를 진지하게 고려하지 않은 채 연애 감정에 취해 결혼한다. 그러다 감정이 사그라지고 관계에 수고가 따르면 한쪽이나 양쪽 모두 불현듯 자신의 '실수'를 깨닫는다. "이 사람은 내 운명적 반쪽일 수 없어. 그렇지 않고서야 이렇게 힘들 리가 없잖아." 이제 그들은 공황 상태에 빠진다. "내 운명적 반쪽이 아직도 세상 어딘가에 있을 거야!" 그래서 그들은 한시라도 더 늦을세라 이혼 법정으로 달려간다. 하나뿐인 운명의 만남, 진짜 반쪽을 행여 남에게 빼앗기지 않으려고 말이다.

사소한 이유로 결혼하는 사람은 사소한 이유로 이혼하려 한다. 서글픈 사실이다. 결혼은 평생의 헌신인 만큼 훨씬 더 탄탄한 기초가 필요하다. 그 속에 영원한 의미마저 함축되어 있어야 한다.

여기 당신에게 던지는 어려운 질문이 있다. 상대는 당신이 배우자로서, 태어날 자녀의 엄마나 아빠로서 적합한 사람인지 분별할 마음이 없다. 그런 수고 없이 그냥 당신과 결혼하려 한다. 그런 사람이 앞으로 만족스럽고 하나님을 영화롭게 하는 결혼생활을 가꾸는 수고인들 감당하겠는가? 결혼을 결정하는 **방식**을 보면 그 사람이 결혼생활을 어떻게 해 나갈지도 웬만큼 알 수 있다. 상대는 결혼식이 끝난 후에 더 성숙한 부부관계를 위해 함께 노력할 사람인가?

## 배우자가 하나님을 대신할 수는 없다

심호흡을 하라. 배우자 선택은 중요하지만 결코 그것이 당신을 규정할 수는 없다. 당신이 그리스도인이라면 당신의 삶을 규정하는 것은 하나님이지 결혼 여부, 결혼생활의 행복이나 좌절이 아니다. 결혼을 추구하는 과정은 기쁜 일이어야 하고 하나님과 함께 수행하는 일이어야 한다. 그분은 당신과 가장 친밀하게 동행하시는 영원한 동반자시다.

당신은 하나님을 대신할 완벽한 짝을 찾는 게 아니다. 그것은 병적 의존이다. 당신은 이미 온전히 사랑받는 존재다. 당신이 찾는 사람은 그 사랑 안에서 성장하고 그 사랑을 나누도록 당신을 도와 줄 사람이다. 이것이 건강한 안전감이다. 그리스도인은 결코 "그 사람 없이는 못 살아"라는 말로 규정되어서는 안 된다. 우리는 이미 하나님께 충분히 사랑과 돌봄을 받고 있다. 우리를 가장 잘 아시는 그분이 우리를 귀히 여기신다. 우리는 그분의 수용과 사랑과 인정과 목적 안에서 안전하다.

당신 없이는 못 산다는 사람이 있다면 당신의 자존심은 엄청나게 세워질 것이다. 하지만 당신이 그 사람의 삶 속에서 과연 하나님의 역할을 하고 싶은지 자문해 보라. 내가 아직 독신이었을 때 한 젊은 여자가 내게 이런 말을 했다. "나는 너 없이는 절대로 행복할 수 없어." 그 일로 캠퍼스 사역자와 상담하면서 나는 그것이 위험 신호임을 깨달았다. 상대가 그토록 나를 원해 나 없으면 안 된다니 당장은 기분이 좋았다. 하지만 그 사역자는 다른 사람에 대해 그렇게 말하는 사람일수록 하나님과의 관계가 바르지 않다고 설명해 주었다. 그녀는 자신의 행복에 대한 결정권을 다른 타락한 인간에게 영원히 맡기려 했다. 그만큼 그녀가 자신의 삶 속에서 하나님께 맡긴 역할은 너무도 작았다. 그런 사람과 내 미래를 함께할 것인가?

여기서 더 나가기 전에 당신이 씨름해야 할 질문이 있다. 당신은 자신에게 맞는 배우자가 딱 하나로 정해져 있다고 믿는가? 어쩌면 당신은 운명적 반쪽이라는 플라톤의 사고방식은 거부하면서도 같은 내용의 '기독교적 대안'을 만들어 냈을 수 있다. 하나님이 '나만을 위해' 지으신 그 한 사람을 찾아야 한다는 식으로 말이다.

만일 그렇다면 그것을 성경적으로 어떻게 정당화하겠는가? 그럴 만한 근거가 있는지 살펴보자.

## 운명보다 지혜가 중요하다

성경에는 사람의 결혼 상대가 딱 하나로 정해져 있다는 개념이 나오지 않는다. 오히려 결혼에 대해 가르치는 모든 본문을 보면 지혜로운 선택과 어리석은 선택이 있다고 말한다. 배우자를 선택할 때 우리가 길잡이로 삼아야 할 것은 운명이 아니라 지혜다.

잠언의 접근은 지극히 실제적이다. "누가 현숙한 여인을 **찾아 얻**
**겠느냐**"잠 31:10. 이 구절에는 우리의 참여와 진지한 추구가 전제되어 있다. 사고를 적극적으로 활용해 지혜로운 선택을 내려야 한다는 것이다. 이때 젊은 남자가 최우선으로 고려해야 할 요인은 "고운 것도 거짓되고 아름다운 것도 헛되나 오직 여호와를 경외하는 여자는 칭찬을 받을 것이라"30절이다. 성경은 젊은 남자에게 성품이 좋은 여인을 찾으라고 말한다. 외모는 오래가지 않지만 경건한 성품은 나이가 들수록 더 깊어진다. 이 본문에 '감정'에 대한 말은 단 한마디도 없다. 오히려 신체적 매력이나 사교적 성격을 너무 강조해서는 안 된다고 경고한다. 대신 **이 구절은 신앙을 훌륭한 아내감의 결정적 요소로 꼽는다.**

내 경험으로 자신 있게 말하는데, 경건한 여인과의 결혼생활에 비할 수 있는 것은 아무것도 없다. 다정함과 너그러움과 영적 동행은 세월이 흐를수록 더 깊어지고 진실해지고 즐거워진다. 반면 내가 결혼생활이 고달픈 이들을 부지기수로 상담하며 알게 된 것이 있는데, 미모는 뛰어나지만 자아에 도취된 여인과의 결혼생활보다 더 답답하고 피곤한 것은 없다는 것이다.

물론 극단으로 흐르지 않도록 조심해야 한다. 앞서 말했듯이 이는 성적으로 전혀 끌리지 않는 사람과 결혼하라는 말이 아니다. 성경에 따르면 영적 궁합이 맞는 사람을 찾는 것이 최우선이다. 그것이 **대전제**고 성적 궁합이 맞는 사람을 찾는 것은 그다음이다. 이 두 기준의 순서를 바꾸면 단기적 만족은 얻을 수 있겠지만 장기적 좌절을 각오해야 한다. 결혼의 '이유'를 먼저 정립한 뒤에 그에 따라 '대상'을 골라야 한다. '대상'이 점잖고 잘생겼다 해서 '이유'가 바뀌어서는 안 된다.

신약으로 건너가도 하나님이 '나만을 위해' 지으신 '그 한 사람'

을 찾아야 한다는 암시는 전혀 없다. 오히려 실제적 선택의 성격이 훨씬 강하다. 당신은 결혼하지 않으면 성적으로 죄를 지을 것 같은가 고전 7:2? 결혼할 여자에게 합당하지 못하게 행동하고 있는가36절? 그렇다면 결혼하라. 당신의 선택이다. 하나님이 당신에게 그럴 자유를 주셨다. 다만 명심해야 할 것이 있다. 선택의 기초는 **의를 구하는 데** 있어야 한다. "독신으로 남는다면 계속 죄를 지을 것 같은가? 그렇다면 결혼하라."

사도 바울은 결혼 문제로 씨름하는 이들을 도우면서 독신의 유익과 결혼의 유익을 양쪽 모두 인정했다. 독신으로서 성적 유혹을 감당할 수 없겠거든 얼마든지 결혼하라고 그는 말한다. 이는 더 의롭게 살려는 갈망이 결혼을 결정하는 기초가 되어야 한다는 명백한 권고다. 즉 결혼하지 않고는 불의한 삶에 빠질 것 같다면 결혼하라는 것이다.

물론 지금 바울이 하는 말은 **언제** 또는 **누구와** 결혼할 것인가가 아니다. 더 범위를 넓혀 결혼 여부를 가르고 있을 뿐이다. 성적 유혹 때문에 힘들 경우 서둘러 아무하고나 결혼하라는 말이 아니다. 그렇게 해석한다면 바울의 말을 심각하게 잘못 읽는 것이다. 이것은 특수한 조언이 아니라 일반적 권고다.

같은 본문 8~9절에서 바울은 **결혼 여부**도 우리의 결정에 맡긴다. "내가 결혼하지 아니한 자들과 과부들에게 이르노니 나와 같이 그냥 지내는 것이 좋으니라. 만일 절제할 수 없거든 결혼하라."

바울은 예수님의 실제적 접근을 본받았을 뿐이다. 예수님은 고자로 태어난 사람과 '천국을 위하여 스스로 된 고자'에 대해 사실적으로 말씀하셨다.마 19:12 '**스스로 된**'이라는 말에 주목하라. 예수님은 그것이 각자의 **선택**이라고 말씀하신다. 결혼을 원해도 잘못이 아니고 독신으로 남기를 원해도 잘못이 아니다. 성경은 결혼을 강요해서도 안 되고 금해서도 안 된다고 명백히 말한다. 이것은 하나님이 우리의 재량에 맡기시는 삶의 결정 가운데 하나다. 하지만 하나님은 우리가 **어떤 부류의 사람과 왜 결혼하는가에 대해서는 간섭하신다.**

논증의 정점은 고린도전서 7장 39절에 나오는 바울의 권고다. '기독교적 플라톤주의자'도 이것을 물리치기는 어려울 것이다. 여기서 바울은 더할 나위 없이 명백하게 결혼을 우리의 선택에 맡긴다. "자기 뜻대로 시집 갈 것이나 주 안에서만 할 것이니라." 보다시피 남자가 주님께 속한 사람인 한 여자는 **자기 뜻대로 아무하고나** 결혼할 수 있다. 성경이 이보다 더 명확할 수 있을까?

> '그 사람을 찾는' 것보다 성경의 관점대로 지혜롭게 선택하는 것이 아주 중요하다. 거기에는 이유가 있다. 성경의 방식대로 하면 결혼 상대를 객관적으로 평가할 수 있다.

**결혼 여부**와 **결혼 상대**는 우리의 선택에 달려 있다. 다시 말해서 **당신이 정하면 된다.** 이는 하나님의 섭리를 부인하는 것이 아니다. 하나님이 두 사람을 함께 인도하시는 특정한 경우를 배제하는 것도 아니다. 성경의 요지는 결혼이 중요하긴 하지만 하나님이 당신에게 엄청난 책임을 주셨다는 것이다. 그러니 지혜롭게 선택하라.

게으르고 너무 신비주의로 치닫는 이들은 이 가르침을 못마땅해하며 이렇게 말할 수 있다. "하나님, 이건 부당한 처사입니다. 그냥 사람을 정해 주십시오. 그럼 그 사람과 결혼하겠습니다." 이것은 미성숙한 태도다. 하나님은 남자와 여자를 통치자로 지으셨으며<sup>창 1:28</sup> 우리는 구원받은 그리스도인으로서 다시 영원토록 통치할 것이다<sup>고전 6:2-3</sup>. 그러려면 지금부터 통치 능력을 길러야 한다. 하나님 나라의 일에서 통치자 역할을 온전히 다하려면 분별력과 판단력이 필요한데, 결혼생활은 그것을 기를 수 있는 최적의 기회다.

'그 사람'을 찾아야 한다는 당위성은 '그 사람' 없이는 미완성이라는 식의 병적 의존에서 비롯한다. 성경은 우리를 하나님께 온전히 사랑받는 존재로 본다. 인생의 중요한 사명<sup>하나님 나라를 먼저 구하는 일</sup>도 우리는 이미 받았다. 따라서 결혼 여부의 결정이 중요하긴 해도 그것이 우리를 규정할 수는 없다. **결혼 상대**도 우리를 규정할 수 없다. 비유하자면 이렇다. 의학 상식에 따르면 운동하고 잘 먹어야 몸을 최상으로 유지할 수 있다. 하지만 운동을 어떻게 할 것인지는 순전히 당신에게 달려 있다. 자전거를 타도 되고 수영이나 조깅을 해도 된다. 마찬가지로 성경은 우리가 하나님 나라를 다른 무엇보다 먼저 구하며 의롭게 살아야 한다고 말한다. 성욕과 정서 욕구를 처리하는 방식도 거기에 포함된다. 그런데 그 일을 구체적으로 어떻게 할 것인지는 우리에게 달려 있다. 독신자로 해도 되고 기혼자로 해도 된다. 평생의 배필로 내성적 책벌레를 구해도 되고 외향적 운동선수를 구해도 된다.

사실 이것은 결혼을 지나치게 중시하는 이들에게 제동을 건다. 결혼을 지나치게 중시하면 하나님과의 관계를 경시하게 된다. 그런데 하나님과의 관계를 경시하면 사랑의 근원을 잘라내는 것이고, 따라서 결혼생활에 성공할 가능성도 그만큼 줄어든다. 결혼에 지나치게 집중하는 것이 결혼을 죽이는 최악의 길이니 정말 아이러니다.

함께 하나님 나라를 먼저 구할 수 있는 사람을 찾으라. 의로운 방향으로 당신에게 감화를 끼칠 만한 사람을 찾으라. 그러면 "이 모든 것을 너희에게 더하"실 것이다.

## 선택의 기준

'그 사람을 찾는' 것보다 성경의 관점대로 지혜롭게 선택하는 것이 아주 중요하다. 거기에는 이유가 있다. 성경의 방식대로 하면 결혼 상대를 객관적으로 평가할 수 있다. 하지만 '운명'은 객관적 평가를 허락하지 않는다. 상대가 내 운명적 반쪽인지 도대체 어떻게 알 수 있단 말인가? 강렬한 감정에 눈이 멀면 아무것도 보이지 않는 법이다. 하지만 지혜롭게 선택하려는 성경적 태도를 취하면 하나님이 주신 모든 것을 활용해 건강한 결정에 도달할 수 있다. 다음 여러 질문이 그 결정의 기초가 되어야 한다.

- **성경의 명백한 지침**

  그 사람은 하나님을 경외하는 그리스도인인가<sup>잠 31:30</sup>?

  성경적으로 결혼에 합당한 사람인가<sup>막 10:11~12</sup>?

- **지혜**

  그 사람은 돈을 어떻게 관리하는가<sup>잠 31:16,18</sup>?

  열심히 일하는 사람인가<sup>잠 13:4, 26:13~15</sup>?

  정직하게 사는 사람인가<sup>잠 13:6,20, 25:28</sup>?

  그 사람은 말로 사람들에게 상처를 주는가, 아니면 격려를 베푸는가<sup>잠 12:18, 18:21</sup>?

  평화를 사랑하는 사람인가, 아니면 걸핏하면 싸우는 사람인가<sup>잠 17:19, 29:8</sup>?

- **부모와 목사의 조언**

  잠언 15장 22절에 "의논이 없으면 경영이 무너지고 지략이 많으면 경영이 성립하느니라"라고 했다.

  당신이 가장 존중하는 사람들이 이 관계에 심각한 우려를 보이는가?

- **기도**

  하나님은 선택을 우리에게 맡기신다<sup>고전 7:39</sup>. 하지만 그 사실을 받아들인다 해서 기도로 그분의 지혜를 구하지 말아야 한다는 뜻은 아니다. 건실한 결혼 상대에 대한 성경적 기준을 순서대로 정해 놓고 각 사람을 하나님 앞에서 평가하라. **기다리며 들으라.** 그분이 어떤 일화나 사례를 생각나게 하셔서 당신의 결혼 결정을 확증해 주시거나 만류하실 수 있다.

이 모든 요소와 씨름한다는 게 로맨틱하게 들리지 않을 것이다. 하지만 절대 로맨스를 반대하는 것은 아니다. 연애 감정에 빠진 상대와 결혼하는 것이 아주 지혜로운 경우도 많다. 하지만 차이가 있다. 연애 감정 **때문에** 결혼하는 게 아니라는 점이다. 반대로 단지 연애 감정이 **없다는** 이유만으로 다른 배우자감을 아예 무시하는 일도 없기를 바란다.

'운명적 반쪽' soul mate 대신 나는 더 성경적인 추구를 제안하고 싶다. 발음은 정확히 똑같지만 의미는 완전히 다르다. 당신은 '동반자 같은 짝' sole mate 을 찾아야 한다.

## 동반자 같은 짝이란 무엇인가?

동반자 같은 짝이란 하나님 나라를 먼저 구하라는 성경의 명령을 함께 **실천할** 사람이다! 참된 사랑의 가장 정확한 정의는 요한복음 15장 13절에 나온다. "사람이 친구를 위하여 자기 목숨을 버리면 이보다 더 큰 사랑이 없나니."

이 사랑의 기초는 감정이 아니라 희생이다. 성경은 남자에게 아내를 향하여 순교자처럼 행동하라고 명한다. 아내를 위해 자기 목숨을 버리라는 말이다 엡 5:25. 디도는 나이 든 여자들에게 말하기를 남편을 사랑하는 법을 젊은 여자들에게 교훈훈련하라고 했다 딛 2:3~4. 내가 굳이 지적하지 않아도 이 두 구절은 남녀 모두에게 **가혹한** 말씀이다. 남편은 아내를 위해 순교해야 하고 아내는 남편을 사랑하는 법을 훈련받아야 – 열심히 배우고 공부해야 – 한다. 정말 쉽지 않은 말씀이다.

남성이여, 지금은 당신이 사랑에 빠져 있을지 모른다. 하지만 한 아내의 남편이 되기로 동의하는 순간 당신은 남은 평생 자신의 필요보다 아내의 필요를 앞세우기로 서약하는 것이다. 무슨 일이 있더라도 말이다. 그럴 각오가 되어 있는가? 여성이여, 혼인 서약을 하는 순간 당신은 이제부터 최선의 노력을 다해 이 남자를 돕고 사랑하고 내조하기로 하나님과 신앙 공동체 앞에서 헌신하는 것이다. 연애 감정에 빠져 있을 때는 당신이 **얻을** 것밖에 보이지 않지만, 성경은 당신이 **주어야** 할 것을 잔뜩 일깨워 준다.

이런 성경 말씀은 건강한 결혼생활의 즐거운 로맨스를 부정하지 않는다뒤에서 살펴볼 것이다. 다만 말씀에 분명히 밝혀져 있듯이, 하나님이 정의하시는 부부의 사랑은 감정이 아니라 가장 혹독한 상황 속에서도 자원하여 지키는 서약이고 헌신이다.

그리스도인의 삶은 사랑을 향한 여정이다. 우리는 사랑 안에서 자라 가고 사랑의 역량을 키워 가며 혼신을 다해 사랑한다. 점점 더 사랑이 이끄는 사람이 된다. 늘 사랑을 앞세우라는 성경의 명령을 삶으로 실천하는 것이다. 부부란 그 일에 헌신한 동반자다. 감정 표현이 가장 풍부하고, 늘 희색이 만면하고, 잠시도 서로 손을 놓을 수 없는 부부라기보다 결혼생활의 많은 의무와 희생을 통해 자신을 훈련해 하나님의 사랑으로 사랑하는 부부다. 그들은 날마다 복음을 실천해 지극히 평범한 일상사 속에서 용서하고 섬기며 서로 앞세운다. 자신을 경건의 훈련생으로 여긴다. 이런 부부는 함께 성장한다. 순전히 감정에만 의지하는 부부가 서로 멀어지는 것만큼이나 지당한 일이다.

리자가 내게 동반자 같은 짝이 될 수 있음을 나는 결혼하기 전부터 알았다. 그녀가 나와 함께 열심히 성경을 책별로 암송했기 때문이다. 우리는 같은 기독교 콘서트에 갈 때도 대개 따로 앉았다. 각자 비신자 친구를 데려갔기 때문이다. 스킨십에 관해서도 리자는 나처럼 하나님께 순종하기로 헌신한 상태였다. 열심히 소그룹을 이끄는 그녀를 보며 나는 그녀가 장차 엄마로서 자녀도 예수님의 제자로 양육하리라는 것을 알았다. 내가 동참하지 못할 때도 그녀는 여름 단기 선교를 떠났다.<sup>나는 대학 등록금을 벌기 위해 일해야 했다.</sup> 내가 함께 있을 때나 그렇지 않을 때나 그녀가 전심으로 예수님을 섬겼다는 뜻이다. 사실 그 여름에 그녀는 기꺼이 데이트 대신 봉사를 택했다. 그럴수록 내게는 그녀의 매력이 더하면 더했지 덜하지 않았다.

나는 리자의 외모에도 깊은 매력을 느꼈지만, 솔직히 내가 외모에 끌린 여자가 우리 대학 캠퍼스에 족히 수십 명은 됐을 것이다. 차이점이라면 리자는 누구와도 달리 동반자 같은 짝의 면모를 보여 주었다는 것이다. 그래서 그녀가 내 청혼을 받아 주었을 때 나는 뛸 듯이 기뻤다.

이 모두가 얼마나 중요한지를 그때는 미처 다 몰랐다. 리자의 깊은 매력이야 지금도 여전하지만, 우리 관계의 근간은 함께 하나님의 진리를 추구하는 데 있다. 우리는 그분의 여정에 올라 서로 희생하고 사랑하면서 경건하게 자라 가기로 헌신했다. 요즘 리자가 웃으면서 하는 말이 있다. 결혼할 때만 해도 내가 '흠 없는' 사람처럼 보였다는 것이다. 결혼한 후에야 실상에 눈떴지만, 그래도 아내는 자신처럼 영적으로 꾸준히 자라려는 내 의욕을 보며 안도했다.

부부가 함께 하나님의 나라와 의를 먼저 구하는 것이 가장 **자극적이거나 감정적인** 사랑처럼 들리지는 않겠지만 **가장 참된** 사랑인 것만은 확실하다. 또한 영원히 지속되는 유일한 사랑이다.

**1.** 당신이 결혼하기로 '정해져 있는' 딱 한 사람이 있다고 믿는가? 그렇다면 그 믿음의 근거는 무엇인가? 이것은 당신이 배우자를 찾는 방식에 어떤 영향을 미치겠는가?

**2.** "플라톤은 로맨틱한 사랑이 우리를 더 약하게 한다고 보았다. 이는 사랑이 우리를 더 강하게 한다는 성경적 관점과 대비된다." 이 말에 대해 토의해 보라. 사랑을 보는 두 관점을 서로 비교해 보라.

**3.** 결혼생활에 성공하고 계속 더 친밀해지려면 꾸준한 노력이 필요하다. 결혼을 결정하는 (경솔하거나 신중한) 과정을 보면, 그 사람이 앞으로 관계를 위해 노력할 사람인지 아닌지를 어떻게 알 수 있겠는가?

**4.** "이 사람 없이는 안 돼"라는 생각으로 데이트하는 것은 왜 위험한가? 이런 지나치게 의존적인 태도가 결혼 상대를 결정하는 데 영향을 미쳐서는 안 된다. 어떻게 그런 태도를 버릴 수 있겠는가?

**5.** '결혼하도록 정해진' 상대를 하나님께 그냥 알려 달라고 구하는 신비주의 방법은 결혼에 접근하는 미성숙한 방법이다. 당신은 여기에 동의하는가? 왜 그럴거나 그렇지 않은가?

**6.** 본래 결혼은 우리를 완성하기 위한 것이 아니라 평생의 배필과 함께 사랑의 역량에서 자라 가기 위한 것이다. 그것이 사랑을 '동반자 같은 짝' 으로 보는 개념이다. 이런 개념은 당신이 결혼 상대를 평가하는 방식에 어떤 영향을 미칠 수 있겠는가?

# 천생연분은 진짜 있을까?

06

　성경을 삶의 기준으로 받아들인다면 우리는 하나님이 나만을 위해 한 사람을 정해 놓으셨다고 생각해서는 안 된다. 그런데 내가 많은 청중 앞에서 그렇게 말하면 대개 "그럼 이삭과 리브가는 어떻게 됩니까?"라는 반문이 나온다. 그 멋진 사랑 이야기에서 무엇을 배울 수 있을까?

　창세기 24장에 보면 아브라함이 종을 보내 아들 이삭의 신붓감을 찾게 한다. 아브라함은 늙어 갈수록 아들에게 아내가 없는 게 더욱 걱정되었다. 아내가 없으면 상속자도 없다. 많은 중요한 약속이 이루어지려면 이삭이 상속자를 낳아야 했다.

아브라함의 종은 일이 잘되게 해 달라고 기도했다. "우리 주인 아브라함의 하나님 여호와여, 원하건대 오늘 나에게 순조롭게 만나게 하사 내 주인 아브라함에게 은혜를 베푸시옵소서"<sup>창 24:12</sup>.

성경에서 누군가 하나님의 구체적 인도를 구하는 장면은 여기가 처음이다. 나머지 성경 전체에서는 인도를 구하는 일이 자연스럽게 기도의 일부로 간주된다. 하지만 인도를 구하는 기도가 기록된 곳은 여기가 처음이다. 그런데 처음 기록된 내용이 **배우자를 지혜롭게 고르도록 인도해 달라는** 것이었다.

여기서 추론할 수 있듯이 배우자를 결정하는 과정에 이성(理性)으로만 접근하는 것은 지혜롭지 못하다. 신중한 결정 자체는 칭찬받을 일이다. 하지만 하나님의 분별을 구하고 그분의 음성을 듣는 것이 지극히 바람직하다. 끌리는 내 마음에 대한 그분의 반응을 얻는 것이다. 하나님의 확증이나 경고가 없을 수도 있다. 그래도 그분께 기회를 드리는 것이 지혜롭다. 아울러 잘 찾도록 그분이 인도하시고 도우실 것을 바라고 기대해야 한다.

## 성품이 뛰어난 여인

아브라함의 종이 기도했다는 사실만 아니라 그가 **뭐라고** 기도했는지도 보아야 한다.

성 중 사람의 딸들이 물 길으러 나오겠사오니 내가 우물곁에 서 있다가 한 소녀에게 이르기를 "청하건대 너는 물동이를 기울여 나로 마시게 하라" 하니 그의 대답이 "마시라. 내가 당신의 낙타에게도 마시게 하리라" 하면 그는 주께서 주의 종 이삭을 위하여 정하신 자라. 이로 말미암아 주께서 내 주인에게 은혜 베푸심을 내가 알겠나이다 창 24:13-14.

이것을 '신비주의' 방식으로 해석하면 이런 의미가 된다. 여자의 반응은 표징의 역할을 할 뿐 그 자체로는 중립적이다. 즉 여자의 대답이 단순히 기도 내용과 맞아떨어졌다는 것이다. 하지만 그 기도를 이런 의미로 이해할 수도 있다. 아브라함의 종은 하나님이 택하신 여인이 특정한 부류이기를 바라서 그대로 기도로 아뢰었다 "그는 주께서 … 정하신 자라". 아주 너그럽고 마음씨 고운 여인이어야 했다. 낙타 한 마리가 마실 수 있는 물의 양은 최고 95리터다. 한 사람이 물을 마시겠다는 것은 비교적 작은 부탁이다. 그런데 그 부탁만 받고도 여자는 선뜻 훨씬 많은 물을 길어 낙타 **열 마리까지** 마시게 해야 한다. 그것도 우물에 수도꼭지가 없으니 두레박으로 길어 올려야 한다. 종은 하나님께 바로 그런 여자를 택해 달라고 구한 것이다. 남달리 인심이 후하고, 상식적 예의를 훨씬 웃돌고, 손 대접에 대한 문화적 기준을 훌쩍 뛰어넘을 여자였다.1

아브라함의 종은 그저 표징만 구한 게 아니라 여간해서 찾아보기 힘든 성품의 여인을 구했다. 분명히 그는 주인 아들에게 어진 심성으로 복을 끼칠 신붓감을 원했다. 그래서 단순한 부탁만 받고도 아낌없이 호의를 베풀어 줄 여자를 구한 것이다. 성경은 리브가의 아름다움과 순결함을 칭송한다 [16절]. 하지만 종이 구한 사람은 보기 드물게 마음씨 곱고 너그러운 여인이었다. 바로 그런 사람을 이삭과 맺어 주려 했다.

여태까지 이 책에서 말한 내용이 바로 그것이다. 군계일학처럼 성품이 빛나는 사람을 찾으라.

## 당신의 경우는?

이것을 당신의 삶에 적용할 때는 몇 가지 생각할 것이 있다. 하나님이 이삭과 리브가를 맺어 주신 데는 목적이 있다. 그런데 그 목적이 이루어지려면 리브가가 특정한 인종이어야 했다. 이것은 우리가 배우자를 선택할 때는 적용되지 않는다 [갈 3:28]. 대신 성경은 우리에게 조상이 같은 사람이 아니라 신앙이 같은 사람을 찾으라고 가르친다. 그뿐 아니라 하나님은 온 세상에 복을 주시려고 아브라함 가문을 특별히 선택하셨다. 우리도 하나님 나라를 세우도록 그분께 선택받기는 했다. 그런데 이삭이 역사 속에서 차지하는 자리는 특별한 소명이었다. 이것은 그의 순수한 혈통에만 해당하며 특히 대대로 특정한 후손을 잇는 일과 관계되었다. 바로 메시아를 배출할 후손이다. 하지만 신약에 와서는 출생의 관건이 **혈통 자체**가 아니라 그리스도께서 십자가에서 흘리신 **피의 적용**으로 바뀐다.

또 하나 염두에 둘 것은 구약의 이야기가 늘 규범은 아니라는 점이다. 구약에 어떤 사건이 기록되어 있다 해서 반드시 그것을 본받아야 한다는 뜻은 아니다. 뻔히 잘못된 행동인데도 구약에 잘못으로 명시되지 않은 경우도 있다. 예컨대 하나님이 솔로몬을 태어나게 하셔서 다윗과 밧세바의 연합에 복을 주신 것은 분명하다. 하지만 간음과 이를 은폐하기 위한 살인이 배우자를 만나고 고르는 무난한 방법이라고 말한다면 그것은 괴악한 적용이다. 마찬가지로 과부가 자신보다 나이가 두 배나 많은 남자를 찾아가 그의 밭에서 일하다가 한밤중에 그의 발치 이불을 들고 청혼하는 것은 누구도 권장할 일이 아니다. 그런데 룻은 보아스에게 그렇게 했다. 두 경우 모두 그들의 결혼과 가정이 그리스도의 출생에 이르는 계보에서 중요한 역할을 했음은 의문의 여지가 없다.

이삭과 리브가의 이야기는 그런 일이 있었다는 것이지 반드시 하나님의 백성이 모두 그렇게 되어야 한다는 것은 아니다. 설령 이삭의 아내가 딱 하나로 정해져 있었다 해도 그렇다고 당신의 아내도 딱 하나로 정해져 있다는 뜻은 아니다. 이 본문을 규범으로 본다면 – 당신도 똑같은 방식으로 배우자를 찾아야 한다면 – 정확히 그대로 적용하라. 아버지에게 부탁해 사람을 고용하라. 그 사람이 가서 당신의 배우자를 찾아야 하고, 당신은 생면부지의 상대와 선뜻 결혼해야 한다. 그래야 진정하고 온전한 적용이다. 그렇게까지 하겠다는 사람을 나는 별로 보지 못했다!

물론 하나님이 특별히 당신에게 배우자로 맺어 주시려는 사람이 있을 수 있다. 얼마든지 가능한 일이다. 그분은 두 사람을 지으시고 섭리 가운데 함께 불러 특정한 일을 맡기실 수 있다. 이는 그분이 역사 속에서 일하시는 방식에 전혀 무리 없이 들어맞는다. 하지만 설령 당신이 그런 경우라 해도 그런 소명을 어떻게 분별할 것인가? 내가 믿기에는 여태까지 우리가 말한 모든 내용을 적용하는 것이 지혜로운 반응이다. 하나님은 당신이 최대한 잘되기를 바라시므로 당신을 성품이 부실한 사람과 '맺어 주실' 리 없다. 물론 기도해야 한다. 지혜롭게 결정하도록 도와 달라고 기도하고, 걸맞은 짝을 당신의 관계망 속으로 인도해 달라고<sup>또는 이미 당신의 관계망 속에 들어와 있는 사람을 알아보게 해 달라고</sup> 기도하라. 그렇게 믿음으로 행하며 하나님의 도움을 구하라. 그러나 자신의 경솔한 선택을 정당화해 하나님이 허락하셨다고 주장하지는 마라. 그분의 지혜와 그분의 부르심이 서로 어긋날 수도 있다는 말인데, 평생의 결정을 그런 식으로 하는 것은 위험하다.

> **성경 전체를 볼 때 우리 대다수의 결혼 여부와 결혼 상대는 하나님의 허용적 뜻에 해당한다.**

어떤 이들은 주로 편한 길로 질러가려고 '하나님의 뜻'을 구한다. 적합한 배우자를 찾아내고 확인하는 고된 작업이 싫은 것이다. 그래서 '바로 이 사람이야'라는 신비로운 또는 감정적인 표징을 구한다. 그것은 어리석은 일이다. 신비로운 인도나 감정의 일치는 기껏해야 우리를 혼란에 빠뜨릴 뿐이며, 중대한 결정의 기초로 삼기에는 개탄스러운 것이다.

물론 하나님은 간혹 '틀을 벗어나' 역사하신다. 그것을 부인하려는 게 아니다. 나는 지금 최대한 균형을 유지하고 있다. 예컨대 요셉이 마리아를 아내로 데려오는 것은 명백히 하나님의 뜻이었다<sup>마 1:20-25</sup>. 만일 하나님이 당신의 꿈속에 나타나 장차 당신의 결혼을 통해 예언을 성취하실 거라고 말씀하신다면 그 사람과 결혼하라! 정말 하나님의 음성이라는 확신이 있다면 말이다. 그러나 하나님이 우리 대부분에게 그렇게 특정하고 매우 구체적인 지시를 내리실지는 나로서는 의문이다. 성경 전체를 볼 때 우리 대다수의 결혼 여부와 결혼 상대는 하나님의 허용적 뜻에 해당한다.

그러니 책을 끝까지 읽으라. 배우자를 가장 **지혜롭게** 선택하도록 당신을 계속 준비시켜 줄 것이다.

**1.** 이삭과 리브가의 이야기는 기도로 시작된다. 이는 우리도 배우자를 고르는 과정에 기도로 일관해야 함을 가르쳐 준다. 당신이 배우자를 찾는 과정에서 지금까지 기도가 얼마나 큰 역할을 했는가?

**2.** 아브라함의 종은 주인 아들의 배필로 아주 마음씨 고운 여인을 찾게 해 달라고 기도했다. 이 기도 **내용**은 장래의 배우자를 구하는 우리의 기도에 어떤 지침이 되는가?

**3.** 하나님이 자신을 **특정인**과 결혼하도록 부르신다고 진실로 믿는 사람이 있다 하자. 그 부르심을 확인할 몇 가지 합리적 기준은 무엇인가?

**4.** 이삭과 리브가의 이야기는 배우자를 구하는 우리에게 어떤 지침이 될 수 있는가? 이 이야기에서 오늘의 그리스도인에게 적용되지 **않**는 부분은 무엇인가?

도대체
어떤 사람을
만나야
하는 걸까?

PART 2

# 가만있지 말고 찾아 나서라 07

"배우자를 고르는 일에 관한 한 하나님이 때가 되면 좋은 짝을 보내 주실 거야. 나는 가만히 앉아 기다리면 돼!"

이 말은 정말 영적이고 믿음이 좋고 거룩하게 들린다.

하지만 이런 태도를 삶의 다른 영역에 대입해 보자. 예컨대 이런 말은 얼마나 '거룩하고' 지혜롭게 들리는가?

"나는 대학에 입학 원서를 내지 않겠어. 하나님이 나를 대학에 보내실 거라면 반드시 텍사스 대학교를 시켜 내게 입학 초청장과 기숙사 열쇠를 보내게 하실 거야. 그게 표징이야." 이것은 또 어떤가?

"취업 원서를 작성할 이유가 뭐지? 내가 마이크로소프트에서 일하는 게 하나님 뜻이라면 그분이 그곳 CEO를 시켜 내게 전화를 하게 하실 거야."

그런 식으로 말하는 사람이 있다면 광신도로 취급될 것이다. 그런데 우리는 데이트와 배우자 선택에 대해서는 그와 비슷한 '기독교식 어투'로 말한다. 그리고 그런 말이 아주 고상하게 들린다.

"배우자를 찾는 일로 걱정할 것 없어. 하나님께만 집중하고 있으면 그분이 때가 되면 사람을 보내 주실 거야."

그런 철학대로 살다가 30대와 40대가 되어 깊은 실망에 빠진 이들이 있다. 그들은 아직도 결혼하지 못해 하나님을 원망하는 마음과 싸우고 있다. 마땅히 그분이 배우자감을 바로 눈앞에 보내 주셨어야 하는 것 아닌가?

그 못지않게 난감한 일이 또 있다. 배우자를 만날 기대를 품고 대학에 가거나 의지적으로 결혼하려 애쓰는 듯한 사람을 많은 사람이 공공연히 경멸한다. 나는 좋은 교육을 매우 중시하는 사람이다. 하지만 솔직해지자. 많은 사람은 대학에서 받는 학위를 평생 써먹을 일이 없다. 그렇다고 학위와 학습 경험이 귀중하지 않은 것은 아니다. 그것은 당연히 귀중하다. 하지만 전공일부러 대학에 가지 않는 사람의 경우 전공의 부재보다 배우자가 인생의 만족에 훨씬 큰 영향을 미친다. 4년 동안 대학에서 평생의 배필을 찾으려 하는 게 무슨 잘못이란 말인가? 그것이 대학의 주목표는 아닐지라도 최고의 목표 중 하나는 될 수 있다. 대학생이 아닌 경우, 결혼 적령기의 남녀를 접할 기회가 많은 교회에 나가는 것이 무슨 잘못인가?

오스틴이 좋은 예다! 그는 매들린이라는 아가씨에게 홀딱 반했으나 그녀는 그에게 호감을 느끼기까지 시간이 걸렸다. 그래서 오스틴은 매들린에게 시간을 더 주려고 그때부터 그녀의 교회에 다녔다. 그게 40년 전이었는데 그들은 지금도 부부다. 이 행복한 연합은 오스틴의 적극적이고 의지적인 추구로 시작되었다. 만약 그가 하나님이 매들린에게 자신을 생각나게 해 주실 때까지 기다렸다면 그들은 절대 만나지 못했을 것이다. 오스틴만 아니라 매들린도 그렇게 생각한다.

물론 이 조언을 극단으로 몰아갈 수도 있다. 내가 하려는 말은 삶을 보류한 채 배우자를 찾을 때까지 학업이나 직장에 건성으로 임하라는 게 아니다. 교육이나 다른 관계예컨대 평생 갈 친구를 사귀는 일를 소홀히 해서는 안 된다. 다만 내 말은 평소에 자신의 주위를 잘 살피라는 것이다.

어떤 여자들은 의지적으로 나서기를 주저한다. **남자 쪽에서 먼저** 다가오는 게 옳다는 생각에서. 지금 내가 하는 말은 그 경우와도 상충되지 않는다. 그런데 당신은 남자들이 다가올 만한 상황 속에 있는가? 그들의 눈에 띌 만한 곳에 있는가? 누군가의 의식 속에 입력되기 위해 당신이 할 수 있는 일이 있는가?

## 음악 소리가 나는 쪽으로 가라

우리 부부는 어느 여름날 늦은 저녁 독일의 온천 휴양지 바덴바덴에 도착했다. 우리가 묵을 호텔은 보행자 구역 한복판에 있었다. 그런데 저녁 8시가 되자 그 구역은 두어 곳의 식당과 아이스크림 집을 빼고는 인적이 끊겼다. 그냥 그대로 자기에는 좀 아쉬워 우리는 무엇을 할지 궁리했다.

그때 멀리서 희미하게 음악 소리가 들려왔다. "여보, 저기 음악 소리가 나는 쪽으로 걸어가 봅시다. 분명히 뭔가 있을 게요." 나는 그렇게 말했다.

아니나 다를까 뭔가 있었다. 400미터쯤 떨어진 데서 사람들이 웅성거렸다. 바덴바덴의 유명한 카지노 바로 바깥에 여남은 곳의 임시 식당이 있었고, 그 옆에서 야외 연주회가 벌어진 것이다. 이 작은 축제는 경마를 구경하려고 주말에 그곳을 찾은 모든 관광객을 반겨 주었다. 보행자 구역의 활동이 일절 멎은 것도 모든 사람이 연주회 쪽으로 몰려든 탓인 것 같았다.

"음악 소리가 나는 쪽으로 가라." 이것은 그리 나쁜 인생철학이 아니다. 문이 다 닫힌 것 같고 밤이 너무 일찍 끝났다 싶을 때 희미하게나마 불빛이 보이거나 멀리서 음악 소리가 들리거든 그쪽으로 가라. 그곳에 무엇이 있는지 알아보라.

어떤 그리스도인들은 데이트에 관한 한 막다른 골목에 처해 있다. 그들의 직장이나 교회에는 적령기 이성이 하나도 없다. 그들은 자기 나름의 이유로 온라인 데이트 방식도 거부한다. 사람을 만날 만한 사회적 환경에 발을 들여놓지 않는 것이다. 그래놓고는 하나님이 좋은 짝을 보내 주지 않으신다며 그분을 탓하고 원망과 분노를 품는다.

당신의 수동적 태도가 하나님 탓은 아니다. **음악 소리가 나는 쪽**

**으로 가라**. 그곳에 무엇이 있는지 알아보라. 적극적이고 의지적이고 열정적으로 배우자를 찾으라. 하나님은 성경을 통해 "누가 현숙한 여인을 **찾아** 얻겠느냐"잠 31:10라고 물으신다. 이 질문은 우리 쪽에서 진지하게 찾고 추구해야 한다는 전제 하에서만 가능하다.

내 페이스북 페이지 www.facebook.com/authorgarythomas를 통해 사람들에게 배우자를 어떻게 만났으며 그 만남이 의지적인 것이었는지 물었다. 수백 편의 댓글이 달렸지만 그중 일부만 소개한다. 대략 추세를 알 수 있을 것이다.

가장 많은 사람이 배우자를 만난 곳은 성경 공부, 예배, 소그룹, 청년부 행사 등 교회 모임이었다.

크리스털, 터렐, 릴라, 크리스티나 등 많은 사람이 장래의 배우자를 온라인 데이트 사이트에서 만났다. 그것이 두 번째로 많이 나온 답이다. 특히 에버니는 애인을 구한다는 광고를 보고 연락한 경우였다.

친구나 친척의 소개로 만난 커플도 많았다3위 응답, 어떤 부부는 이라크에서 중대장을 통해 맺어졌다! 그래서 "음악 소리가 나는 쪽으로 가라"라는 말에는 소개를 환영한다는 당신의 의사를 친구들과 친척에게 적극적으로 알리는 것도 포함된다.

직장도 만남의 장으로 자주 등장했다. 주택 리모델링 용품점에서 일하던 멜리사에게 '짐 싣는 귀여운 직원'이 눈에 띄었다. 그래서 그녀는 배경 조사를 통해 그가 무엇을 좋아하는지 알아낸 뒤 다음번 대화에 그것을 활용했다.

메러디스는 단기 선교 중에 패트릭을 보고 용기를 내서 옆자리에 앉았다. 그녀는 그가 듣고 있던 음악에 관심을 보이다가 그의 전화기에 자신의 전화번호를 입력해 주었다. 번호는 지금까지 저장되어 있다.

셔니즈는 애인을 동반할 수 없도록 되어 있는 "안티 밸런타인데이" 파티에서 남편을 만났다. SNS 사이트에서 미리 보아 둔 남편감이 있었는데, 그를 직접 만나려고 룸메이트를 시켜 그 파티에 초대하게 한 것이다.

일레인 부부는 페이스북 댓글을 통해 만났다. 같은 게시물에 올린 서로의 댓글이 깊은 호기심을 자아내 대면 만남을 결심한 경우다.

가장 창의적인 사연의 주인공은 아마 척 부부일 것이다. 여자는 FBI 신임 요원이었고 척은 검사였다. 둘은 유괴 사건을 해결하는 과정에서 만났다!

> 당신의 수동적 태도가 하나님 탓은 아니다. 적극적이고 의지적이고 열정적으로 배우자를 찾으라.

보다시피 모든 만남이 의지적인 것은 아니었다. 그러나 평소에 교회와 학교와 직장과 온라인 등 **자신의 주위를 잘 살피는** 것이 얼마나 중요한지를 다양한 응답을 통해 알 수 있다. 계속 기도하는 것은 기본이다. 하지만 거기서 멈추지 말고 당신이 결혼에 관심이 있음을 다른 사람들에게도 알리라.

배우자를 찾는 일이 쉽다는 말은 아니다. 쉽지 않다. 오히려 연애는 지독히 힘들 수 있다. "《연애 학교》에 나오는 내용을 원하는 남자와 여자는 도대체 다 어디 있나요?" 내게 이런 질문을 보내오는 많은 사람의 경험을 경시할 생각도 없다. 당신의 인생 목표에 동의해 당신과 결혼하기 원하는 사람이 백 명도 안 될지 모른다. 하지만 중요한 사실이 있다. **당신에게 필요한 사람은 딱 한 명이다.** 여남은 명은커녕 두 명도 찾을 필요가 없다. 적합한 배우자는 한 명으로 충분하다.

메시지는 이것이다. 사람을 찾기가 어렵다는 이유만으로 호텔 방으로 돌아가 하루를 마감해서는 안 된다. 음악 소리가 나는 쪽으로 가라. 노력을 기울이라. 그만한 가치가 있는 일이다.

## 꾸준히 투자하라

당신을 '찾아 줄' 사람을 기다리는 것은 복권 당첨의 횡재를 바라는 것과 같다. 그 반대의 더 현명한 방법은 건전하게 계속 투자하는 것이다. 막연히 기다리며 애정 운을 바랄 게 아니라 꾸준히 지혜로운 투자에 집중하라.

- **작정하고 더 의지적으로 나서라.**
  당신이 배우자를 찾고 있음을 친구들에게 알리라. 여가 생활, 일, 쇼핑, 예배 등의 장소를 전략적으로 정하라. 행운을 바라며 기다릴 게 아니라 일어나 행동을 취하라. 잠언 31장 10절에서 하나님이 우리에게 구체적으로 그렇게 명하신다. 아브라함도 바로 그 일을 하라고 이삭을 위해 종을 보냈다.

- **결혼을 잘할 가능성을 높이라.** 그러려면 자신의 성품 – 영적, 재정적, 관계적, 정서적 측면 – 에 집중해야 한다. 그래야 더욱 매력 있는 배우자감이 될 수 있다.

  아무도 당신과 결혼할 '의무'가 없다. 누군가 동정심 때문에 당신과 결혼하려 한다면 당신이 원하지 않을 것이다. 그러니 성품을 기르는 데 집중하라. 대화 중에 자신의 소신을 피력할 줄 알아야 한다. 큰 빚을 지지 마라. 몸 상태를 좋게 할 필요가 있다면 그렇게 하라. 당신 쪽에서 노력하지 않은 채 하나님만 기다리는 것은 책임 회피다. 하나님은 당신이 결점을 고치기를 기다리고 계실지도 모른다.

- **게으름과 두려움은 결코 하나님을 영화롭게 하지 못한다.**

  성경은 나태와 두려움을 매서울 정도로 질타한다. 하나님은 행동과 용기를 귀히 보신다.

- **결혼을 추구하는 것은 선하고 거룩한 일이지만 그것이 가장 중요한 추구가 되어서는 안 된다.**

  성경에 명한 대로 우리가 **먼저** 구해야 할 것은 결혼이 아니라 하나님의 나라와 의다. 그러므로 당신의 신앙과 예배와 봉사를 제쳐놓지 마라. 배우자를 얻고 나서 다시 시작하면 된다고 생각하지 마라. 하나님의 일에 동참하라. 영적 성장에 대한 책을 읽고, 당신에게 도전과 감화를 끼칠 소그룹에 참여하라.

복권을 긁으며 요행을 바랄 게 아니라 계속 조금씩 투자하라. 그런다고 배우자를 찾는다는 보장은 없지만, 설령 찾지 못한다 해도 그 과정에서 당신은 내공이 쌓여 더 나은 사람이 된다. 그것만으로도 충분히 가치 있는 일이다.

　이번 장이 가혹하게 느껴지거나 당신을 책망하는 말로 들리지 않았기를 바란다. 결혼하려는 당신의 갈망에 나도 공감한다. 그것은 거룩하고 선한 갈망이다. 로맨틱한 관계가 도무지 잘되지 않아(또는 시작조차 없어) 좌절하는 많은 사람의 아픔을 나도 안다. 결혼 상대를 찾기가 늘 쉽지는 않다. 그러나 행복한 결혼을 위해서라면 수고할 가치가 있다. 필요하다면 잠시 쉬어도 좋다. 그러나 회복한 뒤에는 다시 기도하는 마음으로 열심히 뛰어들라. 이 추구에 하나님이 반드시 당신과 함께하신다.

1. 이번 장은 이런 말로 시작된다. "배우자를 고르는 일에 관한 한 하나님이 때가 되면 좋은 짝을 보내 주실 거야. 나는 가만히 앉아 기다리면 돼!" 당신도 그렇게 믿은 적이 있는지 생각해 보라. 이번 장을 읽고 나서 생각에 변화가 있었는가?

2. 이제부터 당신이 음악 소리가 나는 쪽으로 갈 방법이 있다면 무엇인가?

3. 여러 연구에 따르면 대다수 사람은 배우자를 교회나 직장에서 만나거나 친구와 가족을 통해 소개받는다. 그런 식으로 배우자를 더 진지하게 찾기 위해 당신이 앞으로 몇 달 동안 할 수 있는 일은 무엇인가?

4. 당신은 더욱 매력 있는 배우자감이 되어야 한다. 이를 위해 당신의 삶에서 해결하거나 고칠 점이 있다면 무엇인가?

# 언제, 어떤 사람과 결혼할까? 08

여자 교인 20여 명을 섬기고 있는 우리 교회의 젊은 여성에게 물었다. 그리스도의 제자 – 진정으로 주님을 따르고 있는 여성 – 중 혼전 섹스 부분에서 번번이 넘어지는 사람은 몇이나 될까?

"적어도 70%는 됩니다." 그녀가 주저 없이 내놓은 답이다.

그녀에 따르면 그중에는 넘어질 때마다 엄청난 죄책감을 느끼는 이들도 있다. 반면 합리화하는 이들도 있다. 혼전 섹스를 하는 그리스도인이 워낙 많으니 그것이 잘못된 일일 수 없다거나 '섹스를 부부 사이로만 국한하는' 것은 교회가 벗어나야 할 케케묵은 종교 규율이라는 것이다.

이와 관련해 충분히 거론되지 않는 요인이 하나 있다. 바로 결혼이 늦어지는 현상이다. 예로부터 인간은 대개 10대 중반에 결혼했다. 1950년대부터 1970년대까지 미국 여성의 평균 결혼 연령은 20세 안팎이었다. 그런데 2020년에는 28세에 육박했다.

쉽지 않은 상황이다. 25세 이전에 조혼하는 이들의 이혼율이 좀더 기다렸다 결혼하는 이들보다 현저히 높기 때문이다. 그래서 일각에서는 독신들이 20대 후반이나 30대 초반까지 기다려야 한다는 조언도 나온다.

그러나 결혼이 늦어지면 남녀 모두에게 성적 유혹의 문이 활짝 열릴 수 있다. 그래서 결혼을 추구하는 과정에서 하나님을 영화롭게 하려는 독신이라면 몇 가지 고려해야 할 것이 있다.

- 하나님의 계획은 우리 대부분이 결혼하는 것이다. 독신으로 부름 받은 사람도 소수 있겠지만, 통계학자 네이선 야우$^{Nathan\ Yau}$ 박사가 밝혔듯이 평생 한 번이라도 결혼하는 사람이 90%가 넘는다.
- 경건하고 적합한 배우자감을 고를 수 있는 최대의 장은 대학 시절이나 활동적 청년부가 있는 큰 교회다.
- 하나님은 당신을 성적 존재로 지으셨으나 성생활을 부부간으로 국한하도록 명하셨다 고전 6:15~20, 7:36~38, 살전 4:3~7. 거룩한 성생활이 결혼 안에서만 허용되다 보니 결혼을 뒤로 미루기가

극히 어려운 이들도 있다. 심하면 아예 유혹을 찾아 나서고 싶을 정도다.

인구 조사 자료에 따르면 미국의 평균 결혼 연령은 남녀 모두 늦어지고 있다.2019년 기준으로 남자는 29.8세, 여자는 28세였다. 하지만 하나님이 지으신 당신의 몸은 사실 그보다 10년 전부터 성생활을 할 준비가 되어 있다. 물론 나는 대다수 18세 아이가 결혼할 준비가 되어 있다고 보지는 않는다. 하지만 일단 내 말을 들어 보라. 그리스도인은 성욕과 결혼 지연 사이의 괴리를 어떻게 헤쳐 나가야 할까? 내가 답을 다 아는 척할 마음은 없다. 순전히 혼전 섹스를 막기 위해 만인에게 25세 이전의 조혼을 장려하자는 말도 아니다. 조혼이 매번 답은 아닐 수 있다. 하지만 성적 약탈 행위와 만연한 수치심도 답이 아니기는 마찬가지다. 성적 유혹 앞에서 속수무책인 듯한 사람이 이토록 많은데, 이 괴리를 아예 논외로 치는 게 과연 현명한 처사일까?

## 성욕은 결혼의 동기가 될 수 있는가?

어떤 젊은 커플이 다음과 같이 선언한다 하자. "우리는 서로 홀딱 반했기 때문에 결혼하고 싶어요." 이런 동기에 이의를 제기할 사람은 오늘날 거의 없다. 정작 그들이 경험하고 있는 것은 신경 호르몬의 왕성한 분출인데도 말이다. 신경학자들에 따르면 이런 호르몬은 12~18개월 이상 지속하지 않으며 지속할 수도 없다. 반면 성기능과 성욕은 적어도 앞으로 40~50년이나 그 이상까지도 상존한다. 감정적 끌림은 다분히 일시적이지만 하나님이 설계하신 성욕은 평생 없어지지 않을 수도 있다. 그런데 후자를 무시한 채 전자에 기초해 평생의 결정을 내리는 것이 어째서 더 고상하단 말인가? "연애 감정에 정신없이 취했거든 어서 결혼하라!"라는 말은 **성경 어디에도** 없다. 하지만 "정욕[성욕]이 불같이 타는 것보다 결혼하는 것이 나으니라"고전 7:9라는 말은 **분명히** 나온다.

성의 기쁨과 쾌락을 누구보다도 **경시해서는 안 될** 사람이 있다면 바로 하나님을 창조주로 믿는 우리 그리스도인이다. 평생을 헌신한 부부 사이에만 성관계를 허락하신 **하나님의 질서**도 우리는 존중해야 한다. 사실 결혼은 하나님이 창조하신 것이므로 우리는 예배의 일환으로 거기에 복종해야 한다. 당신의 삶 속에서 성적 유혹이 문제되지 않는다면 당신에게는 이 말이 해당하지 않는다. 하지만 당신이 불순종의 악순환에 갇혀 매번 수치심과 후회에 젖을 뿐 아니라 그것이 자신과 하나님 사이에 벽으로 작용하기까지 한다면, 사도 바울이 제시하는 '성경적' 해법은 곧 결혼을 의지적으로 추구하라는 것이다.

## 뜨거운 감정인가, 성품인가?

성적 유혹으로 힘들어하면서도 반드시 결혼은 로맨틱한 감정이 솟구치는 사람과 해야 한다고 고집하는 이들이 있다. 당신도 그중 하나라면 최소한 이것만은 알아야 한다. 그런 사고방식이 문화의 산물이라는 것이다.

중국인 인류학자 수$^{Hsu}$ 박사는 "미국인은 '내 마음의 느낌이 어떤가?'를 묻지만 중국인은 '다른 사람들이 뭐라고 말하는가?'를 묻는다"라고 썼다. 그는 또 "서구적 개념의 로맨틱한 사랑은 중국 청년에게 사실상 전혀 매력이 없다"라고 역설했다.[1]

어느 여론 조사에 이런 문항이 있었다. 다른 자질은 다 갖추었는데 '연애 감정이 끌리지' 않는 사람과 결혼하겠는가? "그렇다"라는 응답이 인도 독신은 무려 76%에 달한 반면 미국 학생은 14%에 그쳤다. 앞서 2장에 인용한 비슷한 연구에서는 후자의 수치가 14%가 아니라 9%였다. 연구 결과가 서로 다르지만 양쪽 모두 수치가 매우 낮게 나왔다. 9%든 14%든 그 중간이든 큰 차이는 없다. 1988년에 시행된 한 연구 결과, 인도의 중매결혼이 미국의 연애결혼보다 결혼생활 만족도가 높은 것으로 나타났다.[2] 한 인도 여성은 내게 이렇게 설명해 주었다. "연애결혼은 아주 뜨겁게 시작해 거의 즉시 식지만 중매결혼은 대개 미지근하게 시작해 서서히 달구어지지요."

그렇다고 내가 중매결혼 과정을 주창하는 것은 아니다. 다만 평생의 배우자를 선택할 때 더 나은 기준이 무엇인지에 대해 동양의 지혜에서 배울 게 있을 것이다. 중매결혼의 지혜는 두 사람이 어떻게 한 가정을 이룰 수 있는지를 객관적이고 실제적으로 보는 데 있다. 로맨틱한 끌림과 설렘을 그대로 수용하면서도 우리가 그 지혜를 원용할 수 있지 않을까?

이제 이것을 앞 단락과 연결해 보자. 성욕 면에서 하나님께 순종하며 살기가 정말 힘들다면, 어쩌면 당신은 평생의 짝을 지금보다 일찍 구해야 할지도 모른다. 그러려면 연애 감정을 '양보해야' 할 수도 있다. 다른 여러 요건에 적절한 비중을 둘 수 있다면 크게 위험한 일은 아니다. 부부간의 성생활을 좀더 일찍 누리기 위해 성품이 부실한 사람과 결혼하는 것은 내 생각에 어리석은 일이다. 성품을 양보해서는 안 된다. 다만 성욕을 절제하기 힘들다면 적합한 배우자를 찾으려는 의지적 노력을 배가하는 게 좋겠다는 말이다.

집에 틀어박혀 세상에 좋은 남자나 여자가 없다고 불평하며 시간을 허비할 수 있다. 주말에 한가하게 부킹 상대를 찾아다니거나 포르노를 볼 수도 있다. 그보다는 함께 하나님 나라를 먼저 구할 '동반자 같은 짝'을 찾는 일에 그 시간과 노력을 들이는 편이 당연히 훨씬 낫다.

## 경제적 안정은 어떤가?

만혼을 주장하는 가장 흔한 이유 중 하나는 경제적 안정부터 이루어야 한다는 것이다. 나도 스물두 살에 결혼한 사람으로서 고백할 것이 있다. 우리 부부는 신혼 초에 경제적으로 정말 힘들었고 거기서 헤어나는 데 여러 해가 걸렸다. 반면 요즘 남성의 평균 결혼 연령보다 7년 먼저 결혼한 덕분에 사랑하는 여자와 함께 성인이 되는 기쁨을 누렸다(죄책감 없이 하나님을 영화롭게 하는 섹스를 84개월이나 더 즐겼음은 말할 것도 없다). 게다가 아내와 내가 독신으로 살았다 해도 경제적으로 힘들지 않았으리라는 보장은 없다. 솔직히 나이 24세에 이미 큰 갑부가 된 독신이 몇이나 있겠는가? 다달이 월급을 받아 살아가야 하기는 거의 누구나 마찬가지다. 나라면 재정 결핍에 혼자 부딪치기보다 배우자와 **함께** 부딪치는 쪽을 택하겠다.

내 아들과 그의 친구와 셋이서 장거리 여행을 한 적이 있는데 그때 아들 친구가 이런 말을 했다. 너무 젊어서 결혼하면 '독신 생활'을 놓치는 게 아쉽다는 것이다. 그는 헌신된 그리스도인이었고 혼전 순결을 지키기로 다짐한 아이였다. 그래서 내가 물었다. "무엇을 놓치는 것 같니? 사내들과 어울려 다니며 스포츠도 관람하고 혹 맥주도 마시고 주말 내내 비디오게임 같은 걸 하는 게 좋겠니? 아니면 그런 일의 횟수는 뜸해지더라도 밤마다 좋은 친구이자 매력을 느끼는 아내와 함께 적극적이고 만족스러운 성생활도 하며 함께 지내는 게 좋겠니?"

직장에서 자리를 잡고 경제적 기반을 더 든든히 다지기 위해 1~2년쯤 결혼을 미루는 거야 그럴 수 있다. 하지만 사춘기의 환상에 젖어 불량 식품과 불량 영화와 불량 대화와 불량 섹스와 불량 맥주에 **빠져들려고** 결혼을 뒤로 미루는 것은, 미안하지만 내게는 별로 매력이 없다.

일찍 결혼하면 영적으로도 유익한 점이 있다. 여기서 내 나약한 모습을 솔직히 고백하자면, 일찍 결혼한 덕분에 나는 자칫 성욕에 이끌려 하나님의 딸들에게 죄를 범할 가능성을 현저히 줄였다. 욕망을 억제하지 못해 예비 여자친구를 차례로 이용하기보다 아내의 성적 욕구를 채워 주며 아내를 즐겁게 하는 법을 배웠다. 내가 이 부분에 약하다는 것을 나는 알았다. 내 과거는 완벽하지 못하다. 내 영적 약점을 고려할 때 일찍 결혼하는 편이 현명했다.

우리는 거룩한 삶으로 부름 받았다. 일부 사람의 경우 그 부름을 한 꺼풀 벗기면 바로 **결혼하라**는 부름이 된다. 특히 나처럼 이 부분에서 힘들어하는 이들은 더욱 그렇다. 자신의 약점을 인정하고 하나님이 복 주시는 긍정적인 쪽으로 방향을 트는 것이 낫다. 엉뚱한 여자에게 상처를 입히거나 애매한 남자를 유혹하지 않도록 조심해야 한다. 이를 통해 당신의 긍휼이 자라고, 긍휼은 나중에 결혼생활에 큰 도움이 된다. 성욕과 결혼 연령 사이의 괴리는 더 심화되고 있는데 현대의 이 딜레마를 해결할 쉬운 답은 없다. 그러나 사람에 따라 결혼을 좀더 앞당기는 것이 현명한 조치가 될 수 있다.

> 성의 기쁨과 쾌락을 누구보다도 **경시해서는 안 될** 사람이 있다면 바로 하나님을 창조주로 믿는 우리 그리스도인이다. 평생을 헌신한 부부 사이에만 성관계를 허락하신 **하나님의 질서**도 우리는 존중해야 한다.

**1.** 우리 문화에서 평균 초혼 연령이 계속 늦어지는 이유가 무엇이라 보는가? 그것은 성경에 부합되는 좋은 이유인가? 아니면 이런 추세가 반대로 돌아섰으면 좋겠는가?

**2.** 결혼을 적극적으로 추구할 때 어떻게 성욕을 동기로 삼되 거기에 지배당하지 않을 수 있겠는가?

**3.** 이 부분의 약점 때문에 깊은 수치심에 시달리는 진실한 그리스도인들이 있다. 교회가 그들을 어떻게 도울 수 있겠는가?

**4.** 당신에게 결혼 전의 '경제적 안정'은 얼마나 중요한가? 어떻게 하면 다른 여러 기준과 균형을 이룰 수 있겠는가?

**5.** 결혼 10년차를 넘긴 부부의 친밀도는 연애결혼보다 중매결혼의 경우가 대개 더 높게 나타난다. 당신은 이 사실에 놀랐는가? 이것은 우리 문화에서 결혼을 결정하는 과정에 어떤 영향을 미쳐야 하겠는가?

# 나와 그대의 결혼스타일은? 09

어느 유명한 운동선수는 자신의 이혼 사유를 이렇게 밝혔다. "내가 모델이나 연예인을 원했다면 애초에 그런 사람과 결혼했을 것이다. 나는 그저 살림하는 주부를 원했을 뿐이다."

직장 일을 즐기는 여성과 결혼하기를 원하는 것은 잘못이 아니다. 얼마든지 그 결과로 더 두둑한 수입을 누려도 된다. 반대로 엄마와 아내로서 가사에 전념하려는 여성과 결혼하는 것도 잘못이 아니다. 문제는 대개 커플들이 자신이 무엇을 원하는지를 **결혼 전에** 솔직히 말하지 않는다는 데 있다. 그것이 결혼 후에 큰 갈등을 유발한다. 안타깝게도 이혼 사유가 되기도 한다.

배우자를 선택하는 문제에서만은 자신에게 이렇게 물어서는 안 된다. "무엇을 원하는 게 **도리에 맞는가**? 나는 무엇을 **원해야 하는가**?" 자신에게 솔직해야 한다. 당신이 정말 원하는 것은 무엇인가? 그것을 양보하지 않도록 조심하라. 여기서 예외를 두면 작은 후회가 큰 좌절로 이어져 결국 이혼으로 발전할 수 있다.

"하나님 나라를 먼저 구한다"라는 말은 매우 포괄적인 개념이다. 하나님 나라를 구하고 그분의 의를 드러내는 방법은 얼마든지 많이 있다. 당신은 사업가가 될 수도 있고 선교사가 될 수도 있다. 예술이나 스포츠나 대중매체 분야에 종사할 수도 있다. 당신의 목표는 하나님이 당신을 어느 분야로 부르셨든 그 분야에 그리스도의 빛과 진리를 퍼뜨리는 것이다. 당신의 계획이나 평판이나 안락이나 재정 수익보다 그분의 나라가 더 중요하다. 스포츠 아나운서나 수의사도 간호사나 목회자와 똑같이 하나님 나라를 먼저 구하도록 부름 받았다.

문제는 이것을 결혼에 적용하기가 쉽지 않다는 것이다. 뜻이 맞는 두 사람이 만나 같은 길을 가야 하기 때문이다. 결혼의 동기나 '결혼'이란 단어의 의미조차도 당신과 장래의 배우자가 서로 같을 거라고 단정해서는 안 된다. 결혼생활의 스타일은 아주 다양하다. 그런데 이런 차이를 미리 확인하고 넘어가는 독신은 거의 없다.

동반자 같은 짝을 찾아 나서려는 당신에게 권한다. 자신에게 이렇게 물어 보라. "내 이상적 결혼생활은 어떤 모습인가?"

당신 커플은 느긋하게 삶 자체를 즐기고 싶은가, 아니면 저녁과 주말에는 주로 재충전만 하면서 열심히 일해 기업이나 사역을 일구고 싶은가? 당신은 자녀 중심 가정을 가꾸어 자녀에게 집중하고 싶은가, 아니면 늘 꿈꾸던 대로 해외여행을 많이 다니고 싶은가? 혹시 아이 한둘을 입양할 마음이 있는가? 부부가 취미 생활을 따로 할 것인가, 아니면 무엇이든 함께 하는 쪽을 원하는가?

대개 혼담을 나눌 때 파트너가 원하는 '결혼'도 자기와 똑같을 거라고 생각한다. 하지만 그런 경우는 거의 없다. 사람마다 자신이 생각하는 결혼생활의 모습이 있다. 그런데 대개 그것을 표현하거나 뭐라고 이름을 붙이지는 않는다. 막연히 파트너도 똑같을 거라고 가정할 뿐이다.

두 사람이 배고프다 해서 꼭 같은 음식을 먹고 싶은 것은 아니다. 두 사람이 결혼을 원해도 반드시 같은 스타일의 관계를 구하는 것은 아니다. 사실은 자신이 무엇을 원하는지조차 모르는 사람이 많다. 그냥 이름 모를 불문의 가정假定이 있을 뿐이다. 결혼의 다양한 스타일을 이렇게 책에서라도 접하지 않으면 당신이 무엇을 원하는지 선뜻 떠오르지 않을 수 있다.

진지하게 생각할 배우자감이 생겼다면 이제 당신과 장래의 배우자는 최대한 솔직하게 서로 속내를 내보여야 한다. 그냥 상대의 비위를 맞추고 싶은 유혹이 들 것이다. 하지만 그러면 둘 다 적잖은 실망은 물론 평생의 좌절까지도 자초한다. **당신이 원하는 결혼에 대해 거짓말해서는 안 된다. 관계를 잃을까 봐 두려워 솔직해지지 못하고 거짓말한다면 이는 당신이 저지를 수 있는 최악의 사기다.**

당신의 거짓말에 상대의 인생을 걸라고 요구하는 것이기 때문이다. 결국 들통 나게 마련이다. 거짓말을 50년 동안이나 끌고 갈 수는 없다. 둘이 인연이 아니다 싶을 때 상대의 감정에 입힐 상처가 걱정 될 것이다. 하지만 감정에 입힐 상처보다 상대의 인생에 입힐 상처를 더 걱정해야 한다.

당신에게 도움이 될 실제적 도구로 지금부터 결혼의 일반적 '스타일'을 몇 가지 살펴보려 한다.[1] 그중에는 결혼 사유로서 아주 형편없는 것도 있고, 가치보다는 취향의 문제라서 도덕적으로 중립적인 것도 있다. 어쨌든 당신은 자신의 동기와 자신이 바라는 미래를 심사숙고해야 함은 물론 파트너가 무엇을 원하는지도 웬만큼 파악해야 한다. 그러기 전에는 관계에 너무 깊숙이 들어가서는 안 된다.

모든 사람의 동기는 복합적이다. 그래도 당신이 품고 있는 불문의 가정을 이해하는 데 이 도구가 도움이 될 것이다. 당신의 결혼 상대는 딱 하나로 정해져 있지 않다. 그 진리에서 오는 자유를 받아들이면 더 객관적이고 솔직하게 이 평가에 임할 수 있다.

## 나와 그대의 결혼스타일은?

아래에 소개할 각 결혼 스타일을 당신이 얼마나 원하는지 1부터 10까지 중에서 점수를 매겨 보라.[1]은 "나와 전혀 무관하다. 이런 결혼을 원하는 사람과는 결혼하기 힘들다"라는 뜻이고 10은 "내가 생각하고 있는 부부관계와 아주 정확히 일치한다"라는 뜻이다. 객관성을 잃지 않는 가장 좋은 방법은 파트너와 따로 각자 점수를 매기는 것이다.아직 파트너가 없는 사람은 미리 자신을 검사해 보면 된다.

**영적 동반자 스타일**

무엇보다도 하나님의 영광을 위해 결혼하기로 철저히 헌신한 사람이다. 이런 사람이 세우려는 가정은 하나님의 사역을 본받아 세상을 그분과 화목하게 할 장이다. 그들이 기르려는 자녀는 하나님을 따르고 섬길 사람이다. 그들이 가꾸려는 집은 이 땅에서 하나님의 일을 할 전초 기지다. 그들이 원하는 배우자는 자신을 도와 점점 더 그리스도를 닮아 가게 해줄 사람이다.

그런데 영적 동반자 같은 짝을 첫째로 구한다 해서 당신에게 다른 동기나 결혼 스타일이 더 없다는 뜻은 아니다. 다만 나는 영적 동반자 모델이 모든 그리스도인의 마음을 지배하기를 바란다. 나머지 스타일은 부차적인 것이 되기를 바란다. 하지만 현실도 무시할 수 없다. 영적 성숙이란 점진적인 것이며 그 성숙도에 따라 우리의 동기도 진화한다.

당신이 이미 진지한 관계 속에 있다면 상대에게 솔직하게 물어 보라. 파트너는 영적 동반자라는 결혼 모델을 참으로 추구할 사람인가? 아니면 내가 이 부분에서 양보하지 않을 것을 알고 그냥 나와 결혼하고 싶어 동조하는 것인가? 이번에는 자신에게 물어 보라. 나는 영적 동반자 모델을 선뜻 양보할 수도 있는가? 거기에 약간 관심이 있는 정도인가, 아니면 철저히 헌신되어 있는가?

이것을 양보하고 영적으로 무기력한 남자와 결혼했다가 실망에 잠겨 나를 찾아온 여성이 얼마나 많은지 모른다. 그들은 관계의 다른 부분이 다 잘되면 그것으로 영적 열정의 결핍이 보충될 줄로 알았다.

여태까지 내가 대화해 본 모든 여자는 이 부분에서 양보한 것을 후회했다. 영적으로 풍성한 결혼생활을 원한다면 영적으로 살아 있는 사람, 성장하고 있는 사람과 결혼해야 한다.

• 나의 점수:  1  2  3  4  5  6  7  8  9  10

### 실무적 동료 스타일, 로맨틱한 이상주의자 스타일

찰스 왕세자와 미래의 다이애나 공주가 약혼을 발표한 후 어느 기자가 찰스에게 서로 '사랑하는지' 물었다. 다이애나가 나서서 미래의 남편 대신 대답했다. "물론이죠." 찰스는 분명히 놀라고 당황한 기색으로 유명한 토를 달았다. "사랑의 의미도 제각각이겠지만 말입니다." 고통스러운 순간이었고 결국 그 말이 씨가 되었다. 돌아보면 그들은 서로의 관계에서 원했던 것이 전혀 달랐다. 찰스는 미래의 왕에게 걸맞은 짝을 구했던 것 같다. 반면 다이애나는 로맨스와 충족감과 동화책 같은 삶을 구했던 것 같다.

찰스처럼 어떤 사람은 '잘 어울리는' 인생 동지를 구한다. 그들은 배우자와 함께 기업이나 가정이나 교회나 명성을 일굴 수 있고 나라를 다스릴 수도 있다. 그들은 로맨틱한 생각이나 기대에 휩쓸리지 않는다. 그런 것은 다 실없어 보인다. 그들이 원하는 것은 원활한 생산적 관계에 걸맞은 짝이다.

이런 실용적 결혼이 꼭 나쁜 것만은 아니다. 유명한 영화감독 알프레드 히치콕과 아내 앨마는 좋은 영화를 제작하려는 열정 덕분에 서로를 향한 열정도 깊어지고 새로워졌다. 그것이 풍성한 협업과 결혼생활로 이어졌고, 그 결과 많은 작품이 아카데미상 후보에 올랐다.

그러나 다이애나처럼 로맨틱한 이상주의자는 친밀함으로 일관되는 결혼생활에서 삶의 큰 기쁨과 만족을 얻기를 기대한다. 그들은 이 참사랑이 자신의 가장 친한 친구이자 불변의 연인이 되어 주기를 바란다. 또한 로맨스가 지속하도록 배우자가 열심히 노력해 주기를 바란다. 로맨틱한 이상주의자는 강박적 집착, 두려움, 질투, 자주 무시당하는 기분, 심지어 병적 의존 행위까지 보일 수 있다. 필요 이상으로 부정적으로 말할 뜻은 없다. 성숙하고 정서적으로 안정된 사람도 로맨틱한 성향을 띨 수 있다. 다만 명확성을 기하려다 보니 내 말이 극단으로 기우는 것뿐이다. 이유야 어찌됐든 로맨틱한 이상주의자의 안전감과 자존감과 행복감은 늘 이 **로맨틱한** 관계의 건강과 활력과 열기와 직결된다. 그래서 상대가 관계에 쏟을 시간을 희생하고 성공을 추구하면 로맨틱한 이상주의자는 감정에 상처를 입는다.

당신이 로맨틱한 이상주의자인데 파트너는 사업이나 취미에 골몰한다면 당신의 실망이 클 것이다. 반대로 배우자는 로맨틱한 이상주의자인데 당신은 그렇지 못하다면 배우자의 많은 정서적, 신체적, 관계적 요구가 당신의 진을 빼놓을 수 있다.

이 부분에서 당신이 바라는 바는 무엇인가? 잘 맞는 동지와 의기투합하고 싶은가, 아니면 뜨거운 로맨스 속에 끝없이 파묻히고 싶은가? 어느 쪽을 원하든 자기 검열을 하지 말고 현재 자신이 어떤 사람인지 솔직히 답하라. 중간쯤이라면 각 항목에 5점씩 주면 된다.

- 나의 점수

    실무적 동료 :　　1  2  3  4  5  6  7  8  9  10

로맨틱한 이상주의자 : 1  2  3  4  5  6  7  8  9  10

### 아도니스와 아프로디테 스타일

 이것은 성적 매력과 외모에 기초한 관계다. 최악의 사례는 성형수술을 많이 한 날씬한 여자와 보디빌딩으로 근육을 키운 남자의 결혼이다. 그런 커플이라 해서 무조건 다 피상적이라는 말은 아니다. 그렇지 않은 경우도 많다. 여기서는 문제될 만한 동기를 지적하려는 것이다. 신체적 매력이 만족스러운 결혼생활의 중요한 요인이긴 하지만, 그것이 주된 매력이라면 몸이 늙으면 어찌할 셈인가?

 공정을 기하자면, 이런 매력의 출처가 외모보다 생활 방식일 때도 있다. 건강한 생활과 건강식과 운동은 다 가치 있는 일이다. 하지만 아무리 운동과 시합을 통해서라 해도 신체적 매력이 두 사람을 가까워지게 하는 주된 요소라면, 건강을 중시하던 배우자가 암에 걸리거나 뇌졸중을 일으키면 어찌할 것인가? 서로의 매력 자체는 부실한 기초다. 결혼이란 함께 젊음을 지키기보다 함께 늙어 가는 것이기 때문이다.

 이 사람을 향한 나의 애정과 존중은 나이가 들수록 더 **깊어질** 것인가? 아니면 지금 나를 가장 매혹하는 요소를 이 사람은 점차 잃어갈 것인가? 당신이 이 관계를 지속하는 이유는 상대의 성적 매력에 강하게 끌려서인가, 아니면 상대를 존중하고 존경하는 마음이 깊어서인가? 미모와 힘은 10년이면 한물가는 할리우드의 직업에는 썩 유용하다. 하지만 50년간 지속할 관계에는 지독히도 수명이 짧은 도구에 불과하다.

- 나의 점수 :  1  2  3  4  5  6  7  8  9  10

### 요리책 스타일

올바른 방법을 찾고 올바른 재료를 넣기만 하면 관계에서 원하는 것을 얻을 수 있다고 생각하는 이들이 있다. 이런 사람은 대개 방법론 서적을 많이 읽고, 관계와 관련된 여러 가지 검사를 받으며, 많은 횟수에 걸친 관계 중심 상담을 원한다.

지침서가 유익하지 않다는 말이 아니다. 다만 요리책 스타일의 배우자와 결혼할 거라면 그런 식의 대화를 각오해야 한다. 이런 사람은 부부 상담을 받기 원할 것이며(물론 상담은 좋은 일이고 어느 부부에게나 때때로 유익할 수 있다), 주말을 떼어 부부 수련회에 참석하려 할 것이다. 또 당신에게 책과 기사를 주며 읽으라고 하고, 당신이 읽지 않으면 매우 속상해할 것이다. 부부간의 소통 기술을 계속 발전시키려는 사람과 결혼하면 긍정적인 점도 많다. 하지만 사람에 따라 그런 관계가 오히려 진을 빼놓을 수도 있다. 요리책 같은 사람이 요리책 스타일을 아주 싫어하는 사람과 결혼하면 부부의 좌절이 클 수밖에 없다. 다행히 양쪽 다 이것을 좋아한다면 공통된 성향 덕분에 친밀함이 위협받지 않고 오히려 더 깊어질 것이다. 그야말로 환상적인 부부가 될 수도 있다.

- 나의 점수 :  1  2  3  4  5  6  7  8  9  10

**열렬한 단짝 스타일**

열렬한 단짝이란 두 사람이 전적으로 서로를 최우선으로 여기는 경우다. 레크리에이션, 육아, 직업, 대가족, 취미 등 거의 모든 것보다 서로가 가장 먼저다.<sup>다만 하나님보다 먼저는 아니다.</sup> 열렬한 단짝 관계를 둘 다 좋아할 때는 그 관계가 유난히 친밀하고 만족스러워 보이지만, 둘 중 한쪽만 그것을 원할 때는 상대를 숨 막히게 할 수 있다.

열렬한 단짝 성향의 여자는 이 말을 읽으며 이렇게 생각할 것이다. "당연히 누구나 다 그것을 원하지 않나?" 하지만 그녀가 미처 모르는 사실이 있다. 그녀의 데이트 상대는 아주 신나게 사업에 집중할 뿐 집에 와서는 사업 얘기를 할 마음이 없는 사람일 수 있다. 반대로 이 스타일의 남자가 육아와 홈스쿨링에 몰두하는 여자와 결혼하면, 퇴근하자마자 아내에게 떠밀려 자녀를 데리고 자연 학습을 나가야 할 것이다. 사실은 느긋하게 앉아 아내에게 하루 일을 털어놓고 싶은데 말이다. 토요일 오전에 **아내 없이** 골프장에서 18홀을 돌기를 원하는 남자도 있고, 둘이 함께할 수 없는 취미라면 아예 생각조차 하지 않는 커플도 있다.

이상적으로 모든 부부는 부부관계를 업무나 심지어 육아보다도 우선으로 여겨야 한다. 그런데 열렬한 단짝은 그것을 한 단계 더 끌어올린다. 무슨 일이든 둘이 함께 경험하려 한다. 그래서 한쪽에서 출장을 가면 배우자도 따라가려 한다. 그들은 늘 긴 대화를 나누어야 하고, 둘만의 시간을 많이 가져야 하며, 서로를 존재의 정서적 구심점으로 삼아야 한다. 그것을 당연시하고 즐거워하며 소중히 여긴다.

이 비전을 둘이 공유한다면 정말 유난히 친밀하고 만족스러운 관계가 될 것이다. 저녁이나 주말에 아이를 맡기고 데이트를 나가는 것이 그들에게는 어려운 일이 아니다. 정말 둘 다 거기에 헌신하다 못해 그 시간을 간절히 기다릴 것이다. 그들은 자녀가 다 커서 집을 떠날 때를 고대할 것이다. 그때가 되면 다시 서로에게 집중할 수 있기 때문이다. 다만 문제가 되는 것은 열렬한 단짝 관계를 한쪽에서만 원하고 배우자는 원하지 않는 경우다.

• 나의 점수 :  1  2  3  4  5  6  7  8  9  10

### 공포감 유발 스타일

이 관계 스타일에는 좋은 면이 전혀 없다. 이것을 언급하는 이유는 당신이 그것을 피하게 하기 위해서다. 어떤 이들은 공포의 가해자나 피해자가 될 때에만 파트너와의 관계에 흥미를 느낀다. 정말이다. 이런 커플은 싸우고 입씨름하며 서로를 비참하고 두렵게 만든다. 그러고 나서 격렬한 섹스로 화해할 수도 있다. 그렇게 기진맥진한 상태로 잠시 평화롭게 공존하지만, 곧 관성이 되살아나 공포의 사이클이 다시 시작된다.

이런 관계는 문제가 많다. 한때 공포가 편하게 느껴지던 피해자도 결국은 대개 거기에 신물이 난다. 이런 식의 사랑은 성경이 말하는 아가페 사랑과 정반대이므로 이런 부부관계는 반드시 실패하게 되어 있다.

당신은 혹시 공포를 휘두르는 사람에게 가장 정을 느끼거나 당신

쪽에서 공포를 휘두를 때 가장 친근감이 드는가? 그렇다면 알아야 할 것이 있다. 이것은 영적 질병이요 거짓된 친밀함이다. 당신에게 필요한 것은 결혼이 아니라 치유다. **치유가 먼저다.** 관계 방식이 건강하지 못한데 그 위에 건강한 관계를 지을 수는 없다. 이 문제를 해결하기 전에는 평생의 선택을 생각조차 해서도 안 된다. 이것은 자신에게 해로울 뿐 아니라 자녀에게도 확실한 재앙이다. 끝없는 위기가 안정을 갈구하는 자녀에게 심각한 해를 입힌다.

- 나의 점수: 1 2 3 4 5 6 7 8 9 10

## 집과 결혼한 스타일

이전에 우리 옆집에 살던 사람은 마당에 집착했다. 이틀에 한 번씩 잔디를 깎았고 거의 격주로 새로운 비료나 성장 촉진제를 주었다. 우리와 대화할 때마다 그녀의 화제는 화초, 잔디 깎기, 조경, 수목의 건강 따위였다. 마치 나무가 자식이라도 되는 것 같았다.

어떤 이들은 집의 실내장식에 매달려 산다. 그들이 새로운 가구며 세간이며 장식품 따위를 검색하느라 인터넷에 들이는 시간을 다 합하면 성경공부 시간은 무색할 정도다. 그들에게 리모델링은 만족스러운 취미 생활이다. 그래서 주택이나 마당을 아무리 손보아도 끝이 없다.

반대로 집을 휴식처로만 생각하는 이들도 있다. 미적 만족감을 주는 집에 사는 것을 즐길 수도 있다. 하지만 주중의 며칠 저녁과 주말 오후를 집 정리에 희생할 마음은 추호도 없다. 그럴 바에는 차라리 운동을 하거나 극장에 가거나 산책을 나갈 것이다. 하다못해 낮잠이라도 잘 것이다.

이것은 다분히 선택의 문제다. 하지만 한쪽에서 집 공사보다 손님 대접에 더 관심이 많거나 2백만 원을 신제품 소파보다 유럽 여행에 쓰려 한다면 문제가 된다. 아울러 한쪽에서 잔디 용품이나 화초에 돈을 들이기보다 헌금이나 기부에 더 적극적일 때도 문제가 생길 것이다.

솔직히 당신은 에너지를 어디에 집중하겠는가? 저택인가 사명인가? 당신이 사명의 사람인데 저택의 사람과 결혼한다면 큰 좌절에 부닥칠 것이다.

- 나의 점수 : 1  2  3  4  5  6  7  8  9  10

### 자녀 중심 스타일

자녀 중심 부부는 어서 아이가 태어나기만을 바란다. 많은 자녀를 원할 때도 있고, 자녀가 관계의 구심점일 때가 많다. 가끔 둘만의 데이트를 하더라도 **자녀에게** 좋은 부부관계의 본을 보여 주려는 목적에서일 수 있다. 대개 홈스쿨링이나 비싼 사립학교를 우선으로 삼을 수 있다. 그러려면 가계 예산이나 시간이나 집의 공간을 자녀에게 추가로 더 할애해야 한다. 휴가를 결정할 때도 자녀의 교육이나 가족 단위의 재미를 염두에 둔다.

자녀 중심 부부가 되지 않고도 얼마든지 아이를 사랑하고 즐거워할 수 있다. 하지만 당신이 정말 자녀 중심의 남자인데 아내는 자녀를 많아야 둘밖에 원하지 않는 데다 어린이집에 맡기려고 아이가 세

살이 되기만을 기다린다면, 당신의 삶에 큰 아픔과 깊은 실망이 따를 것이다. 반대로 당신이 세 친자녀 외에도 서너 명의 입양을 꿈꾸는 여자인데 친자녀 둘까지만 겨우 견딜 남자와 결혼한다면, 당신은 큰 실수를 하는 것이다.

- 나의 점수 : 1 2 3 4 5 6 7 8 9 10

### 자유분방한 보헤미안 스타일

당신은 주말을 어떻게 보내고 싶은가? 《뉴욕타임스》를 통독하거나 최신 독립영화를 알아보거나 음악회에 다니고 싶은가? 집에 많은 장서를 갖추고 수시로 해외여행도 다니며 수익성은 떨어지더라도 보람된 직업을 갖고 싶은가? 다 좋다. 배우자가 사업에 전념하거나 빈민 사역에 헌신했거나 교회 중심으로 살아가는 사람만 아니라면 말이다. 이런 자유분방한 생활 방식 역시 대체로 많은 자녀를 두기가 힘들다. 농장에서 열 자녀를 기르거나 교외에서 다섯 자녀를 기르는 것은 어떨지 몰라도 뉴욕 맨해튼이나 시애틀 도심에 살면서 대식구를 거느리기란 좀더 어렵다.

당신이 정말 예술 지향의 생활 방식을 열망하는데 상대는 대량 생산된 그림이나 벽에 걸고 유행가밖에 듣지 않는다면, 가슴이 답답할 것이다. 이거야말로 정말 양보하기 힘든 취향이다. 남편이 책을 읽지 않는 사람이라면 아내는 독서 토론 그룹에 가입하면 된다. 하지만 휴가 때나 주말과 저녁 시간에 함께 즐길 취미가 있는가? 남편은 경제 신문을 읽고 뉴스를 들으려 하는데 아내는 영화를 보거나 헌책방을

둘러보고 싶다면 주말이나 저녁에 함께 쉬거나 친하게 지내기는 힘들 것이다.

여기서 잠깐 주의를 당부할 것이 있다. 전형적 사례를 많이 제시하긴 했지만, 경제신문을 애독하는 사람도 얼마든지 예술에 심취할 수 있다. 다만 내 취지는 이 주제에 물꼬를 트려는 것이다. 당신에게 자신이 정말 누구인지 생각해 보도록 권하는 게 요지다. 결혼의 기초를 현실과 부합하지 않는 이상적 자아상에 두어서는 안 된다. 아울러 당신은 연애 감정에 필연적으로 뒤따르는 눈먼 상태에서 벗어나야 한다. 그래야 당신이 푹 빠져 있는 그 사람이 좋은 짝인지 객관적으로 평가할 수 있다.

이 부분에서 자신의 열정을 점검해 보고 적절한 점수를 매기라.

- 나의 점수 : 1 2 3 4 5 6 7 8 9 10

### 경찰관 스타일

어떤 사람은 경찰관과 감시당하는 사람의 관계에서 힘을 얻는다. 자신이 상대를 계속 감시하려는 사람도 있고 상대가 자신을 감시해 주기를 바라는 사람도 있다. 한쪽이 중독자였거나 지금 중독자라면 배우자는 쓰레기통에 술병이 있는지, 어떤 인터넷 사이트를 방문했는지, 통장에 수상한 지출이 있는지 수시로 확인하게 된다.

실제로 교통순경 역할을 할 때 마음이 가장 편한 이들이 있다. 거기에 몰두하다 보면 자신의 결점은 생각할 필요가 없다. 이 일은 그들에게 목적의식을 준다. 권태감이나 무감정보다 두려움과 의심이 더 사람을 힘이 나게 할 때도 있다.

어떤 사람은 단속받는 쪽이 되기를 좋아한다. 그러면 스스로 노력하지 않아도 된다. 파트너가 안전망 역할을 해 주기 때문에 그들은 연신 사고를 친다. 옆에서 매번 붙잡아 주니 중상을 입을 일도 없다. 그들은 겉으로는 간섭을 싫어하는 척할 수 있지만 속으로는 자신에게 그것이 필요함을 안다.

이런 부부관계는 아주 문제가 많다. 우선 경찰관 입장의 사람은 **자신에게는** 감시자가 필요 없다고 생각한다. 반대로 감시당하거나 도움이 필요한 사람은 상대를 사랑하거나 돌보거나 섬기지 않고 게으름을 피운다. 그래서 이 관계는 성품을 빚어 주는 게 아니라 성품을 타락시킨다.

상대를 정말 이해하는 사람, 상대에게 절실히 필요한 사람이 나 하나뿐이라고 생각하면 만족감이 들 수 있다. 쓸모 있는 존재가 된다는 것은 기분 좋은 일이다. 상대를 도와 주려는 마음이 잘못은 아니다. 그러나 언제 위기를 터뜨릴지 모르는 믿지 못할 사람을 배우자로 택하는 것은 잘못이다. 배우자를 선택할 때는 메시아 콤플렉스를 버려야 한다. 메시아는 예수님 한 분뿐이며 당신은 메시아가 아니다.

뒤에서 더 자세히 살펴보겠지만, 자아에서 해방되어야 할 사람이 있다. 당신은 정말 그런 사람과 함께 자녀를 기르고 싶은가? 그 사람이 당신 자녀의 아빠나 엄마가 되었으면 참 좋겠는가?

한 남자는 약혼녀의 병적 감정 기복 때문에 벌써부터 "진이 빠진다"라고 토로했다. 연애 시절인 **지금부터** 진이 빠진다면 앞으로 세 자녀를 낳고 온종일 일할 때는 얼마나 피곤할지 생각해 보라. 이런 상황을 감당하고도 에너지가 고갈되지 않을 다른 남자가 많이 있다. 당신이 평생 어디까지 감당할 수 있을지 정직하게 답하라.

•  나의 점수 :   1  2  3  4  5  6  7  8  9  10

### 투사 같은 스타일

어떤 사람은 입씨름하기를 좋아한다. 아마도 그들은 싸우면서 자랐고 싸움으로 감정을 처리한다. 삶의 권태에서 벗어나려면 싸워야 한다. 심지어 화해의 섹스야말로 최상의 섹스라고 생각할 수도 있다.

싸우면 아드레날린이 분비된다. 그러면 우리는 좀더 살아 있는 기분이 들 수 있다. 하지만 이것은 권태를 물리치기에는 해로운 방법이며 자녀를 기르기에는 비참한 생활 환경이다. 상처 주는 말이나 욕을 하지 않고는 서로에 대한 진짜 감정을 표현할 수 없다면, 당신 커플은 만족스러운 결혼생활을 가꾸는 데 기본으로 필요한 관계 기술이 없는 것이다. 당신이 결혼에 준비되지 않았을 수도 있고, 상대가 친밀한 결혼생활을 할 능력이 없을 수도 있다.

살다 보면 격려와 용서와 수용이 필요할 때가 많은데, 걸핏하면 싸우는 결혼 스타일에는 대개 그런 필수 자질이 결여되어 있다. 물론 갈등은 모든 건강하고 성숙한 관계에 불가피한 필수 요소다. 하지만 나라면 언쟁이 주된 **에너지원**인 사람과는 결혼하고 싶지 않을 것이다. 반대로 섬김과 사랑과 긍휼과 다정함이 삶의 원동력인 배우자, 하나님의 온유하신 인도에 따라 움직이는 배우자를 원할 것이다.

• 나의 점수 :   1   2   3   4   5   6   7   8   9   10

### 사제 관계 스타일

한 사람은 배우기를 좋아하고 다른 사람은 가르치기를 좋아하는 관계다. 가장 흔한 형태는 한쪽의 나이가 아주 많고 대개 재정적으로 성공했으며 배우자는 훨씬 젊은 경우다. 여자가 난생처음으로 가는 고급 식당에 매료되면 남자는 그것이 '귀여워' 보인다. 남자가 여자에게 포도주를 종류별로 설명해 주면 여자는 감탄하며 쳐다본다. 그럴 때 그는 자신이 **남자로** 느껴진다.

여자는 연하 남자가 자기를 쫓아올 때 자존심이 확 살아날 수 있다. 한동안 그들은 '젊은' 활동을 즐기며 이전의 삶을 재현한다. 하지만 결혼 상대의 주된 매력이 젊음이라면 그 관계가 얼마나 오래갈 것 같은가? 당신의 '젊은' 남자도 10년 후에는 그렇게 젊지 않다.

'영적' 사제 관계도 있을 수 있다. 성숙한 신자 쪽에서 비신자를 주님께로 인도한 뒤 영적 부모나 스승 역할을 하는 것이다.

가장 건강한 결혼은 상호적이다. 부부가 서로 도우며 성장을 자극한다. '힘'이 어느 한쪽으로 쏠리지 않고 균형을 이룬다. '학생'은 결국 장성해 좀더 성숙한 관계를 원한다. 한동안은 학생으로 있는 것도 괜찮지만 결국 당신은 학교를 졸업하고 싶어진다. 그런데 배우자가 그것을 막는다면 원망이 싹틀 수밖에 없다. 원망은 성생활을 죽이는 확실한 원인이 된다.

단기간이라면 몰라도 이런 관계는 대개 장기적 결혼생활의 건강한 기초는 되지 못한다.

- 나의 점수 : 1 2 3 4 5 6 7 8 9 10

## 데이트 기간에 결혼 스타일에 대해 대화하라

　당신의 이상적 결혼 스타일을 내가 미처 말하지 못했을 수도 있다. 그래도 괜찮다. 나는 지금 대화의 물꼬를 트려는 것뿐이다. 제니퍼는 일주일에 여러 번씩 외출을 즐겼고 오지랖이 넓었다. 남편 라일리는 건축업자의 하청을 받아 토지를 개간하는 일을 매일 늦게까지 하는 편이었다. 워낙 중노동이다 보니 집에 오자마자 소파에 털썩 주저앉곤 했다. 이런 남편에게 제니퍼가 파티나 친구들의 식당 모임에 대해 말하면 라일리는 솔직히 샤워하고 다시 외출할 생각이 조금도 없었다.

　저녁 시간을 보내는 취향에서 제니퍼도 라일리도 '옳거나 틀린' 것은 아니다. 라일리는 열심히 일하는 사람이었고, 제니퍼는 수시로 즐거운 저녁 파티에 가야 할 유전자를 타고난 사람이었다. 결국 두 사람은 이혼했다. 판이한 관계 스타일이 이혼의 주원인은 아니었지만 좋지 않게 작용한 것만은 분명하다. 결혼하기 전에 이 문제를 생각했더라면 좋았을 것이다.

어쨌든 당신은 자신의 동기와 자신이 바라는 미래를 심사숙고해야 함은 물론 파트너가 무엇을 원하는지도 웬만큼 파악해야 한다. 그러기 전에는 관계에 너무 깊숙이 들어가서는 안 된다.

시간을 내서 당신의 이상적 결혼 스타일을 종이에 써 보라. 위에 언급하지 않은 것일 수도 있다. 당신에게 최고의 감동과 보람을 줄 결혼생활이 무엇인지 **자세히** 기술하라.

- 당신은 저녁 시간을 어떻게 보낼 것인가?
- 두 사람이 얼마나 가깝게 지낼 것인가?
- 직장생활 이외의 시간을 항상 함께 보낼 것인가, 아니면 때로 취미 생활을 따로 할 것인가?
- 교회 생활이 얼마나 삶의 중심이 될 것인가?
- 휴가를 자녀와 함께 갈 것인가, 자녀를 두고 갈 것인가, 아니면 아예 부부가 각자 따로 갈 것인가?
- 결혼생활의 가장 만족스러운 순간을 상상해 보라. 상상 속에서 당신 부부는 해변을 걷고 있는가? 골동품상을 뒤지고 있는가? 선교지에서 일하고 있는가? 자녀를 공원에 데려가고 있는가? 아니면 그밖에 다른 일을 하고 있는가?

현재 교제 중이라면 서로 답을 비교해 보라. 그리고 나서 그룹에서 나누라. 그룹 토의가 중요한 이유는 때로 우리가 남들이 솔직하게 말하는 것을 보면 자신도 더 솔직해지기 쉽기 때문이다. 남자나 여자나 다 마찬가지다. 남자는 여자친구에게 "사실 나는 연장을 다루는 데는 별로야"라고 직접 말하기가 부끄러울 수 있다. 하지만 그 말을 **다른 남자가** 먼저 하면 당신의 남자도 웃으면서 "나도 그런데"라고 수긍할 수 있다. 한 조각 진실이 드러나는 순간이다. 다른 여자가 "난 말이야, 내가 자녀를 낳고 싶은지 잘 모르겠어"라고 말한다 하자. 이때 당신 여자친구의 얼굴에 여과 없이 떠오르는 표정을 보면 그녀의 속마음을 많이 알 수 있다.

중요한 것은 스타일의 명칭이 아니라 당신이 생각하는 결혼생활이 현재 생각 중인 결혼 상대와 얼마나 잘 맞느냐는 것이다. 당신에게는 중요한데 상대가 그 활동이나 스타일과는 상극이라면 서로 억지로 맞추지 마라. 이 사람 말고도 사람은 많다. 잊지 마라. 당신에게 맞는 배우자가 '딱 하나'가 아닐진대 더 잘 맞는 사람이 있게 마련이다. 그 사람과 함께 더 풍성하고 만족스럽게 살아갈 수 있다.

**1.** 당신이 늘 상상해 온 결혼생활을 가장 잘 대변해 주는 결혼 스타일은 무엇인가?

**2.** 두 사람이 깊이 사랑을 느끼고 있지만 서로 생각하는 결혼 스타일이 아주 다르다 하자. 이 커플은 이럴 때 어떻게 대응해야 할까? 배우자를 결정할 때 결혼 스타일에 대한 합의가 얼마나 중요한 요인이 되어야 한다고 보는가?

**3.** 서로 다른 결혼 스타일 중 가장 조화가 잘되는 것은 무엇과 무엇이겠는가? 최악의 조합은 무엇과 무엇이겠는가?

# 어떤 사람을 만나야 할까? 10

"오늘 에베레스트 산에 올라가야지." 어느 날 아침 난데없이 이렇게 결정하는 사람은 없다. 그런 엄청난 도전에는 훈련과 준비와 장비가 필요하다.

**많은** 장비가 필요하다.

사실 전문가들이 말한 바로는 에베레스트 산을 등정하려면 각기 다른 등산화가 **세 켤레나** 필요하고 양말도 많이 필요하다. 장비가 목숨을 살릴 수 있으므로 돈을 아껴서는 안 된다. 얼음을 깰 도끼, 자일을 끼울 금속 고리, 손으로 조절하는 등강기, 라펠 장비, 등반용 안전띠, 안전 지팡이가 다 있어야 한다. 몸을 따뜻하게 하려면 좋은 속옷 여러 벌, 털외투, 털 바지, 패딩 바지, 패딩 파카, 후드 달린 방습용 겉옷이 필요하고 턱받이도 있으면 좋다. 침낭 외에도 두 가지 요가 ^수선도구와 함께^ 필요하다. 합성섬유 장갑 두 켤레, 털장갑 또는 방습용 덧장갑 두 켤레도 준비하라. 손난로는 굳이 없어도 되지만 가져가면 후회하지 않을 것이다.

아울러 몇 달 전부터 체력과 지구력을 훈련해야 하고, 그보다 낮은 고도에서 몇 년씩 등반 경험을 쌓으면 더 좋다. 분명히 에베레스트 등정은 큰일인 만큼 준비가 필요하다.

필요한 장비를 확실히 갖추지 않고는 산에 오르지 않는다. 결혼은 인생에서 가장 어려운 관계다. 당신과 함께 끝까지 완주할 준비를 갖추지 않은 사람과는 그 관계에 들어서지 마라. 삶은 만만하지 않다. 당신이 생각하는 것보다 갑절로 힘들어질 수 있다. 그때에 대비해야 한다. 모든 풍랑을 함께 헤쳐 나갈 만한 사람과 결혼하면 삶이 의외로 순탄해도 잃을 게 없다. 그러나 순탄할 때만 잘하는 사람과 결혼하면 심각한 문제에 빠진다. 소풍일 줄 알았던 삶에 반드시 역경이 닥쳐오기 때문이다.

어떤 사람은 당신과 결혼할 마음은 있으나 결혼생활에 성공할 준비가 되어 있지 않을 수 있다. 그 준비 여부를 평가하고 점검해야 한다. 행복하고 만족스러운 결혼생활에 꼭 필요한 관계 기술과 삶의 기술이 있다. 연애는 성품이 훌륭하지 않은 사람도 할 수 있다. 극장과 좋은 레스토랑에 가거나 재미있게 자전거를 타거나 오솔길을 걷거나 스타벅스에 앉아 있거나 소파에서 애무하는 일 따위야 누구나 할 수 있는 일이다.

하지만 그것은 현실의 삶이 아니다. 적어도 아주 장기간 그렇게 지속하지는 않는다. 목사로서 나는 많은 부부가 한없이 고통스러운 삶의 위기를 견뎌 내는 모습을 보았다. 이번 장에서 살펴볼 몇 가지 필수 성품은 '짜릿한 로맨스'와는 전혀 상관없지만 백년해로에 성공하는 데는 꼭 필요하다. 상대는 당신과 함께 인생의 산을 **정상까지** 오를 자질이 있는가? 그것을 생각해 보도록 돕는 게 내 목표다.

> 어떤 사람은 당신과 결혼할 마음은 있으나 결혼생활에 성공할 준비가 되어 있지 않을 수 있다. 그 준비 여부를 평가하고 점검해야 한다.

## 질병의 풍파를 함께 이겨 낼 사람

엔젤만 증후군이라고 들어 본 적이 있는가? 중증 지적 장애와 발달 지체를 수반하는 유전성 신경 질환이다. 나는 세 가정에서 이런 질환이 있는 자녀를 보았다. 불치병이라서 현재로서는 부모가 그런 자녀를 평생 돌보는 수밖에 없다.

중증 장애아를 둔 부부는 이혼으로 끝나는 비율이 높다. 장애아를 돌보려면 시간과 에너지와 돈이 많이 든다. 몸이 녹초가 되고, 원하는 대로 하나님이 기도에 응답하지 않으시면 영적 혼란에 빠진다. 잠도 수시로 깨야 하고, 과중한 의료비를 부담하기 위해 취미 생활을 포기하거나 낡은 차를 몰아야 한다. 당신이 생각 중인 결혼 상대는 이런 중압감을 얼마나 견디겠는가? 이런 도전 속에서도 결혼생활의 기쁨을 찾아낼 만한 사람인가?

대럴은 결혼할 때 턱시도를 큰 것으로 입었다. 살이 쪄서가 아니라 180kg의 역기도 거뜬히 드는 보디빌더였기 때문이다. 그런 그의 흉부 근육에 가슴둘레 95의 보통 사이즈가 맞을 리 없다. 아내 스테이시는 그의 몸매에 끌렸고 체력에 감탄했다. 남편이 신체 건장한 남자여서 좋았다.

그런데 결혼한 지 2년 만에 대럴에게 걱정스러운 증상이 나타났다. 몸이 굳어지고 시력이 흐려지고 팔다리가 떨렸다. 검사 결과 다발성 경화증이라는 충격적 진단이 나왔다. 힘센 장사답게 그는 휠체어 신세를 면하려고 최대한 오래 용감하게 버텼으나 45세가 넘어서부터는 다리가 몸을 지탱하지 못했다. 그 나이면 아직도 살아야 할 인생과 남아 있는 결혼생활이 창창할 때다. 스테이시는 보디빌딩을 한 힘센 남자와 결혼했음에도 식료품을 나르거나 무거운 물건을 드는 일을 늘 도맡아야 했다.

제이크는 성공한 직장 여성과 결혼했다. 아내 그레이스는 유명한 컨설팅 회사에서 일했다. 평생을 책임져 줄 직장이었다. 그녀가 MBA를 취득하기 원한다면 회사에서 하버드나 와튼에 보내 줄 것이었다. 비영리기관이나 다른 회사로 옮기기 원한다면 회사에서 그것도 도와줄 것이었다. 그냥 회사에 남아 서서히 부자가 되기를 원한다면 그거야말로 보장된 일이었다. 일만 하면 고소득을 올릴 수 있었다.

결혼할 때 그레이스는 남편보다 돈을 훨씬 많이 벌었다. 그런데 자가면역 질환이 서서히 몸을 잠식해 결국 그녀는 6개월 넘게 침대에서 일어나지 못했다. 한동안 너그럽던 회사도 결국은 그레이스가 일에 복귀할 수 없음을 알았다. 제이크는 자신보다 수입이 두 배도 더 되는 여자와 결혼한 줄 알았는데 이제 자신이 아내를 부양해야 할 상황이 되었다. 어쩌면 평생 그래야 할지도 모른다.

앞일이 어떻게 될지는 아무도 모른다. 하지만 당신이 정하려는 결혼 상대의 성품은 **알 수 있다**. 비슷한 역경이 닥쳐올 때 끝까지 견뎌 낼 만큼 강인한 사람인가? 눈앞이 아찔해지는 장애물 앞에서도 영적 소망을 잃지 않는 사람이어야 한다. 그런 역량이야말로 삶에 꼭 필요한 자질이다. "아브라함이 바랄 수 없는 중에 바라고 믿었으니" 롬 4:18. 영적으로 강건한 사람과 결혼하는 게 중요하다. 그 중요성을 과소평가하지 마라. 문제의 조짐만 보여도 하나님을 원망하고 불평하는 사람은 곤란하다. 삶은 대개 문제투성이다.

## 당신 자녀의 엄마 아빠가 될 사람

할리우드의 한 여배우는 인터뷰 기자에게 남편의 재력이나 유명한 외모나 명성을 격찬하지 않았다. 대신 자녀와 함께 스튜디오에 와 있는 남편을 보며 이렇게 말했다.

"내가 잘한 일이 하나 있다면 우리 아이들에게 훌륭한 아빠를 골라 준 거예요. 내 평생 제대로 한 일이 이것 말고 없어도 좋아요. 아이들에게 만점짜리 아빠가 있으니까요."[1]

미래의 자녀에 대한 말이 지금은 당신에게 이론에 불과할 수 있다. 하지만 실제로 아이를 낳아 이름을 부르고 보드라운 살결을 만지고 귀여운 눈망울을 들여다보노라면 당신은 다양한 감정을 경험할 것이다. 자신에게 있는지조차 몰랐던 희생적 사랑이 솟아날 것이다. 자식을 구할 수만 있다면 기꺼이 쇳덩이로 된 옷을 입고 바다라도 헤엄쳐 건너갈 것이다. 그러나 자녀를 향한 가장 의미심장한 사랑의 행위는 자녀가 태어나기 전에 벌어진다. 누군가에게 결혼을 승낙하기 전에 자신에게 이렇게 물어 보라. "내 자녀에게 최고의 엄마나 아빠가 되어 줄 사람인가?" 장차 때가 되면 당신도 이 여배우처럼 상상을 초월하는 감사에 젖을 것이다. 자녀에게 훌륭한 엄마나 아빠를 골라 주었다면 말이다. 반대로 난폭한 엄마나 아빠를 골라 준 결과로 일생일대의 후회에 빠질 수도 있다.

나는 결혼 상대를 생각할 때 이것을 최우선으로 꼽지는 않았지만, 리자가 헌신적 엄마가 되리라는 생각은 있었다. 그리고 그 생각이 옳았다. 우리 아이들이 고등학교에 들어갈 때까지 아내는 창의적인 홈스쿨링 교사였고, 이후 그들의 교육과 사회 진출에도 희생과 섬김으로 엄청난 유익을 끼쳤다.

한 친구 엄마의 장례식도 기억난다. 그녀는 과묵했지만 친구의 표현으로 '집안일을 제쳐두고라도 꼭 우리와 충분히 대화하던' 엄마였다. 성적을 중시하기보다 따뜻한 사랑과 행복한 추억과 시끌벅적한 축하를 풍성히 누린 가정이다.

당신이 원하는 육아 방식이 있을 것이다. 공부에 치중할 것인가, 재미있는 시간을 많이 보낼 것인가? 재량에 맡길 것인가, 성취를 강조할 것인가? 경건하게 기를 것인가, 방임할 것인가? 당신이 선택할 결혼 상대가 이 목표에 중대한 영향을 미친다.

가장 중요하게 당신은 자녀에게 신앙을 물려주고 싶을 것이다. 당신이 결혼하려는 사람은 그 일에 도움이 될 사람인가, 오히려 방해될 사람인가?

자칭 그리스도인으로 '진지하게 헌신한' 한 젊은 여성이 불가지론자 남자와 결혼하려고 했다. 게다가 남자의 부모는 불교 신자였다. 내 생각을 묻는 그녀에게 되물었다.

"미래의 자녀가 그리스도인이 되기를 원하시나요?"

"제일 큰 바람이죠." 그녀가 대답했다.

"그렇다면 제가 미래의 상황을 한 번 예견해 볼까요. 당신은 어린 아들을 매주 교회에 데려갑니다. 아들이 예수님을 구주와 주님으로 영접하는 게 당신의 제일 큰 바람이니까요. 하지만 남편은 절대로 교회에 함께 가지 않습니다. 아들이 여덟 살이 되자 아빠에게 묻습니다. '아빠는 왜 교회에 함께 가지 않아요?' 그러자 아빠가 대답합니다. '야, 아빠는 그런 것 안 믿어. 왠지 알아?'"

나는 잠시 뜸을 들였다가 물었다. "아빠를 우상으로 아는 아들이 아빠한테서 신앙을 우습게 여기는 말을 듣습니다. 이것은 아들이 하나님 쪽으로 자라 가는 데 도움이 될까요 방해가 될까요? 그러던 어느 날 아들은 할머니 할아버지 집에서 하룻밤을 보냅니다. 거기서 불상도 보고 두 분에게 불교에 대한 말도 듣지요. 자, 당신에게 어린 자녀가 있습니다. 그런데 엄마는 교회에 나가고 아빠는 신앙을 아예 우습게 여기고 할머니 할아버지는 전혀 다른 종교를 믿습니다. 아까 미래의 자녀가 그리스도인이 되는 게 '제일 큰 바람'이라고 하셨지요. 그런데 아들에게 이런 환경을 주고 싶습니까?"

당신은 자녀가 유일하신 참 하나님을 알기를 원할 뿐 아니라 **부모 둘 다에게** 사랑받기를 원한다. 자녀를 참고 견디며 부양만 하는 게 아니라 자녀의 삶에 동참해 사랑하고 아껴 줄 부모를 원한다.

당신은 인생의 반려자만 선택하는 게 아니라 장차 자녀의 엄마나 아빠가 될 사람을 선택하는 것이다. 상대는 그 일을 감당할 만한 사람인가?

싱글 맘이나 싱글 대디는 대개 자녀에게 어떤 아빠나 엄마를 골라 줄지 **고민한다**. 교제를 시작하기 전에 그것을 가장 중요한 기준의 하나로 삼을 때가 많다. 아직 자녀가 없는 일반 독신도 이것을 본받아야 한다.

## 상대의 부모는 어떤 사람인가?

이것은 바로 앞의 기준만큼 절대적이지는 않다. 이것까지 갖추어진다면 금상첨화겠지만 결정적 요인이라 할 수는 없다. 그래도 생각할 가치가 있다. 당신은 자녀의 **부모**가 될 사람만 선택하는 게 아니라 **조부모**도 선택하는 것이다. 신앙의 가정을 세우고 싶다면 기초가 될 만한 유산이 있으면 도움이 된다. 처가나 시댁 부모가 당신의 자녀를 위해 열심히 기도해 주고 그들의 언행이 당신의 육아 방식을 떠받쳐 준다면 고마운 일이다.<sup>당신의 부모가 그렇지 못한 경우라면 **특히** 더하다.</sup> 자녀는 할머니 할아버지의 신앙이 당신의 신앙과 같음을 볼 것이고, 그들이 서로 어떻게 대하고 다른 사람들에 대해 어떻게 말하는지도 볼 것이다. 이것은 자녀에게 안정감을 주며 그만큼 든든한 기초로 작용한다. 바로 거기서 자녀의 신앙이 싹트고 자라날 수 있다.

데니스 레이니<sup>Dennis Rainey</sup>의 책 *Stepping Up: A Call to Courageous Manhood*<sup>용감한 남성</sup>에 눈물겨운 사연이 나온다. 그의 딸 레베카와 사위 제이크가 딸을 낳았는데 아기는 태어날 때부터 뇌가 거의 없었다. 어린 말리는 7일밖에 살지 못했으나 사랑으로 가득 찬 그 일주일 동안 풍성한 돌봄과 기도와 위로를 받았다. 레베카와 제이크가 둘 다 신앙 가정 출신인지라 친조부모와 외조부모가 **모두** 부모와 함께 곁에서 어린 말리를 위해 기도하고 성경을 읽어 주고 찬송을 불러 주었다. 데니스는 말리가 지상에서 보낸 마지막 시간을 이렇게 묘사했다. 모두 말리가 곧 죽을 것을 알고 작별 인사를 준비했다.

> 내 아내 바버라부터 시작했다. 말리의 생명을 유지해 주는 온갖 튜브며 의료용 줄이 얽히지 않게 하기가 거의 곡예 같았다. 하지만 결국 말리는 바버라의 품에 안겼다. 아내는 왕이신 하나님의 어린 공주를 품에 안아 무한히 영광이라는 말을 되풀이했다. 말리를 바짝 끌어안고 그 예쁜 얼굴 위로 사랑과 경탄의 말을 속삭

여 주었다. 차마 눈물을 삼키기 어려웠다.

다음은 친할아버지 빌의 차례였다. 그는 말리의 얼굴을 어루만지며 가만히 사랑을 속삭여 주었고 자신이 좋아하는 성경 구절을 들려주었다. 친할머니 팸은 환한 미소를 머금고 말리를 살살 흔들며 "예수 사랑하심은"을 불러 주었다. 빌과 팸은 함께 아기를 안고 얼굴에 입 맞추고 조그만 손을 잡았다. 그러면서 눈물로 작별 인사를 했다.

내 품에 안긴 말리는 여느 신생아처럼 아주 따뜻했다. 노래를 불러 주었으나 그 아이가 "예수 사랑하심은"을 알아들었을지 모르겠다. 목이 메어 노래가 자꾸 끊겼고 눈물이 앞을 가렸다.[2]

데니스는 자녀를 기를 때 스페크 일가가 모여 사는 동화 나라 이야기를 들려주곤 했다. 그는 늘 스페크 일가의 한 사람을 딱한 곤경에 빠뜨린 뒤 이렇게 말했다. "나머지 이야기는 내일 밤까지 기다려야 들을 수 있단다." 나중에 그는 손자손녀에게도 그런 이야기를 자주 해 주었다. 그래서 제이크는 자신의 장인이자 말리의 할아버지에게 말리가 죽기 전에 말리에게도 스페크 일가의 이야기를 하나 해 달라고 부탁했다.

데니스는 처음에는 사양했다. 이 상황에서 어떻게 그럴 수 있겠는가? 하지만 제이크와 레베카가 조르는 바람에 어쩔 수 없었.

나는 어린 말리를 안고 얼굴을 들여다보며 이야기를 시작했다.

"스페크 할아버지와 스페크 손녀가 스페크 물고기를 잡으러 갔어요…" 내 이야기는 60초도 채 못 되어 끝났다. 레베카의 얼굴을 쳐다보니 보조개가 패이도록 활짝 웃고 있었다. 딸은 그 순간을 만끽하고 있었다.

이야기를 마무리하면서 말리에게 말했다. "스페크 할아버지와 스페크 손녀는 물고기를 잡아서 먹었어요. 그런데 그때 전혀 예상치도 못했고 믿어지지도 않는 일이 벌어졌지 뭐예요… 나머지 이야기는 내가 천국에 갈 때까지 기다려야 들을 수 있단다."

그 대목에서 나는 흐느껴 울었지만 그래도 간신히 말을 마쳤다. … 레베카와 제이크는 웃음을 터뜨렸다. 레베카의 웃음은 늘 전염성이 있는지라 나도 제대로 웃음이 터졌다.[3]

자녀를 사별하는 일은 인간이 겪을 수 있는 가장 큰 고통의 하나다. 하지만 믿음이 충만한 양가 조부모의 연합된 사랑 덕분에 이 젊은 엄마와 아빠는 삶의 더없이 흉측한 현실 앞에서도 **웃음**과 **희망**을 찾을 수 있었다.

그게 전부가 아니다. 어린 말리의 산소 모니터는 80%에서 헐떡이고 있었는데 실내에 웃음이 가득 퍼지자 그 수치가 92%로 치솟았다. 그러더니 다시 94, 97, 98, 99를 거쳐 마침내 100%에 이르렀다. 가녀린 신생아는 부모와 조부모의 신앙과 소망과 웃음을 들이마셨던 것이다. 결국 그날이 말리가 지상에서 보낸 마지막 날이 되긴 했지만 나는 말리가 죽을 때 자신이 깊이 사랑받고 있음을 알았다고 확신한다. 틀림없이 말리는 자신을 한없는 사랑과 축복 속에서 보내 준 그들을 천국에서 간절히 기다리고 있을 것이다. 먼저 조부모를 맞이할 것이고 다음에 부모를 맞이할 것이다.

당신에게도 기회가 있다. 당신 자신과 자녀를 위해 이런 유산을 선택할 기회가 한 번은 있다.

여기까지는 긍정적 측면이고 이제 부정적 측면으로 넘어간다. 당신 남자친구나 여자친구의 윗세대에 위험한 이슈가 있다면 매우 조심해야 한다. 예컨대 아동 학대, 성적 일탈, 심리적 문제, 중독 등이 있었다면 당신의 배우자 될 사람도 나이가 들수록 거기에 취약해질 수 있다. 그런 문제 중 일부는 때로 세월이 흘러서야 표면화된다. 나아가 당신의 자녀에게까지도 문제가 전수될 수 있다. 항상 그런 것은 아니지만 통계상의 증거를 보면 우려스러울 정도다.

가슴 아픈 이혼을 겪은 한 친구가 이렇게 털어놓았다. "그 남자를 만나거나 그와 결혼할 때까지만 해도 몰랐던 게 있었어요. 그의 집안에 정신질환 이력이 있었다는 거죠. 미리 생각해서 이런 걸 물어 보는 사람은 없잖아요. '혹시 당신 집안에 정신병 치료를 받은 사람이 있나요? 정말요? 삼촌이 둘이나 그랬다고요? 그중 하나는 처자식을 죽일 뻔했다고요? 정말요?' 남자든 여자든 정신질환자 중에는 목표 달성에 도움만 된다면 무엇이든 되거나 말하거나 행할 수 있는 이들이 있어요. 내가 결혼한 그 남자는 구타와 성폭행을 일삼았죠. … 지킬 박사와 하이드 같았고 거짓과 속임수에 능했어요. 양의 탈을 쓴 늑대를 내가 알아보지 못했던 거예요."

그녀야말로 제일 먼저 나서서 당신에게 숙제를 철저히 하라고 말해 줄 것이다. 배우자감의 가족 이력에 묻혀 있는 모든 민감한 사안을 확인하라고 말이다. 로맨스에 취해 집안 '배경 조사'를 생략해서는 안 된다.

당신이 **가정을 세우고 있음을** 결코 잊지 마라. 현명하게 투자하려면 상대의 부모에 대해서도 숙고할 필요가 있다. 당신의 배우자감은 다른 모든 부분에서 아주 든든한가? 그래서 비록 집안에 약점이 있음에도 당신이 기꺼이 모험하려는 것인가? 아니면 그 사람은 **본인도** 자격이 될까 말까 한데 **집안마저** 악몽과도 같은가?

다른 부분에서는 다 훌륭한 배우자감인데 역기능 가정 출신이라는 이유만으로 그 사람과 헤어지라는 말은 물론 아니다. 출신 집안은 엉망인데 신앙이 훌륭한 남자와 여자를 나는 많이 보았다. 그들이 하나님과 동행하는 모습은 내게 감동을 주고, 그들의 성품은 나를 겸허하게 한다. 어쨌든 당신은 이 부분도 잘 살펴야 한다.

## 영적 성품이 성숙한 사람

신앙을 제대로 실천하면 많은 사람에게 칭찬받을 만한 성품이 길러진다. 어떻게 길러진 성품이든 관계없이 그 성품 자체는 누구나 좋게 본다. 당신과 결혼하려는 사람은 그래서 신앙이 좋은 척할 수 있다. 신앙이 없는 사람과는 당신이 결혼을 생각조차 하지 않을 테니 말이다. 상대는 하나님을 사랑하는 **당신의** 마음을 얻어낼 목적으로

만 하나님을 찾는 것인가, 아니면 당신과 무관하게 진정으로 열심히 그리스도를 따르는 사람인가? 이것을 분별하는 게 당신이 해야 할 일이다.

몇 가지 기준이 있다.

**그 사람은 기도하는 그리스도인인가?** 교회에서나 당신과 함께 있을 때만 아니라 평소에 혼자서도 기도하는가? 그렇지 않다면 당신은 당신을 가장 잘 아는 기도 후원자 없이 인생을 헤쳐 나가야 한다. 자녀를 위해 기도할 사람은 당신뿐이다. 배우자는 하나님의 지적과 격려와 도움에 마음을 열지 않을 것이다. 배우자가 우울해지면 당신 혼자서 기도해야 한다. 배우자는 하나님께 나아가는 법을 모를 테니 말이다. 당신이 우울해지면 다른 친구를 찾아 기도를 부탁해야 한다. 배우자는 기도할 줄 모를 테니 말이다. 배우자가 혹시 습관적으로 죄를 짓거나 당신에게 못된 태도를 보여도, 그 사람은 기도하는 시간이 없으니 하나님께 잘못을 지적받을 수 없다. 그래서 그런 태도와 습관이 점점 굳어져 결국 결혼생활을 위협할 수 있다.

결혼생활에서 내게 일어난 변화의 적어도 90%는 아내가 고쳐 준 게 아니라 하나님이 기도와 성경공부를 통해 내 잘못을 지적해 주신 결과였다. 내가 끊임없이 기도하지 않는다면 리자가 못마땅해 할 일이 훨씬 많아질 것이다. 기도하는 그리스도인과 결혼하면 당신은 자신의 **잔소리** 대신 하나님의 **지적**에 희망을 걸 수 있다. 잔소리는 백해무익하다.

한 여성이 내게 이런 말을 했다. 남편이 평소에 기도하고 말씀을 읽으면 자신이 훨씬 안심된다는 것이다. 기도하고 있는지 남편에게 굳이 물어 볼 것도 없다. 그의 태도와 행동과 말투 등 전반적 행실을 보면 안다. 남편이 하나님과 꾸준히 교제할 때 그녀는 소중한 평안과 안정을 누린다. **같은 사람**인데 기도하면 다른 남편이 된다는 것이다. 당신의 남자친구나 여자친구가 기도하는 사람인지 어떻게 알 수 있을까? 자신에게 이렇게 물어 보라. 이 사람은 하나님께 받은 격려의 말씀이나 도전의 말씀을 언급할 때가 있는가? 아니면 늘 당신 쪽에서만 그분께 받은 교훈이나 책망이나 깨달음을 화제로 삼는가? 남자친구나 여자친구가 생전 **하나님에 대해** 말하지 않는다면 **하나님께** 기도하는 시간도 없을 것이다.

**당신의 예비 배우자는 성경을 공부하는 사람인가?** 당신의 결혼 상대가 교회의 성경 봉독 시간에만 성경을 펴는 사람이라면 그 사람의 영적 성장은 미미하여 지혜가 자라지 않을 것이다. 그 사람의 머릿속에는 당신을 격려해 주거나 자녀에게 영적으로 먹여 줄 말씀이 들어 있지 않을 것이다. 말씀으로 씻음 받지 못한 채 자신의 편견과 잘못된 사고에 파묻혀 살아갈지도 모른다. 이런 배우자는 영적으로 지금보다 더 지혜로워질 수 없다.

**끝으로 그 사람은 당신을 만나기 전에도 스스로 교회에 다녔는가?** 연애 중에는 둘이 한뜻으로 교회에 다니다가 결혼하고 나면 '갑자기' 한쪽에서 교회에 발길을 끊는 경우를 여럿 보았다. 사실은 갑자기랄 것도 없다. 남자친구나 여자친구의 마음에 들려고 **처음에만** 교회에 다녔던 것이다. 이런 문제를 예방하는 가장 좋은 방법은 당신을 만나기 전에도 상대가 교회 생활을 했는지를 확인하는 것이다. 교회에 다니는 게 왜 중요할까? 건강한 교회는 계속 가르침을 주고, 매주 하나님을 만나 새로워지게 하며, 배우자가 탈선할 경우 바로잡아 준다.

이번 장에서 성품의 문제를 살펴보았다. 다음 장에서는 꼭 필요한 **관계 기술**을 몇 가지 다루려 한다. 어떤 사람은 당신의 배우자가 될 만큼 '강건하기는' 한데 관계 면에서는 탁월한 남편이나 아내가 될 능력과 역량이 없을 수 있다.

**1.** 당신은 결혼생활이 얼마나 힘들 거라고 예상하는가? 1점은 '사랑만 있으면 항상 쉽다'이고 10점은 '날마다 힘든 도전이다'라고 했을 때, 당신이 예상하는 점수는 어느 정도인가?

**2.** 결혼생활이 힘들다는 인식은 배우자 선택에 어떤 영향을 미친다고 보는가?

**3.** 당신이 보기에 상대가 별로 성숙하지 못했다 하자. 그래도 당신은 상대에게 깊은 사랑을 느낀다면 결혼을 생각하겠는가? 어디에 선을 긋겠는가? 상대가 관계 면에서 얼마나 성숙한 사람이어야 그 사람과의 결혼에 안심되겠는가?

**4.** 당신이 아는 가정이나 부부 중에 질병 때문에 큰 어려움을 겪은 경우가 있는가? 질병이 그들의 관계에 어떤 영향을 미쳤는가? 그것을 보며 당신이 바라는 결혼 상대의 자질은 어떻게 달라졌는가?

**5.** 상대가 당신에게 웃음을 주고, 같이 있기에 즐거우며, 성적 매력도 있다 하자. 설령 상대가 좋은 아빠나 엄마가 될지 확실하지 않아도 당신은 그 사람과 결혼할 의사가 있는가? 왜 그렇거나 그렇지 않은가?

**6.** 상대가 얼마나 좋은 엄마나 아빠가 될지 어떻게 미리 예측할 수 있겠는가?

**7.** 앞으로 태어날 당신의 자녀에게 이상적인 할머니 할아버지는 어떤 분들인가? 자녀에게 그런 조부모를 만나게 해 주는 일이 당신에게 얼마나 중요해 보이는가?

# 정말 주의해야
# 할 네 가지
# 성격 유형 11

지금쯤이면 하나님 나라를 먼저 구하는 결혼생활이 당신의 비전이 되었기를 바란다. 이 비전의 동반자를 찾을 때는 거기에 방해될 만한 성격의 소유자를 경계해야 한다. 물론 결혼생활의 만족을 전반적으로 해칠 만한 성격상의 약점이 많겠지만, 다음 네 가지 특성은 특히 **영적으로 형통하는** 결혼생활을 더욱 어렵게 만든다. 첫째는 받기만 하는 사람이고, 둘째는 당신이 존경할 수 없는 사람이고, 셋째는 하나님과의 관계에서 안전감을 얻지 못한 미성숙한 사람이고, 넷째는 결단력이 부족한 사람이다. 결혼 상대를 선택할 때는 이런 성격을 피해야 한다.

# 받기만 하는 사람

　세상에는 두 부류의 사람이 있다. 줄 때 큰 기쁨을 얻는 이들과 받을 때가 가장 행복한 이들이다. 주는 사람이 받기만 하는 사람과 데이트하면 위험하다. 둘 다 자기가 가장 좋아하는 일만 하기 때문이다. 한쪽은 주기만 하고 한쪽은 받기만 하니 둘 다 아주 행복해 보인다. 그러나 주는 사람끼리 결혼하는 게 하나님 나라에 가장 유익하다. 결혼생활의 영적 열매를 위해서도 그렇고 자녀를 위해서도 그렇다. 게다가 주는 사람도 현실 때문에 결국 받는 법을 배워야 할 때가 온다.

　이것은 이기적인 게 아니다. 주는 사람끼리 만나면 오히려 주는 능력이 기하급수적으로 커진다. 그들은 서로 감화하여 더 베풀게 하고, 서로 놓아 주어 다른 사람들에게도 베풀게 한다. 그리하여 부부관계의 열매가 배가한다. 반면 받기만 하는 사람은 자꾸 받으려다 보니 당신이 다른 사람에게 집중하면 이를 괘씸히 여긴다. 결국 당신의 주는 능력은 반으로 줄어든다. 받기만 하는 사람과 결혼하면 주는 사람이 고갈되고 탈진한다. 그래서 당신은 사랑할 줄 아는 사람, 베풀 줄 아는 사람을 찾아야 한다. 이것은 이기심이 아니라 지혜로운 목표다. 받기만 하는 사람과 결혼한다면 다른 사람들을 사랑하는 당신의 역량에 제동이 걸린다.

　결혼생활은 기나긴 여정이다. 그 과정에서 부부는 희생하는 법과 때로 일방적으로 베푸는 법을 배워야 한다. 예컨대 주는 사람이 중병에 걸리거나 주된 수입원인 직장을 잃을 경우, 여태 받기만 하던 사람이 주는 법을 배울 수 있을까? 안타깝게도 그렇지 못할 때가 대부분이다. 받기만 하는 사람은 상대의 아픔에 공감을 표하기는커녕 대개 신세타령하며 관계를 저버린다. 정서적, 관계적 공황 상태에 빠져 그냥 우왕좌왕할 수도 있다. 주는 사람의 문제를 해결해 주는 게 아니라 오히려 문제를 가중한다.

받기만 하는 사람과 결혼한다면 당신은 관계의 시한폭탄을 품고 사는 것이다. 자신은 늘 주기만 할 뿐 도움이 필요할 일은 **절대로 없을** 거라는 도박과도 같다. 이것은 어리석은 일이다. 당신의 몸과 영은 타락한 상태라서 반드시 도움이 필요할 때가 온다.

언젠가 내가 대화했던 부부가 있는데 남편이 10년 동안 마약 중독자였다. 10년이면 결혼생활 내내 그랬다는 말이다. 아내는 잘 참으며 훌륭하게 남편을 돌보았고, 결국 남편은 하나님께 순복하고 회복에 들어섰다. 남편이 내게 '부부관계 세미나' 내용을 어떻게 자신에게 적용할 수 있겠느냐고 물었다. 내 대답은 이랬다. "아내에게 보답할 수 있는 절호의 기회입니다. 그동안 못했던 섬김을 베풀어 보십시오. 아내는 10년 동안 당신의 중독을 견뎠습니다. 이제 당신이 치유의 일환으로 아내를 섬기는 데 집중할 차례입니다. 아내를 하나님의 딸로 사랑하십시오. 어떻게 하면 아내에게 최고의 사랑을 베풀 수 있을지 날마다 하나님께 여쭈어 보십시오."

"하지만 그러면 아내가 우상이 되지 않겠습니까?" 그는 아주 심각하게 물었다.

그의 아내는 장장 10년 동안 그에게 희생적 인내와 사랑을 베풀었다. 그런 아내에게 겨우 조금 보답하는 게 **우상 숭배**가 될까 봐 걱정이란 말인가? 그가 알고자 했던 것은 **자신의** 성공적 회복을 아내가 실제로 어떻게 도울 것인가였다!

받기만 하는 사람은 그렇게까지 극단으로 치우칠 수 있다. 받기만 하는 남편은 아내가 출산 중이거나 투병 중일 때도 친구들에게 자신이 섹스를 못하고 있다는 불평만 늘어놓는다. 혼자 벌어 가족을 부양하는 남편이 집에 와서 저녁을 짓고 자녀를 보살피고 설거지까지 하는데, 받기만 하는 아내는 그런 남편이 일주일에 두 차례 성관계를 원하는 것을 이기적이라 생각한다<sub>실제로 있었던 사례다</sub>. 자신이 테니스 시합을 하고 와서 피곤하다는 이유로 말이다.

당신이 주기를 좋아한다 해도 받기만 하는 사람과 결혼하면 진이 빠진다. 받기만 하는 사람은 여러 면에서 당신의 기운을 축내며, 어떤 의미에서 당신의 능력을 저하시켜 다른 사람들을 섬기지 못하게 한다. 당신은 여전히 섬길 수야 있지만 결혼생활에 발목이 잡혀 에너지가 떨어질 것이다.

하나님이 당신을 가정 밖의 사역으로 부르신다면 받기만 하는 사람과는 결혼할 생각조차 하지 마라. 사역의 소명에 선한 청지기가 되려면 그 소명을 떠받칠 만한 삶을 가꾸어야 하는데, 받기만 하는 사람과 결혼하면 오히려 방해가 된다. 일부 독신이 내게 데이트 관계의 고충을 털어놓을 때 내가 해 주는 말이 있다. "이 사람과 결혼하면 배우자가 당신 사역의 주된 대상이 될 겁니다. 배우자를 돌보고 나면 별로 남는 게 없을 겁니다. 정말 하나님이 당신을 그 삶으로 부르고 계실까요?"

## 내 데이트 상대는 받기만 하는 사람인가?

**받기만 하는 사람의 반응은 늘 자신이 최우선이다.** 당신에게 안 좋은 일이 벌어져도, 받기만 하는 사람은 공감과 도움을 베풀기는커녕 거꾸로 자신의 불편을 호소한다. 그러잖아도 힘든 상황을 더 힘들게 만든다.

예를 들어 당신이 데이트 장소에 늦는다 하자. 식당으로 가는 길에 접촉 사고가 났다. 결국 당신이 연락을 취하면 받기만 하는 파트너의 첫마디는 이렇다. "왜 이제야 전화해?" "그래서 언제 올 건데? 혼자 앉아 있으니까 바보 같잖아." 주는 사람은 당신의 안위를 더 걱정한다. "괜찮아, 그럴 수도 있지. 내가 도울 일이 있을까? 데리러 갈까? 사람을 불러 줄까?" 주는 사람은 **자신이** 곤란해졌다고 생각하기보다 **당신을** 도우려 한다. 어차피 사고는 당신이 일부러 낸 것도 아니다.

받기만 하는 사람의 또 다른 특징은 **당신의 부탁을 들어주되 거의 매번 보상을 요구한다는 것이다.** 앞서 말했듯이 그들은 줄 때가 아니라 받을 때 만족을 얻는다. 그래서 어쩔 수 없이 주어야 할 때도 대가를 바란다. 예컨대 당신이 "엄마 아빠가 정말 보고 싶어. 다음 주말에 함께 우리 부모님 댁에 다녀올까?"라고 말하면, 받기만 하는 사람은 설령 동의하더라도 거래 삼아 '보상'을 받아 낸다. "물론이지. 그럼

너도 나한테 \_\_\_\_\_을 해 줘야 돼." 주는 사람은 기뻐서 준다. 사랑하는 사람을 그렇게 기쁘게 한다. 그러나 받기만 하는 사람은 밑지지 않을 거래를 협상한다.

세 번째로 지적할 것이 있다. **주는 사람은 많은 사람에게 베푼다.** 주는 게 참으로 기쁘기 때문에 부모형제, 모르는 사람, 식당 종업원, 교인 등에게도 너그럽다. 상대가 당신에게만 아량을 베푼다면 순전히 뭔가<sub>예컨대 당신과의 결혼</sub>을 얻어 내려고 그럴 수 있다. 그것만 얻어 내면 더는 주지 않는다. 자신에게 이렇게 물어 보라. 이 사람은 하나님께 쓰임 받아 사람들을 복되게 하는 데서 기쁨을 얻는가? 아니면 남에게 뭔가 해 줘야 할 때마다 억울해 보이는가? 후자라면 **당신에게** 해 줘야 할 일도 상대가 억울하게 느끼는 때가 온다.

주는 사람과 결혼하려는 마음이 그래도 이기적으로 보인다면 자신에게 이렇게 물어 보라. 당신의 자녀를 키울 배우자가 매사에 귀찮아하는 사람이었으면 좋겠는가, 아니면 섬기는 마음으로 육아할 사람이었으면 좋겠는가? 집에 사람을 초대할 때 배우자가 마루나 가구에 때가 묻는 데 더 신경을 썼으면 좋겠는가, 아니면 손님들이 내 집처럼 편안히 지냈으면 좋겠는가? 함께 외식할 때 애인이 식당 종업원을 하인처럼 부렸으면 좋겠는가, 아니면 격려와 기도가 필요할지도 모르는 사람으로 대했으면 좋겠는가?

두 사람이 결혼하면 삶의 모든 면에서 부부다. 당신이 고르는 상대는 그냥 배우자만이 아니라 한 쌍의 반쪽으로서 당신을 세상에 대변할 사람이다. 이왕이면 당신은 주는 커플의 일원이 되고 싶지 않은가? 주는 마음과 주는 마음이 결합할 때 얼마나 더 많이 베풀 수 있을지 생각해 보라. 한 가정으로서 다른 사람들을 사랑하는 능력이 얼마나 더 증폭될지 생각해 보라.

자신에게 물어 보라. 당신은 파트너와 함께 있으면 진이 빠지는가, 아니면 새 힘이 나는가? 당신 커플은 치유와 지지의 관계인가, 아니면 탈진과 투쟁의 관계인가? 주는 사람에게는 이런 질문 자체가 불편하게 느껴질 수 있다. 하지만 바로 이 부분에서 당신은 결혼을 하나님 나라를 먼저 구하는 전초 기지로 보아야 한다. 배우자가 항상 당신을 응원하며 당신이 곤경에 처할 때마다 도와 준다 하자. 집에서 기다리는 아내는 남편의 귀가가 늦어진다고 역정을 내기보다 남편이 하나님께 쓰임 받는 것을 기뻐한다. 남편은 남편대로 아내의 사정을 들으려 하고 회복을 도우려 한다. 이럴 때 당신은 더욱 홀가분하게 다른 사람들을 섬길 수 있다.

끝으로, 지금 하려는 말은 앞서 말한 내용과 표면상 모순처럼 보일 수 있다. 하지만 중요한 부연 설명이다. 참으로 주는 사람은 받을 줄도 안다. 마땅히 그래야 한다. 우리는 주어야 한다. 건강해지고 하나님을 영화롭게 하려면 배우자를 섬겨야 한다. 그런데 아내가 내게 자신을 섬기게 해 주지 않는다면 나는 제대로 하나님을 영화롭게 하거나 아내를 사랑할 수 없다. 일방적 관계는 건강하지 못하다. 받을 줄 모르고 주려고만 하는 사람은 사실 약간 교만하고 이기적이다. 배우자의 사랑과 섬김을 받아 주는 것도 사실 사랑의 행위다.

예수님은 자신의 발을 씻고 몸에 기름을 붓는 여인을 받아 주셨다. 여자들의 재정 후원도 받으셨다. 마리아의 예배를 받으셨고 우리의 예배도 받으신다. 마르다가 지은 식사도 받으셨다. 시몬이 십자가를 져 주는 것도 받으셨다. 예수님은 사상 최고의 종이시지만 그분의 섬김은 다른 사람들의 섬김을 **받아 주시는** 것으로도 나타났다.

배우자를 선택하는 3대 원칙은 첫째도 둘째도 셋째도 성품이다.

## 존경할 만한 사람인가?

성경적으로 당신은 결혼하자마자 상대를 남편[벧전 3:1]이나 아내[7절]로 존경할 책임이 있다. 존경할 만한 사람과 결혼하면 그 책임을 다하기가 한결 쉬워진다. 여러 심리학 연구에서도 성경과 똑같이 확인되는 원리가 있다. 깊이 존경하는 사람과 결혼할 때 결혼생활이 가장 행복하고 만족스럽다는 것이다. 하나님 나라 중심의 결혼일수록 특히 더하다.

당신이 끌리는 상대가 만일 당신이 믿고 신뢰하는 사람들에게 대체로 존경받지 못한다면 그것은 정말 문제다. 물론 배우자라는 이유만으로도 상대를 의지적으로 존경할 수 있다. 하지만 여기서 말하는 존경은 신분 때문이 아니라 본인의 성품과 행실 때문에 우러나는 존경이다. 상대 때문에 창피해 늘 친구들과 가족에게 "이 사람의 말이나 행동이 나빠 보일지 몰라도 생각만큼 나쁘지는 않아"라고 안심시켜야 한다면, 당신은 좌절에 찬 결혼생활을 자초하는 것이다. 인종차별, 편견, 부정직, 게으름, 식탐, 물질주의, 이기심 등은 모두 당신이 오래 감수해야 할수록 **더 싫어진다.** 이미 그중 하나로여러 가지면 더 말할 것도 없다 파트너를 두둔하느라 지쳐 있다면 지금으로부터 20년 후에 만족스러운 결혼생활은 요원한 일이다.

게다가 배우자가 사람을 따돌리거나 무시하거나 무례한 행동을 일삼는 통에 당신이 뒷수습해야 한다면, 그런 배우자의 봉사나 사역을 어떻게 지원하겠는가? 거기에 동참하기는 더 어려울 것이다. 당신은 배우자가 저지른 사고를 수습하고 사과하기에 바빠 함께 새 일을 시도할 시간이 남아나지 않을 것이다.

부동산의 3대 원칙은 첫째도 둘째도 셋째도 목이 좋아야 한다는 것이다. 하나님의 사역을 염두에 두고 배우자를 선택하는 3대 원칙은 첫째도 둘째도 셋째도 성품이다.

## 하나님 앞에서 안전감이 없는 미성숙한 사람인가?

외롭거나 삶이 무의미하거나 친구가 없어서 결혼을 그 해결책으로 생각하는 사람은 아주 어리석다. 그런 사람과 결혼한다면 당신도 똑같이 어리석다. **결혼은 공허함을 해결해 주는 게 아니라 오히려 드러낸다.** 그러므로 하나님 앞에서 속이 견실한 사람과 결혼하라. 당신 없이는 못 산다는 사람은 당신과 함께 살아도 결코 행복할 수 없다.

《부부학교》CUP에서 거듭 말했듯이 "당신의 삶을 규정하는 것은 하나님이지 결혼 여부가 아니다." 그렇게 말한 이유는 영적 안전감이야말로 성경적 사랑을 온전히 표현하는 필수 기반이기 때문이다. 하나님과의 관계에서 - 즉 내가 그분의 수용과 사랑과 능력을 받고 있다는 사실에서 - 안전감을 얻지 못한다면, 나는 배우자를 화나거나 속상하게 할 만한 말이나 행동은 차마 하지 못할 것이다. 이것은 큰 문제다. 두 죄인이 점점 성화되어 가는 여정, 그것이 당신의 결혼관이라면 말이다.

나 자신이 그리스도께 사랑받고 있음을 알면 사람들의 비난을 감당할 수 있다. 하나님이 나를 받아 주심을 알면 내 소신껏 옳은 행동을 택할 수 있다. 그것이 내 쪽이나 배우자 쪽의 가족을 화나게 할지라도 말이다. 그래서 나는 자유로이 그들보다 아내를 먼저 섬길 수 있다. 하나님의 인정만으로 충분하다면 나는 아내를 내팽개친 채 자녀 중심의 배우자가 되어 자녀의 호감을 사려고 매달리지 않을 것이다. 수용 받아야 할 욕구를 하나님이 이미 채워 주셨기 때문이다. 그래서 거리낌 없이 아내를 최우선에 두면서도 자녀를 사랑하고 훈육할 것이다.

그리스도 안에서 안전감을 얻은 사람과 결혼하면 당신은 거룩한 배우자 덕분에 그리스도께서 마태복음 6장 33절에 명하신 의를 더 잘 추구할 수 있다. 내가 식당에서 비열하게 행동한다면 아내가 그것을 따끔하게 지적해 주었으면 좋겠다. 친구가 모두 나를 떠나기 전에 말이다. 당신이 아들에게 쌀쌀맞은 엄마라면 남편의 정중한 지적을 바라지 않겠는가? 아들과 멀어지기보다 모자 관계를 잘 가꿀 수 있도록 말이다.

배우자에게 용감히 맞서려면 심지가 굳어야 한다. 성경에도 나와 있듯이 우리는 얼마든지 자신의 죄에 속고도 남을 사람이다. 그러니 당연히 그것을 제대로 막아 줄 수 있는 사람과 결혼하고 싶지 않은가? 내면이 너무 불안해 직언하지 못하고 같이 휩쓸리는 사람이라면 곤란하다.

자존감은 성공적 동반자 관계의 필수 요소다. 그리스도 안에서 홀로 설 수 없는 남자나 여자는 부부관계에 끼칠 유익도 미미할 수밖에 없다.

## 결단력이 부족한 사람인가?

어떤 독자가 이 책을 여기까지 읽고 나서 자신이 적절한 배우자감을 만났다는 확신이 든다 하자. 상대는 가정의 기초를 마태복음 6장 33절에 두려는 사람, 보완주의 스타일의 결혼생활을 기대하는 사람, 주는 사람, 존경할 만한 사람, 하나님께 뿌리를 둔 사람이다. 그런데 이 독자가 2년 넘게 상대와 데이트하고도 아직도 마음을 정하지 못한다 하자. 그것은 문제일까?

문제일 수 있다.

어떤 그리스도인들은 '안심하고' 결혼하려면 '하나님의 표징'을 기다려야 한다고 말한다. 이 책에서 우리는 결혼 상대가 딱 하나로 정해져 있다는 주장을 논박했다. 앞서 성경을 통해 예시했듯이 결혼 여부와 대상은 당신의 선택에 달려 있다. 그것이 성경의 명백한 가르침일진대, 만일 당신의 파트너가 추가로 '하나님의 표징'을 고집한다면 이는 꼭 필요한 자신감과 결단력이 부족하다는 강한 신호다. 삶이란 다분히 결정으로 이루어진다. 어디서 일할 것인가? 어디에 집을 장만할 것인가? 자녀를 언제 낳을 것인가? 특정 직장에 들어갈 것인가? 어떤 친구를 사귈 것인가?

여기에는 감정도 개입된다. 상대가 나와 2년을 사귀고도 하나님이 기적으로 자신의 결정을 확증해 주실 때까지 결혼을 망설인다면 나는 적잖이 기분이 상할 것이다! 나라면 상대가 성품과 궁합과 인생 목표와 성격에 근거해 **어서** 나와 결혼하려 했으면 좋겠다. 하나님의 기적적 표징이 없다는 이유로 상대가 질질 끌며 계속 청혼을 미룰 때, 당신은 자존감을 잃고 거기에 끌려가서는 안 된다.

잊지 마라. 결혼 상대가 딱 하나로 정해진 게 아니라면 당신은 과감히 정리하고 더 잘 맞는 사람을 찾을 수 있다. 현명한 결단력과 건강한 자신감이 점점 더해 가는 사람을 찾으라. 당신과 결혼한다는 결정도 거기에 포함된다. 그런 사람을 선택하면 당신은 하나님을 영화롭게 하는 가정을 세우는 일에 성큼 다가선 것이다.

**1.** 받기만 하는 사람과 주는 사람이 있다지만 이것은 정도의 문제가 아닌가? 상대가 대체로 어느 쪽에 속하는지 어떻게 알 수 있는가?

**2.** 예수님은 "하나님의 나라를 먼저 구하라"라고 하셨다. 이 말씀은 상대가 받기만 하는 사람인가에 대한 당신의 우려에 어떤 영향을 주는가? 이 말씀 때문에 그 부분의 평가가 더 중요해지는가, 아니면 그 반대인가? 어떻게 그런가?

**3.** 당신은 다른 사람들에게서 받기가 어려울 때가 있는가? 받기를 거부하는 것이 때로는 이기적일 수도 있다. 어째서 그런가?

**4.** '사랑에 빠져 있을' 때는 자신이 별로 혹은 전혀 존경하지 않는 파트너와도 함께 있고 싶어진다. 왜 그렇다고 보는가? 어떻게 하면 이것을 막을 수 있겠는가?

**5.** 꼭 누가 있어야만 충만한 느낌이 드는 사람은 내면이 불안한 사람이다. 그런 사람과 결혼할 때 흔히 발생할 수 있는 문제는 무엇이겠는가?

**6.** 하나님의 표징이 있어야 결혼할 수 있다고 고집하는 사람이 있다면 당신은 그 사람에게 더 관심이 끌리겠는가, 아니면 그 반대인가? 왜 그런가? 당신 생각에 성경은 여기에 대해 뭐라고 말하는가?

# 절대로 동정심에서
# 결혼하지는
# 마라

**12**

**절대로 동정심에서 결혼해서는 안 된다.**

이 책을 읽으면서 당신은 현재의 관계를 계속 진행해야 할지 심히 우려될 수 있다. 그래도 마음으로 거기에 맞서 싸울 것이다. "그에게 상처를 주고 싶지 않아." "지금 헤어지면 얼마나 창피하겠어?" "이미 모든 사람에게 발표했는데 이제 와서 그녀에게 그럴 수는 없지." "그는 본래 착한 사람이야. 그냥 밀고 나가자."

그 심정이야 능히 이해가 되고 가상하기까지 하다. 하지만 그런 결론은 재앙을 부른다. 바로 여기서 결혼의 이유가 더할 나위 없이 중요해진다. 이 경우에 동정심은 지독히도 어리석은 동기다.

한 젊은 여성이 내게 자신이 사귀는 남자에 대해 질문했다. 남자는 화를 잘 내는 데다 신앙도 꽤 어렸다. 영적으로 말해서 '그를 질질 끌고 다니는' 기분이라고 했다. "하지만 그가 걱정돼요. 그가 잘됐으면 좋겠거든요." 그녀가 말했다.

"그건 좋은 마음입니다." 내가 말했다. "하지만 그렇다고 굳이 그 사람과 로맨틱한 사이가 되어야 하는 건 아닙니다. 그 사람과 **결혼해야** 하는 건 더더욱 아니고요. 특히 당신이 아주 젊으니까 이렇게 물어 봅시다. 그 사람이 당신이 택할 수 있는 **최선의 남편**입니까? 미래의 자녀에게 줄 수 있는 최선의 아빠입니까? 좀더 기다리면 분노가 덜하고 신앙이 더 성숙한 사람을 만날 수 있습니다. 그런 사람을 못 만날 것 같습니까?"

현실을 직시해야 한다. 당신이 부부관계에 끼칠 수 있는 유익을 감안할 때, 당신은 지금 자신을 – 또한 미래의 자녀까지 – 값싸게 팔고 있는가? 아니면 상대가 당신이 바라는 최고의 짝인가? 배우자를 지혜롭게 선택하는 것은 이기적인 일이 아니다. 오히려 배우자 선택에 신중하지 못한 것이 어리석은 일이다. 당신이 배우자를 잘못 선택하면 미래의 자녀가 평생 고생한다. 당신도 고생한다. 역기능적 결혼생활의 결과로 주변 사람들과 당신의 교회도 고생한다. 결국은 배우자도 고생한다. 결혼식도 하기 전부터 당신이 이 결혼을 후회할 테니 말이다.

대부분 하나님 나라를 먼저 구하는 가정을 세울 기회는 딱 한 번 뿐이다. 그 나라를 함께 구할 최고의 사람을 찾으라. 이는 당신의 인생에 대해 선한 청지기가 되는 것이고, 미래의 자녀에게 좋은 일을 하는 것이다. 또 하나님의 교회를 향해서는 선물이요 바깥세상을 향해서는 생생한 간증이다. 한마디로 사랑의 행위다.

긴가민가한 사람과 백년가약을 맺는 것을 상대와 헤어지는 단기적 고통을 면하는 최선책이라 생각한다면 이는 어리석은 일이다. 당신이 보기에 지혜롭지 못하거나 옳지 못한 관계라면 힘들더라도 지금 끝내야 한다. 적어도 결혼식을 연기하라. 물론 창피할 수 있다. 속상해서 울기도 할 것이다. 하지만 단기적 고통과 창피를 면하려고 결혼하는 것은 마치 무단 횡단한 사람이 범칙금 몇 만 원을 면하려고 평생 타국으로 도주하는 것과 같다. 빈대 잡으려다 초가삼간 다 태우는 꼴이다.

주저하는 마음이 들거든 다른 사람에게 도움을 청하라. 부모나 상담자나 친구나 목사를 찾아가 지원을 요청하라. "이 관계를 끝내야 한다는 건 알겠는데 어떻게 해야 할지 모르겠습니다. 혼자서는 못하겠어요. 부디 결혼까지 가게 두지 마시고 가장 좋은 방법으로 정리하도록 도와주세요."

> 배우자를 지혜롭게 선택하는 것은 이기적인 일이 아니다. 오히려 배우자 선택에 신중하지 못한 것이 어리석은 일이다. 당신이 배우자를 잘못 선택하면 미래의 자녀가 평생 고생한다.

## 동정심에서 하는 결혼

　동정심에서 하는 결혼이란, 문제가 드러났음에도 결혼식을 속행한다는 뜻이다. 결혼식을 연기하고라도 관계의 내실을 다지거나 문제부터 해결하는 게 옳다. 그런데도 사람들이 속행을 결정하는 데는 많은 이유가 있다.

　예식 실무와 관련된 이유일 때가 많다. 예식장에 낸 예약금, 이상적인 교회당의 예약 순서, 이미 구입한 웨딩드레스 비용 따위를 날리지 않으려는 것이다. 이것은 근시안적 사고에 지나지 않는다. 전체 인생을 놓고 보면 당신이 어디서 결혼했는지는 누구와 결혼했느냐보다 백만 분의 일도 중요하지 않다. 결혼식은 평균 30~40분이면 끝나지만 결혼생활은 50~60년 동안 당신에게 영향을 미친다. 그토록 사소한 단기 행사 때문에 그토록 심원한 평생의 헌신을 급히 서둘러서는 안 된다.

　동정심에서 결혼하는 또 다른 예는 이미 성관계를 했으니 왠지 결혼해야 할 것 같아서 하는 경우다. 죄의 행위 때문에 평생의 반려자를 어리석게 선택하는 것은 하나님을 영화롭게 하지 못한다. 그것은 문제를 수습하려고 죄에 죄를 더하는 것이다. 물론 당신은 동침하지 말았어야 한다. 하지만 그것을 지혜롭지 못한 결혼으로 연결한다 해서 죄가 없어지는 게 아니다. 죄는 그리스도의 십자가로만 해결될 수 있다. 당신이 한순간의 격정에 이끌려 못할 일을 했다는 이유만으로 당신의 자녀에게까지 미성숙한 가정에서 자라야 할 운명을 지워서는 안 된다. 결혼은 당신만의 문제가 아니라 자녀, 주변 사람들, 교회,

하나님 나라가 두루 걸린 문제다. 죄를 지었으니 벌을 받겠다며 지혜롭지 못한 결혼을 강행하는 것은 첫째로 하나님의 은혜와 자비에 무지한 처사고, 둘째로 지혜를 거스르는 일이며, 셋째로 미래의 자녀에게 잔인한 행위일 수 있다.

커플의 이런 합리화는 거짓말이다. "우린 결혼하기로 했으니까 섹스를 해도 돼. 하나님도 우리를 결혼한 상태로 간주하실 거야." 한 번의 성행위로 **결혼한 상태가 된다**는 것도 거짓말이다. 그게 거짓말이 아니라면 혼전 동거로 '죄 가운데 거하는' 모든 사람은 사실 죄 가운데 거하는 게 아니다. 오히려 그들은 하나님 보시기에 결혼한 상태며 결혼식은 무의미해진다. 이는 허울 좋은 경건을 지혜와 의보다 앞세우는 억지 논리다.

동정심에서 결혼하는 세 번째 경우는 불쌍해서 상대와 결혼해 주는 것이다. 심지어 상대와 결혼해 줄 사람이 아무도 없다는 생각에서일 수도 있다. 하지만 교회를 생각하고 미래의 자녀를 생각하고 영적으로 최대한 영향력 있게 살아갈 당신의 잠재력을 생각할 때, 이 또한 청지기직을 소홀히 하는 행위다. 당신의 삶과 몸과 미래는 당신 마음대로 할 수 있는 당신의 것이 아니다. 무엇보다 먼저 우리는 하나님의 것이다. 우리는 어느 누구를 기쁘게 하기보다 먼저 그분을 기쁘시게 하려고 살아간다. 하나님이 당신을 특정인과 결혼하도록 부르신다면 당신은 거기에 마음이 열려 있어야 한다. 다만 그것이 죄책감이나 잘못된 동정심에서 비롯한 행위가 아니라 진정한 부르심인지 확인해야 한다.

그렇다고 장애가 심한 사람이나 정신 질환 때문에 약을 복용하는 사람이나 과거의 문제로 인해 고생이 예상되는 사람과는 결혼해서는 안 된다는 말이 **아니다**. 그런 결혼을 바른 마음으로 지혜롭고 분별력 있게 한다면 하나님을 더없이 영화롭게 할 수 있다. 어차피 '완벽한' 배우자란 없다! 다만 상대가 불쌍해서가 아니라 동반자 의식과 성경적 사랑이 동기가 되어야 한다. 목사나 지혜로운 상담자의 엄격한 '심문' 과정을 거치라. 당신의 조언자는 충분히 강건한 사람이어야 한다. 그래야 무턱대고 당신을 축복하는 게 아니라 문제를 지적하거나 그 관계에서 벗어나게 해 줄 수 있다. 옳고 지혜로운 관계라면 아무리 까다로운 심문도 통과할 것이다.

끝으로 자기연민 때문에 결혼하는 것도 동정심에서 하는 결혼에 속한다. 당신은 상대가 좋은 짝이 아닌 줄 알면서도 대충 타협하고 결혼하기로 한다. 그나마 이만한 사람이라도 만났을 때 어서 배우자를 찾는 일을 끝내고 싶은 것이다. 이는 좋은 짝을 찾았기에 하는 결혼이 아니라 결혼하고 싶어서 하는 결혼이다. 데이트를 절박한 마음으로 하면 치명적 결과를 낳는다.

친구들이 해를 넘기지 않고 약혼하면 당신까지 덩달아 더 결혼하고 싶어진다. 친구들의 연애 기간이 당신보다 짧았다면 특히 더하다. 흥미롭게도 1월에 헤어지는 커플이 많은 이유도 그래서다. 아주 많은 친구가 약혼했는데 당신은 못했으니 당신의 관계에 틀림없이 문제가 있다고 생각하는 것이다.

남들이 과정을 서두른다는 이유만으로 당신까지 결혼해야 한다는 그 압박감을 물리쳐야 한다. 기준 이하의 배우자를 선택하면 당신이 견디며 살아야 할 고통과 압박감이 줄어드는 게 아니라 더 **커진다**. 새로운 압박감, 새로운 좌절, 새로운 도전에 부닥치며 그 수위도 모두 전보다 높아진다.

독신 생활이 지겹다고 마침 데이트 중인 아무하고나 결혼한다면 이는 지금 배가 고프다고 식당 바로 옆의 집을 사는 것과 같다. 이번 한 끼는 편할지 모르겠지만 평생 그 식당에서 먹고 싶은가?

변화를 위한 변화는 거의 효과가 없다. 좋은 짝을 찾는 데 집중하라. 인내심을 가지고 찾으라. 끝까지 지혜롭게 심사숙고하라. 상담자나 기혼자라면 누구나 말하듯이, 외로운 미혼자를 위한 처방책이 외로운 기혼자의 경우보다 쉽다. 그러잖아도 힘든 상황을 **더 악화시키지** 마라. 내 좋은 친구 벤 영의 말마따나 사람은 결혼한다 해서 행복해지거나 어른이 되는 게 아니라 결혼하면 그냥 **기혼자**가 될 뿐이다.

## 그보다 더 나쁜 이유로 강행하는 결혼

벤 영과 새뮤얼 애덤스의 책 *The One*<sup>그 사람</sup>에 보면 사람들이 결혼식을 강행하는 나쁜 이유가 몇 가지 더 나온다.[1]

**"그동안 이 관계에 쏟아부은 시간과 에너지가 너무 아까워 여기서 끝낼 수 없다."**

이것은 아주 흔한 정서지만 심각할 정도로 근시안적 사고라서 위험하다. 힘든 관계를 5년 동안 버텼다는 이유로 앞으로 50년 동안 부부로 살겠다는 것은 말도 안 된다. 어느 시점에서 손을 떼야 한다. 당신이 처음에 어리석은 결정을 내려 관계를 시작했고, 다시 어리석은 결정을 내려 관계를 지속했다 하자. 그것을 깨달았다면 이제 세 번째 비참한 결정을 내려 관계를 영구화해서는 안 된다.

**"헤어지면 상대가 어떻게 나올지 두렵다."**

이 두려움은 둘 중 하나일 수 있다. 상대는 당신을 해칠 수도 있고 자신을 해칠 수도 있다. 어느 경우든 상대가 배우자감으로 적합하지 않다는 증거다.

우선 당신에게 해코지할까 봐 헤어지기 두려운 경우부터 보자. 당신은 평생 두려움 속에서 살고 싶은가? 지금은 악몽을 지속할 때가 아니라 거기서 해방될 때다. 미래의 자녀에게까지 악몽을 대물림해서는 더더욱 안 된다. 당신이 상대를 화나게 할까 봐 두렵다면 당신의 자녀도 두려울 것이다. 정말 그런 사람과 함께 가정을 이루고 싶은가? 그렇다고 이 상황에서 경솔해야 한다는 말은 아니다. 오히려 당신이 정말 두렵다면 권하건대 난폭한 사람들을 다룬 경험이 있는 상담자의 도움을 받으라. 그러면 가장 안전한 방법으로 관계에서 벗어나는 법을 배울 수 있다. 어쨌든 그 관계에서 반드시 벗어나야 하는 것만은 분명하다.

상대의 자해 가능성이 우려된다면 이번에도 자신에게 물어 보라. 당신은 평생 이 짐을 떠안고 살고 싶은가? 당신이 계속 행복하게 해 주지 못하면 상대는 결혼 후에도 자신을 해칠지도 모른다. 냉정하게 들릴지 모르지만 당신이 꼭 들어야 할 말이 있다. 당신이 먼저 헤어지자고 해서 상대가 자해해도 그것은 결코 당신 잘못이 아니다. 당신이 긍휼을 품고 성실하게 이 과정에 임한다면 말이다. 비열한 방식으로 관계를 끝내서는 안 되며 잔인해져서는 더욱 안 된다. 상대는 당연히 감정을 보이고 분노할 수 있다. 하지만 그 이상은 다 본인의 문제지 당신의 문제가 아니다. 상대가 극단적 반응을 보인다면 이는 당신과의 관계와는 별도로 과거에 그 사람에게 무슨 일이 있었기 때문이다. 거기서 그런 무모한 반응이 나온 것이다. 그것은 당신 책임도 아니고 당신의 힘으로 고칠 수도 없다.

물론 당신은 특별히 더 민감해야 한다. 상담자와 단둘이 만나 가장 온유하고 깨끗한 방식으로 관계를 정리할 방법을 모색하라고 권하고 싶다. 당신이 최선을 다해 성실하게 행한다면 설령 상대가 부적절한 행동을 택해도 당신은 죄가 없다. 상대와 계속 함께 남는다면 당신은 그 병을 고쳐 주기는커녕 오히려 조장할 뿐이다. 어쩌면 당신이 떠남으로써 상대가 정신을 차리고 도움의 필요성을 깨달을지도 모른다.

**"하나님이 나를 이 십자가를 지도록 부르셨다."**

정말 그런가? 하나님은 당신의 자녀도 그 십자가를 지도록 부르셨는가? 당신은 이 사람이 아닌 다른 사람과 결혼해 행복하게 살 수도 있다. 그렇다면 하나님은 그 다른 사람도 십자가를 지도록 부르셨는가? 그 사람이 평생 당신을 놓칠 테니 말이다.

이전에 나는 어느 이혼한 중년 여성과 대화한 기억이 있다. 그녀는 하나님이 자신을 중요한 사역으로 부르고 계심을 느꼈다. 그녀가 사귀고 있던 전문직 남성은 경제적, 사회적으로 크게 성공했지만 신앙은 아주 어렸다.

나는 그녀에게 이렇게 주의를 주었다.

"이 남자와 결혼하면 그가 당신의 사역 대상이 될 것입니다. 남편에게서 받는 것은 별로 없이 당신 혼자 기를 쓰고 가정을 건강하게 지켜야 할 것입니다. 또 하나 명심할 게 있습니다. 하나님의 부르심이 느껴진다는 다른 사역도 당신 스스로 막는 것입니다. 그래도 이게 하나님의 뜻인 게 확실합니까?"

하나의 십자가를 받아들이면 다른 십자가들을 질 수 있는 역량이 제한된다. 그러므로 당신이 어떤 길을 가려는 것인지 갑절로 더 확실히 알아야 한다. 하나님이 아무도 힘든 결혼생활로 부르신 적이 없다고는 말할 수 없다. 호세아의 기사가 그 반증이다. 하지만 성경이 호세아의 경우를 규범으로 보지 않은 것만은 분명하다.

## 라우디와 애나의 사례

내 친구 바이런과 칼라 웨더스비Byron & Carla Weathersbee 부부는 결혼을 앞둔 커플을 많이 상담했다. 그들의 책 *Before Forever*영원을 기약하기 전에 나오는 한 사례는 서글퍼 보일 수 있지만 행복하게 끝난다.[2]

라우디와 애나는 기독교 단체의 캠프에서 만나 깊은 사랑에 빠졌다. "바닷가에서 설거지하며 긴 대화를 나누던 그들에게 할리우드 영화의 각본과도 같은 순간이 찾아왔다. 누구나 아는 장면이다. 노을이 질 무렵 둘 사이에 벽이 허물어지면서 대화가 술술 풀리기 시작했다. 알고 보니 그리스도를 향한 비전과 열정이 서로 같았다. 둘은 웃고 이야기를 나누며 서로의 세계 속으로 들어갔다. 계획하는 생활 방식과 꿈을 서로 맞추어 보니 피차 마음에 들었다. 그 순간 라우디는 바로 이 사람이다 싶었다!"

라우디는 애나의 대학교로 전학했다. 함께 지내며 관계를 가꾸고 싶어서였다. 그것이 결국 그의 청혼으로 이어졌다. 애나는 자신에게 청혼하기 전에 자기 아버지의 승낙부터 받아야 한다고 라우디에게 여러 번 말했으나 그는 애나에게 먼저 말했다. 그 바람에 아주 로맨틱했어야 할 순간이 애나에게는 깊은 좌절의 순간으로, 라우디에게는 곤혹스러운 순간으로 변했다.

그래도 둘은 애써 어색함을 극복하고 약혼했다. 하지만 둘의 성격에 중요한 차이가 있음이 그 사건을 통해 드러났다. 바이런과 칼라는 그것을 이렇게 묘사했다. "라우디가 삶을 헤쳐 나가는 방식은 쇄빙선이 얼음 바다를 깨부수는 것과 같았다.… 그는 문제에 부딪칠 때마다 재치와 유머로 용케 빠져나갔다. … 그는 똑똑하고 입이 거칠며 무엇이든 속전속결로 밀어붙이는 남자였다."

애나는 라우디의 그런 성격을 좋아하고 긍정적으로 보았으나 애나의 부모는 약간 부정적이었다. 그들이 보기에 그는 '남을 통제하려 들고 매정한 데다 가끔씩 욕까지 하는' 사람이었다. 그즈음 웨더스비 부부는 라우디가 스포츠 도박으로 큰 빚을 졌음을 혼전 상담 중에 알게 되었다.본인은 그것을 '실패한 투자'라 불렀다. 하지만 대부분 커플이 그렇듯이 애나와 라우디도 이런 심각한 문제에도 확신이 흔들리지 않았다. 둘 다 이렇게 생각했다. "결혼해서 함께 살면서 그날 저녁 캠프에서 대화했던 비전에 다시 초점을 맞추면 이런 문제는 저절로 해결되지 않을까?"

그야말로 전형적 사례다. 약혼한 커플들은 문제가 보여도 결혼하면 해결될 것으로 생각한다. 당신은 이미 관계에 아주 많이 투자했고 약혼까지 했다! 그러니 안 좋은 결과는 차마 아찔해서 생각하지 못한다. 그래서 결혼만 하면 모든 게 나아질 거라고 막연히 기대한다.

하지만 라우디와 애나의 경우는 오히려 문제가 더 커졌다. 나중에 애나는 라우디와 가까이 있으려고 자신이 자라난 중서부를 떠나 뉴욕으로 이사했다. 거기서 도시 생활의 현실에 충격을 받았다. 그녀가 성장한 교외에서는 '저녁때 자전거를 타러 나온 일가족에게 길을 비켜 주는' 정도가 가장 위험한 일이었다. 머잖아 그녀는 '온갖 소음, 더럽고 지저분한 노숙인들, 불결한 단칸방의 비싼 월세, 지하철과 택시를 타러 뛰어다니고 누구와도 눈을 마주치지 않는 정신없는 생활 방식'에 질려 버렸다.

아주 지혜롭게도 두 사람은 애나의 참모습과 라우디의 참모습이 썩 잘 어울리지 않음을 마침내 깨달았다. 둘은 서로에게 끌렸고 참으로 서로 존중하고 아꼈지만 결혼이 가장 현명한 답은 아닐 것 같았다.

두 사람의 성품이 참 대단하다. 생각해 보라. 라우디는 애나와 더 친해지려고 대학을 옮겼다. 애나는 부모에게 라우디를 옹호했고 대학을 졸업한 후에는 그와 가까이 있으려고 뉴욕으로 이사했다. 둘은 한창때의 몇 년을 함께 지냈고 가족과 친구들에게 약혼까지 발표했다. 그동안 쏟아부은 게 **워낙 많아** 그냥 결혼까지 가는 게 **훨씬 쉬웠을** 것이다.

그런데 그들은 그러지 않고 헤어졌다. 슬프고 창피했다. 상처가 되었다. 하지만 둘의 이야기는 더 좋게 끝난다. 바이런과 칼라가 전하는 그들의 근황은 이렇다.

> 라우디는 증권 거래로 생활비를 벌고 있다. 큰돈을 잃는 날도 많지만, 생계유지에 많은 돈이 필요하지 않다는 것도 깨달았다. 그는 또 마약에 찌든 험한 도심에서 어느 사역 단체의 전임 간사로 일하며 방과 후의 아이들을 지도한다. 도심 사역에도 증권 시장에도 큰 위험이 따르지만 그만큼 보람도 커서 그로서는 즐겁다. 날마다 불확실한 상황에 대응하는 것도 좋아한다. 이렇게 그는 그리스도를 섬기려는 열정을 급진적 방식으로 실현하고 있다.
> 애나는 현재 훌륭한 남자와 결혼해 고향 근처의 중서부 교외에서 학교 교사로 일한다. 안정된 가정과 남편 덕분에, 자존감 문제와 식생활 장애로 고생하는 여고생들도 잘 돕고 있다. … 애나는 중서부의 삶을 좋아하며 그리스도와의 관계를 열심히 가꾼다. 그런 그녀에게 하나님이 비슷한 열정을 품은 남편을 주셨다.[3]

이별은 힘들었지만 보다시피 결말은 아주 행복하다. 라우디와 애나는 둘 다 영적으로 풍성하고 의미 있게 살고 있다. 다만 서로 함께 살지 않을 뿐이다. 둘 다 하나님 나라를 먼저 구하고 있지만 그 나라에서 맡은 각자의 역할이 서로 맞지 않음을 지혜롭게 깨달았다. 당신도 혹시 라우디와 애나처럼 극심한 고통의 갈림길에 서 있다면 이 사실을 떠올려 보라. 현재의 나쁜 관계에 문을 닫을 때 당신은 절벽에서 뛰어내리는 게 아니라 다른 삶의 문을 여는 것이다.

## 작별을 고할 때

하나님이 당신에게 주시려는 최고의 길을 구하라. 그 결과 헤어져야 할 때라는 결론이 나왔다면, 여기 관계를 정리하는 데 도움이 될 검증된 방법과 경건한 지혜가 있다.

### 이를수록 좋다

일단 관계의 수명이 다됐다고 판단되거든 불가피한 결말을 뒤로 미루지 마라. 여자친구의 언니가 다음 달에 결혼하는데 둘이서 이미 결혼식에 가기로 했다는 이유만으로 계속 관계를 끌고 가지 마라. 이 말을 하는 이유는 1년간의 시행착오 때보다 한 달간의 애매한 시기에 더 많은 상처와 피해가 오갈 수 있기 때문이다. 그게 인간의 본성이다. 당신의 여자친구나 남자친구는 당신이 떠나려 함을 알아차릴 것이다. 상대가 그것을 지적할 때 당신이 부인한다면 상대는 정당하게 당신을 비난할 수 있다. 당신이 정직하지 못하며 상대의 시간을 낭비한다고 말이다.

그렇다고 찜찜한 느낌이 들자마자 당신이 달아나야 한다는 말은 아니다. 신중하고 사려 깊게 행동하라. 관계를 시작할 때 너무 성급하지 않았다면 관계를 정리할 때도 너무 성급할 이유가 없다. 하지만 어느 시점에서 관계가 결혼으로 발전할 가능성이 전혀 없다고 판단되거든 솔직하게 터놓고 분명히 알려야 한다.

### 도움을 주되 상담자가 되지는 마라

헤어지는 이유를 파트너가 알고자 하거든 솔직히 답하라. 긍휼의 마음을 품되 주된 이유를 분명히 밝히라. 다만 지금은 상담 시간이 아님을 명심하라. 남자에게 야망이 없는 게 문제라면 그렇다고 말해 주라. "직업 면에서 지금 당신에게 아무런 발전이 보이지 않아. 내게는 그게 큰 문제야." 그러면 상대에게 도움이 된다. 애매한 부분이 없어져 더 큰 상처를 막을 수 있다. 하지만 여기서 상담 시간으로 끌려들어 가서는 안 된다. 상대는 이렇게 반응할 수 있다. "그럼 내가 이력서를 더 보내거나 그 인턴 자리를 수락하면 어떻겠어? 당신 생각에 어때?" 이때도 솔직히 답하면 된다. "그 문제를 의논할 대상은 이제 내가 아니고 때와 장소도 맞지 않아. 당신이 어떻게 하든 내 입장은 달라지지 않아."

어떤 이들은 이유를 밝히지 않음으로써 자칫 분노를 유발할 수 있다. 그 분노가 해결되려면 오랜 시간이 걸린다. 당신은 선의에서 침묵하려 하지만 상대는 대개 그것을 다르게 받아들이며, 자신에게 말해 주지 않는 것을 잔인하다고 느낀다. 그동안 의미 있는 관계였다면 상대의 그런 생각도 일리가 있다. 그러므로 최대한 민감하고 지혜로운 방법을 찾아 결별의 이유를 설명하라. 상대에게 실마리를 주면 상대가 이 경험을 통해 성장할 수 있다. 거기까지는 좋은 일이다. 하지만 그렇다고 당신이 상담자가 되어 문제를 고치려 해서는 안 된다.

### 자신의 결정에 책임지라

부모나 친구나 하나님을 탓하지 마라. 처음에 이 관계를 시작한 것도 당신이다. 그러니 관계를 정리하는 것도 당신이 책임져야 한다.

당신이 "하나님의 인도로 관계를 정리하는 거야"라고 말하면 자칫 상대는 당신이 아닌 하나님께 화날 수 있다.<sub>상대가 영적으로 당신보다 덜 성숙한 사람이라면 특히 더하다.</sub> 정작 당신이 더 신경 써야 할 부분은 당신에 대한 상대의 감정이 아니라 상대와 하나님의 관계다.

결혼까지 가지 않겠다는 당신의 마음은 정당한 것이며, 결국 다른 사람은 거기까지만 알면 된다. 당신의 결정이니 당신이 책임지라.

### 끝났거든 끝났다고 말하라

다시 합할 마음이 없다면 "잠시 떨어져 있자"라고 말하지 마라. 관계가 아주 끝났거든 그렇다고 말하라. 남자친구나 여자친구가 상처 받는 모습을 당신이 차마 보지 못하겠다고 해서 확실히 말해 주지 않거나 엉뚱한 희망을 남기는 것은 선하지 못하다. 결국 상처를 피할 수는 없다. 당신이 영영 돌아오지 않을 것을 상대도 언젠가는 알게 된다. 나중에 당신이 다른 사람을 사귀기 시작해서일 수도 있고, 아니면 시간이 더 지났는데도 당신에게서 아무런 연락이 없어서일 수도 있다. 당신이 조금이라도 희망을 남기면 상대는 당신이 다른 사람을 만날 경우 그것을 자신에게 알려 주기를 기대할 수도 있다. 그러면 또 한 번 고통스러운 대화를 자초한다.

끝낼 때는 전혀 모호한 구석을 남기지 말고 확실히 맺고 끊으라. 그것이 당신과 상대 모두를 위한 일이다.

### 가장 위험한 일

다시 말하지만 이는 너무 위험해서 결코 타협할 수 없는 일이다. **절대로 동정심에서 결혼하지 마라.** 결혼하려거든 상대가 함께 하나님을 영화롭게 하며 살 수 있는 최선의 사람이기 때문에 결혼하라. 한 번뿐인 인생을 의미 있게 살라. 하나뿐인 몸과 마음을 의미 있게 내주라. 지혜롭고 만족스러운 결혼생활로 하나님을 영화롭게 하는 첫걸음은 종종 지금의 데이트 관계를 끝내는 것이다. 지혜롭지 못한 관계, 진을 빼놓는 관계, 비참한 관계라면 말이다.

**1.** 당신이 배우자를 지혜롭게 선택하면 당신이나 다른 사람들이 누릴 유익은 무엇인가?

**2.** 상대와 결혼해서는 안 되는 줄 알면서도 결혼했다고 말하는 사람을 본 적이 있는가? 그 사람의 사연은 무엇이며, 왜 결혼식을 강행했는가?

**3.** 서로 성관계를 했다는 이유만으로 그 커플이 결혼해야 한다고 보는가? 왜 그렇거나 그렇지 않은가?

**4.** 조금이라도 불쌍한 마음이 작용해서 결혼한다면 거기에 어떤 위험이 따르는가? 그밖에 사람들이 결혼식을 강행하는 부실한 이유는 또 무엇인가?

**5.** 라우디와 애나가 결혼식을 강행했다면 어떻게 되었을 것 같은가? 이 사례는 다른 커플들에게 어떻게 격려가 될 수 있는가?

**6.** 관계를 끝내는 다음 방법 중 당신이 동의하지 않는 것이 있는가? 추가하고 싶은 것이 있는가?
- 이를수록 좋다
- 도움을 주되 상담자가 되지는 말라
- 자신의 결정에 책임을 지라
- 끝났거든 끝났다고 말하라

저.. 그게..

..?

# 만날 때 꼭 해야 할 것들

PART 3

# 행복한 결혼은
# 그냥 주어지지
# 않는다
### 13

할리우드의 로맨스 영화는 대부분 '그 사람'과의 우연한 만남에 초점을 맞춘다. 대체로 줄거리는 이런 식이다. 결국 짝지어질 두 사람이 만날 듯 만나지 못한다. 그들은 길에서 서로 스쳐 지나가며 눈빛과 미소를 건네기도 하고, 몇 초 간격으로 카메라가 머리 위에서 양쪽을 오가기도 한다. 여자가 **저쪽으로** 가기만 하면 남자와 마주친다. 남자가 1초만 일찍 고개를 돌렸어도 된다. 영화 속의 가장 잘생긴 두 남녀는 결국 만나게 되어 있다. 괜히 긴장을 유발하려고 만남을 질질 끄는 것뿐이다.

이런 로맨틱한 사고방식의 밑바닥에는 거짓되고 해로운 개념이 깔려 있다. 좋은 관계란 저절로 **찾아오는** 것이라는 개념이다. 사실은 좋은 관계란 당신이 **가꾸어 가는** 것이다. 연애 감정과 성적 끌림은 저절로 찾아온다. 잃어버린 휴대전화라면 그냥 찾으면 그만이다. 하지만 하나님을 영화롭게 하는 견고하고 친밀한 결혼생활은 다르다. 평생의 반려자로 연합하는 결혼생활은 당신이 **가꾸어 가는** 것이다. 거기까지 가려면 오랜 세월이 걸리고 관계 기술이 필요하다.

이 전제를 받아들이면 배우자를 지혜롭게 선택하는 데 큰 도움이 된다. 그래서 다시 한 번 말한다. **좋은 결혼생활은 저절로 찾아오는 게 아니라 당신이 가꾸어 가는 것이다.**

관계란 연애 감정과 성적 끌림이 사라진 후에도 두 사람이 계속 가꾸어 가야 하는 것이다. 친밀함이란 말로 하는 대화, 사랑과 섬김의 행위, 헌신의 표현, 끝없는 용서 등을 통해 한 땀 한 땀 엮어 나가는 것이다. 서로 이해가 깊어지려면 소통하면서 삶을 함께 경험해야 한다.

> 좋은 결혼생활은 저절로 찾아오는 게 아니라 당신이 가꾸어 가는 것이다.

# 행복한 관계를 가꾸는 법

이번 장에서는 앞장에 기초해 관계 기술을 논하려 한다. 성공적 결혼생활을 가꾸고 지키는 데 꼭 필요한 요소다. 20~30대 청년에게 이 모두가 완전히 성숙한 상태로 갖추어져 있을 수는 없다. 하지만 각 요소의 기초는 다져져 있어야 한다. 그것이 부재하는 정도만큼 당신은 상대와 친밀함을 이루는 데 어려움을 겪을 것이고 결혼생활 초기가 힘들어질 것이다.

### 서로 겸손하라

겸손이란 **자신을 깎아내리는** 게 아니라 **자신에 대한 생각을 줄이는** 것이다. 겸손한 사람은 예수님처럼 자신이 온 이유가 "섬김을 받으려 함이 아니라 섬기려" 함이라 믿는다.[막 10:45] 예수님은 자신의 재능과 신성을 아셨지만 그 능력으로 남을 섬기셨다. 하지만 우리는 예수님과 다르다. 그분은 완전하시지만 우리는 그렇지 못하다. 그래서 겸손한 사람이란 죄를 자각했고 지금도 자각하고 있는 사람이다. 자신이 날마다 부족하기에 고칠 점이 많다는 것을 아는 사람이다. 그런 사람은 오직 성경이 말하는 은혜에만 소망을 둔다.

불완전한 사람과 결혼하는 것보다 더 비참한 일이 하나 있다. 불완전한데도 자신이 완전하다고 생각하는 사람과 결혼하는 것이다. 그런 사람은 당신이 사랑으로 지적해 주면 불쾌해 한다. 또는 자신이 발각된 것에 기겁하여 이런 어이없는 장난으로 사안을 축소한다. "그래요, 나는 아내로서 구제 불능이에요." 아니, 당신은 좋은 아내인데 해결해야 할 죄 문제가 있다. 내가 이것을 '장난'이라 부르는 이유가 있다. 두루뭉술한 회개는 특정한 죄를 피하는 교묘한 방법이기 때문이다. "나는 온통 썩은 인간이야"라고 말하면 유독 더 많이 썩은 부분을 살짝 비켜 갈 수 있다.

"우리의 의는 다 더러운 옷 같으며"사 64:6라는 말은 신학적으로 옳지만, 그렇다고 우리에게 강점과 약점이 없다는 뜻은 아니다. 지혜로운 사람은 자신이 베풀기는 잘하지만 인내심이 부족하다거나 인내심은 많지만 용기가 부족하다는 것을 안다. 핵심은 자신의 삶에 언제나 약점이 있음을 받아들이는 것이다. 또 배우자를 귀히 여기는 법을 의지적으로, 감사하는 마음으로 배워야 한다. 배우자는 내가 더욱 힘써 믿음에 성품을 더하도록 나를 도우려는 사람이다 참조 벧후 1:5~7.

겸손이 재물이나 외모보다 중요하다. 겸손은 앞으로 경건하게 자라 가는 데 기초가 되는 성품이다. 돈을 더 벌거나 살을 좀 빼거나 근육을 좀더 키우는 일은 언제라도 할 수 있다. 하지만 성품의 기초가 없으면 아무것도 지을 수 없다. 겸손은 성품의 주춧돌이며 점점 깊어지는 친밀한 관계의 기초다. 심히 교만한 사람은 누구와도 친밀한 소통을 이룰 수 없다. 교만한 사람은 사람을 사랑하는 게 아니라 이용한다. 하나님이 교만한 자를 대적하시고 겸손한 자에게 은혜를 주신다는 말씀이 성경에 세 번이나 나온다 참조 잠 3:34, 약 4:6, 벧전 5:5. 당신은 하나님과 싸우는 사람과 결혼하고 싶은가, 아니면 그분의 은혜 안에 행하는 사람과 결혼하고 싶은가? 겸손한 사람은 이런 사람이다.

- 자신의 전반적 죄성과 특정한 죄를 성경적으로 자각하며 산다.
- 복음에 맞게 살아간다. 즉 자신이 무력하므로 그리스도께서 이루신 일과 성령께서 주시는 능력을 떠나서는 스스로 구원하기는커녕 변화될 수조차 없음을 안다.
- 적절한 교정을 열린 마음으로 받아들이며, 잘못을 지적받으면 적극적으로 행동을 고친다.
- 삶에 진정성이 있다. 겉으로만 의로워 보이기보다는 실제로 의를 기르는 데 더 마음을 쏟다.
- 잘 섬기려 한다.

겸손한 여자는 말다툼이 났을 때 자신이 틀렸을 수도 있고 미처 놓쳤거나 간과한 부분이 있을 수도 있음을 생각한다. 그래서 자신의 입장을 설명하는 데서 그치지 않고 충분한 시간을 들여 당신을 이해하려 한다. 교만한 남자는 무조건 우기며 **당신을** 고쳐 주려 한다. 의견이 충돌할 때 남자친구나 여자친구가 자신의 단점은 인정하지 않고 늘 **당신의** 단점에만 집중한다면, 당신의 데이트 상대는 아주 교만한 사람일 소지가 크다.

### 서로 용서하라

성경 말씀대로 당신도 결혼생활 내내 실수가 많을 것이다<sup>참조 약 3:2</sup>. 배우자의 마음을 아프게 할 것이고 배우자에게 실망과 수치를 안겨 줄 것이다. 당신의 죄가 배우자를 불편하게 할 것이다.

내게 혼전 상담을 받은 한 커플은 친밀한 관계를 가꾸는 데 노력이 필요했다. 남자는 자기 삶의 스트레스를 약혼녀에게 다 내보이고 싶지 않다고 털어놓았다. 그녀에게 짐이 되기 싫다는 것이었다. 나는 그의 목표가 미래의 아내에게 절대로 짐이 되지 않는 것이라면 차라리 지금 헤어지는 게 낫다고 말해 주었다. 그의 얼굴에 충격의 기색이 역력했다. 그래서 내가 설명해 주었다. "당신이 실직한 뒤 다른 일을 찾지 못해 아내가 근무 시간을 두 배로 늘려야 한다면 어떻게 하겠습니까? 당신이 정말 미련한 투자를 했다가 은퇴 자금을 다 날려 버린다면 어떻게 하겠습니까? 결혼생활을 하다 보면 어차피 당신은 이 여자에게 아주 깊은 상처와 실망을 줄 것입니다. 그러니 그런 일에 잘 대처해 서로 멀어지기보다 가까워지는 법을 배우는 편이 낫습니다."

물론 그토록 사랑하는 사람에게 자신이 상처를 준다는 게 선뜻 받아들여지지 않는다. 하지만 결혼생활에서 그것을 피할 수는 없다. **성경이 보장하는 사실이다.** 그래서 용서가 꼭 필요하다. 나는 외도, 최악의 질병, 재정 파탄, 누구라도 기절할 만한 비극 등을 이겨 내는 부부를 많이 보았다. 하지만 이것 하나만은 어떤 부부도 이겨 내는 것을 본 적이 없다. 바로 악착같이 용서하지 않는 마음이다.

당신의 애인이 용서할 줄 아는 사람임을 어떻게 아는가? 우선 그 사람은 자신에게 용서가 필요함을 인식하고 있고 하나님의 사랑과 수용을 안다. 또 복음을 믿을 뿐 아니라 복음이 자신의 전 존재에 속

속들이 스며들게 한다. 복음이란 우리가 모두 은혜로 구원받은 죄인이며 매 순간 하나님의 자비와 주도적 은혜에 의존하며 살아간다는 것이다.

남자친구나 여자친구가 당신이 데이트 중에 한 일을 용서하지 못해 힘들어한다면 결혼생활은 더욱 힘들어질 것이다. 함께 생활하고 함께 자녀를 기르다 보면 죄가 더 잘 드러나게 마련이다. 죄의 결과도 더 감수해야 한다. 상대가 **지금도** 당신을 용서하지 못한다면 **그때는** 절대로 용서할 수 없을 것이다.

용서한다고 죄의 결과가 면제되는 것은 아니다. 여성이여, 애인이 바람을 피운다면 당신은 그를 용서해야 한다. 하지만 십중팔구 그와 헤어져야 할 것이다. 그가 단 한 번이라도 당신을 구타한다면 이때도 당신은 용서하려 노력해야 한다. 하지만 데이트 관계를 당장 끝내는 게 좋다.여기에 대해서는 잠시 후에 살펴볼 것이다. 어쩌면 경찰에 신고해야 할 수도 있다.

상대는 아직 '공사 중'이며 늘 은혜가 필요한 사람이므로 죄는 당연히 용서해야 한다. 하지만 미심쩍은 성품을 어물쩍 넘어가서는 안 된다. 연애와 결혼은 다르다. 연애 중에는 상대의 성품이 드러나는 대로 당연히 상대의 자격을 평가해야 한다. 그 사람에게 당신의 마음을 줄 것인지도 계속 점쳐 보아야 한다.

### 갈등을 건강하게 처리하라

양쪽 다 실수가 많을 것이므로 당신에게 필요한 배우자는 용서할 줄 알 뿐 아니라 부부간의 갈등을 건강하게 해결할 줄도 아는 사람이다. **갈등은 반드시 찾아오게 되어 있다.** 어떻게 반응하느냐가 문제다. 서로 더 가까워질 것인가? 아니면 문제를 피하거나 해로운 방법으로 대응한 탓에 둘의 마음이 더 멀어질 것인가?

위협과 고함과 구타 등 모든 형태의 폭력은 갈등에 대한 건강한 대응이 아니다. 여성이여, 데이트 중의 구타에 관한 한 내가 제시하고 싶은 원칙은 이것이다. 한 번의 스트라이크로 상대는 아웃이다. 그에게 두 번 다시 기회를 주어서는 안 된다. 연애 중에 당신에게 조금 심하게 화내는 남자라면 결혼 후에는 분노가 아주 심해질 것이다. 분노를 폭력으로 표출하는 남자는 가정을 파멸로 이끌 사람이다. 당신은 자녀에게 화내며 손찌검할 남자와 함께 정말 아기를 낳고 싶은가? 당신의 몸에 위해를 가할지도 모르는 남자 옆에서 알몸으로 자고 싶은가? 성질을 참지 못해 마주 오는 차를 정면으로 들이받을지도 모르는 남자와 함께 차에 타고 싶은가? 뒷좌석에 자녀를 태운 채로 말이다.

이 부분에서 나를 완고하다고 비난할 이들도 있을 것이다. 하지만 남자친구가 당신을 때렸다면 내가 믿기로 당신은 더 알아볼 것도 없다. 당신이 결혼하고 싶은 사람은 그런 남자가 아니다. 남자친구에게서 '작은' 폭력의 증거를 보고도 무시하고 결혼했다가 나중에 후회하는 여성이 많다. 그래서 나는 폭력이 **조금이라도** 있으면 당장 연애 관계를 끝내야 한다고 생각한다. 물론 여자 쪽이 폭력적인 경우도 마찬가지다. 당신을 얻으려는 동안에는 그나마 상대의 행동이 최선이라고 보면 된다.

데이트 중에 감정을 다스릴 수 없는 남자가 날마다 당신 곁에 살면서 자제할 수 있을 리 만무하다.

폭력을 쓰는 남자가 변화될 수 있는 최고의 기회는 자신의 분노 폭발 때문에 정말 사랑하는 사람을 잃는 것이다. 그러면 억지로라도 도움을 받으며 더 건강한 관계 방식을 배울지도 모른다. 하지만 당신이 이번 한 번만 '예외'로 해준다면 이는 그를 잘못 길들이는 것이다. 그 바람에 그는 '나를 정말 사랑하는' 여자라면 누구든 폭력을 문제 삼지 않으리라고 당연히 기대하게 된다. 이런 남자는 물리적 폭력이 미래의 자녀를 포함해 자신이 사랑하는 이들과의 갈등을 해결하는 방식으로 전혀 용납될 수 없음을 알아야 한다.

한 여성은 내가 이 부분에서 너무 흑백 논리를 편다고 말했다. 하지만 남자에게서 폭력의 증후를 보고도 어리석게 로맨스 때문에 그것을 무시한다면 앞으로 당신이 자녀에게 이렇게 말해야 할 날이 올지도 모른다.

"이렇게 무서운 사람을 너희 아빠로 골라서 미안해. 엄마가 위협받고 혹 매 맞는 모습까지 보여서 미안해. 우리 모두 아빠가 없어야 좀더 안심되고 아빠가 집에 오면 아빠 기분이 확인될 때까지 약간 불안해지니 그것도 미안해. 하지만 엄마가 아빠에게 느꼈던 연애 감정이 워낙 강렬했기 때문에 이 정도는 감수할 만하지 않을까."

건강하지 못한 갈등 해결의 또 다른 예는 **파트너와** 해결하기 전에 **파트너에 대해** 남에게 말하는 것이다. 물론 외부의 경건한 조언을 구하는 것은 잘못이 아니다. 하지만 이롭지 못한 방식으로 친구나 가족에게 파트너에 대해 불평한다면 그것을 일컬어 험담이라 한다. 스티브 월키Steve Wilke 박사가 정의하는 험담이란 해결 권한이 없는 사람에게 타인에 대해 부정적으로 말하는 것이다. 아직 파트너에게 말하지 않은 문제를 다른 사람에게 말해서는 안 된다. 다만 아주 민감한 사안이라서 어떻게 말을 꺼내거나 털어놓아야 할지 몰라 경건한 지혜를 구하는 경우라면 예외다. 갈등이 생겼을 때 배우자와 대화하지 않고 제3자와의 대화로 대신해서는 결코 안 된다. 다른 사람과의 대화는 배우자에게 말하기 위한 준비 단계여야만 한다.

갈등을 건강하게 해결하는 사람은 자신의 잘못을 인정할 줄 안다. 자신의 잘못이 10%뿐일지라도 그 10%를 깨끗이 인정한다. 그렇다고 잘못한 것도 없으면서 잘못을 고백한다면 이는 건강하지 **못한** 일이다. 어떤 사람은 그냥 평화를 위해 미안하다고 말한다. 그것은 건강하지도 못하고 성경적이지도 않다. 당신의 배우자는 자신의 결점을 인정할 수 있을 만큼 겸손해야 하고, 당신의 결점을 알아차릴 수 있을 만큼 지혜로워야 한다. 또 당신이 죄를 인정하지 않고 교만하게 행동할 경우에는 배우자가 자기 입장을 굽히지 않을 수 있을 만큼 용감해야 한다.

끝으로 갈등을 건강하게 해결하는 사람은 결혼생활을 하다가 부부가 합의에 이를 수 없을 때면 기꺼이 제3자의 의견을 듣는다. 경건한 목사나 상담자를 찾아가야 할 수도 있다. 그들이 양쪽의 말을 듣고 지혜롭게 조언해 줄 수 있다. 나는 필요시에 상담을 받기로 동의하지 않는 사람과는 결혼할 마음이 내키지 않을 것이다. 상담이 필요할 때가 반드시 오기 때문이다.

우리 부부는 결혼생활 내내 관계상의 여러 문제로 상담을 받았다. 자녀가 어렸을 때는 우리의 소통에 문제가 있었고, 자녀가 커 가면서는 교육에 대한 생각이 서로 같은지 확인해야 했다. 그 뒤로는 실망스러운 낭패가 몇 차례 있었고, 서로 멀어지지 않고 애도하는 법도 배우고 싶었다.

지난번 상담 때는 유능한 상담자의 도움으로 내가 평생 얼마나 아내에게 지나치게 의존했는지를 깨달았다. 결혼한 지 35년이 지나도록 내가 해결은커녕 인식조차 못하던 문제였다. 가장 깊이 묻혀 있던 내 동기를 마침내 직면하고 나니 결혼생활에 큰 유익이 되었다.

결혼생활을 시작하는 일은 마치 새 차를 사는 것과도 같다. 한동안은 매끄럽게 잘 달리지만 결국 그 반짝이는 차도 정비공이 필요하다. 배우자가 정비공을 질색하거나 정비공에게 위협을 느낀다면 당신은 걸어 다니는 데 익숙해져야 한다. 당신의 차가 아주 오랫동안 고장나 있을 테니 말이다.

### 서로 소통하라

친밀함을 가꾸려면 매사에 서로 나누고 말하고 듣고 이해해야 한다. 상대가 말하기를 싫어하거나 거부한다면 또는 대화를 원하는 당신에게 질색한다면, 친밀함을 가꾸는 일은 벽에 부딪치고 만다.

가장 해로운 관계 방식 중 하나는 침묵 요법이다. 흔히 '담쌓기'라고도 한다. 대화를 거부하는 사람은 관계를 거부하는 것이다. 문제나 상처는 무시한다고 없어지는 게 아니다. 오히려 더 곪아 원망과 분노로 터져 나올 수 있다.

하지만 생각을 처리하는 데 필요한 시간은 담쌓기와는 거리가 멀다. 자신의 감정 상태와 그 이유를 파악하는 데 꽤 시간이 걸리는 이들도 있다. 다시 돌아와 대화할 마음만 있다면 이것은 거부가 아니라 과정일 뿐이다. 그러나 "말하기 싫어," "그냥 잊어버리고 다시는 언급하지 마"와 같은 말은 담쌓기의 위험한 징후다.

많은 관계에서 결코 모든 관계는 아니다 여성이 남성보다 더 대화를 원한다. 그러므로 여자는 설령 남자친구가 대화로 관계를 가꾸는 부분에 자기만큼 관심이 없어 보여도 기겁해서는 안 된다. 하지만 여자가 알아야 할 것이 있다. 만일 남자가 당신에게 속내를 내보일 마음이 점점 커지지 않는다면, 그냥 당신의 비위나 맞추려고 대화에 응한다면, 당신을 알아 가는 일이 그에게 고역으로 느껴진다면, 당신에 대해 무엇 하나라도 물어 볼 줄도 모르고 그럴 의향도 없다면, 그렇다면 그는 친밀한 결혼생활을 가꾸는 데 기본으로 필요한 관계 기술이 없는 것이다. 대다수 여자는 자신에 대한 애인의 호기심과 관심이 지속될 때 자신이 사랑받는 소중한 존재로 느껴진다. 여자가 대화를 원한다는 이유만으로 애인이 귀찮아하거나 짜증낸다면 여자는 자신이 초라하게 느껴진다.

### 친구를 사귀고 우정을 지키라

당신의 배우자가 될 사람에게 친구가 있는가? 그냥 지인이 아니라 진정한 친구 말이다. 나이가 스물여덟이나 된 사람에게 친한 친구가 하나도 없다면 이는 그 사람에게 친밀한 우정을 가꾸는 기술이 별로 없다는 신호일 수 있다. 친밀한 우정을 아예 중시하지 않는 사람일 수도 있다. 당신과의 관계라 해서 조금이라도 달라질 거라고 생각할 이유가 무엇인가? 기본적으로 당신은 장차 많은 노력을 통해 부부관계를 우정으로 발전시켜 나가야 한다. 그래서 당신은 남자친구나 여자친구가 친밀하게 반응할 능력이나 의향 또는 둘 다를 갖추었으리라 가정한다. 하지만 상대에게 변화의 능력이나 의향이 있으리라고 가정하는 것은 언제나 위험한 일이다. 결혼생활을 가꾸기 위한 최선의 방책은 이미 친구를 사귀고 우정을 지킬 줄 아는 사람을 찾는 것이다. 부부야말로 친구 중의 친구기 때문이다. 아울러 부부 이외의 돈독한 친구는 결혼생활에 여러모로 도움이 된다. 배우자에게 당신의 유일한 친구가 되어 달라고 하면 부부관계에 부담이 가중된다.

## 당신이 사귀고 있는 사람은 어떤가?

이제 당신은 결혼생활을 가꾸는 데 필요한 몇 가지 기본 요건을 알았다. 현재 결혼을 전제로 사람을 사귀고 있다면 여기 간단한 검사가 있다. 별도의 종이에 당신의 배우자가 될 사람을 평가해 보라. 아래의 항목별로 1점부터 10점까지 중에서 점수를 매겨 보라.

그 사람은 좋은 아빠나 엄마가 될 것이다.
                          1 2 3 4 5 6 7 8 9 10

그 사람은 성숙한 그리스도인이다.
                          1 2 3 4 5 6 7 8 9 10

그 사람은 겸손하다.   1 2 3 4 5 6 7 8 9 10

그 사람은 용서한다.   1 2 3 4 5 6 7 8 9 10

그 사람은 갈등을 건강하게 해결한다.
                          1 2 3 4 5 6 7 8 9 10

그 사람은 잘 소통한다.   1 2 3 4 5 6 7 8 9 10

그 사람은 우정을 가꾸는 기술이 있다.
                          1 2 3 4 5 6 7 8 9 10

   총점이 56점 미만이라면 내 생각에 당신은 이 내용을 가지고 목사나 믿을 만한 선배나 상담자와 대화할 필요가 있다. 현재 생각 중인 결혼 상대가 당신이 바라는 친밀한 결혼생활을 가꿀 능력을 갖추었는지 확인해 봐야 한다. 결혼생활을 가꾸는 데 필요한 이런 기본 기술이 상대에게 없다면, 연애 감정이 소멸할 때 당신은 유독 큰 타격을 입을 것이다. 그 순간은 당신의 삶에 필연적으로 찾아오게 되어 있다. 거기에 대응해 날마다 천천히 친밀한 관계를 가꾸어 나갈 수 있는 파트너가 필요한데, 지금의 파트너는 그런 사람이 아니다.

   결론은 이것이다. 친밀한 관계가 당신에게 중요하다면 반드시 그런 관계를 가꿀 기본 기술을 갖춘 사람과 결혼하라. 물론 관계를 계속 가꾸려는 의욕도 상대에게 있어야 한다. 연애 감정이 사라지고 나면 관계 기술이 있어야만 결혼생활을 다음 단계로 끌어올릴 수 있다. 이것은 초보적 내용인데도 연애 감정에 가려져 무시될 때가 많다.

**1.** "행복한 결혼생활은 저절로 찾아오는 게 아니라 당신이 가꾸어 가는 것이다." 이것이 맞는 말이라고 보는가? 왜 그렇거나 그렇지 않은가?

**2.** 사람들은 흔히 신체적으로 서로 끌리는가는 따지면서 상대가 얼마나 겸손한 사람인가와 같은 것들은 무시한다. 어떻게 하면 신체적 매력과 영적 겸손을 균형 있게 중시할 수 있겠는가?

**3.** 누군가에게 용서를 청해 본 적이 있는가? 상대가 어떤 반응을 보였는가? 그 반응은 당신이 장래의 배우자에게 기대하는 반응과 비슷한가, 아니면 아주 다른가?

**4.** 당신은 갈등을 잘 헤쳐 나가는가, 아니면 어떻게든 피하려 하는가? 부부가 갈등 때문에 피폐해지지 않고 오히려 갈등을 통해 성장하려면 장래의 배우자에게 어떤 특성이 있어야 하겠는가?

**5.** 당신은 폭력 행위가 한 번만 발생해도 데이트 관계를 끝내야 한다는 말에 동의하는가? 관계를 끝내야 할 시점을 알기 위해 당신이 그을 폭력의 선은 무엇인가? 상대가 그 선을 넘은 적이 있는가?

**6.** 결혼생활을 충분히 즐기며 배우자와 통한다는 느낌이 들려면, 당신은 꾸준한 소통이 얼마나 중요하다고 보는가? 상대가 연애 감정이 사라진 후에도 소통할 사람인지 어떻게 알 수 있는가?

**7.** 결혼 상대를 생각할 때 당신에게 중요한 순서대로 다음 자질에 번호를 매겨 보라.
- \_\_\_\_\_ 그 사람은 좋은 아빠나 엄마가 될 것이다.
- \_\_\_\_\_ 그 사람은 성숙한 그리스도인이다.
- \_\_\_\_\_ 그 사람은 겸손하다.
- \_\_\_\_\_ 그 사람은 용서한다.
- \_\_\_\_\_ 그 사람은 갈등을 건강하게 해결한다.
- \_\_\_\_\_ 그 사람은 잘 소통한다.
- \_\_\_\_\_ 그 사람은 우정을 가꾸는 기술이 있다.

# 이것만은
# 의견 일치가
# 필요하다  14

몇 세대 전까지만 해도 부부간의 성 역할에 대해 거의 이견이 없었다. 하지만 우리가 살고 있는 이 시대는 다르다. 문제는 이것이다. 신학교와 일부 SNS에서는 교회 내의 성 역할과 부부간의 성 역할을 철저히 논하지만, 데이트 중인 커플은 이 문제를 인식하는 경우도 드물거니와 이에 대한 대화는 더더욱 없다. 사실 젊은 세대 독자 중에는 내 세대도 있을 것이다는 인종 차별만큼이나 성 구분에도 반감을 품고 자랐다.

결혼생활에서 하나님 나라를 먼저 구한다는 말은 부부관계를 **하나님이 설계하신 방식대로** 가꾸어 그분을 영화롭게 한다는 뜻이다. 그분이 가장 잘 아실 테니 말이다. 그것이 우리의 궁극 목표다. 그런데 오늘의 그리스도인들은 관련 성경 본문을 어떻게 번역할 것인가를 두고 견해가 갈린다. 전통적으로 이런 본문은 남편과 아내의 역할을 서로 다르게 기술한 것으로 해석되었다. 물론 이 문제에 대한 내 나름의 견해도 있다. 하지만 더 중요한 것은 이런 말씀을 적용하는 부분에서 당신 커플의 입장이 서로 일치하느냐는 것이다. 이 문제에서 서로 생각이 다르다면 관계를 재고해 봐야 한다.

## 성역할_ 평등주의와 보완주의

내가 30~40대 아내들에게서 가장 많이 듣는 불만 중 하나는 남편이 '영적 리더' 역할을 하지 않는다는 것이다. 반대로 요즘은 그런 개념 자체가 부당하다며 문제 삼는 이들도 있다. 성 역할의 근거는 두 가지 상반된 결혼관에 있는데, 신학자들은 그것을 각각 '평등주의'와 '보완주의'라 부른다.

대체로 평등주의 관점은 부부간에 성 역할이라는 게 존재하지 않는다고 본다. 이 관점에 따르면 하나님은 남자를 '섬기는 리더'로 부르지 않으셨다. 그것은 성경에서 말하는 개념이 아니라 종교와 문화의 관습에 더 가깝다. 커플마다 누가 무엇을 더 잘하는지 파악해서 가사를 분담하면 된다. 각자의 강점과 약점에 기초해서 결혼생활을 해 나가면 된다. 남편은 리더가 아니라 50 대 50의 파트너다. 남자니까 이끈다는 개념은 그 자체로 아내를 비하하며 불쾌감을 준다. 어느 쪽에도 최종 결정권은 없다. 부양하고 지도하고 보호하는 책임도 한쪽이 다른 쪽보다 더 크지 않다.

이 관점에 따르면 가정과 부부관계에서 리더 역할이 남자 몫인 것처럼 말하는 성경 구절고전 11:3, 엡 5:22~24, 골 3:18~19, 딤전 5:11~15, 딛 2:4~5, 벧전 3:1~7도 문맥을 보면 모두 의미가 달라진다. 그것은 나중에 원문에 추가된 내용이거나, 원어에 더 살을 입혀 해석한 것이거나, 평등주의에 준비되어 있지 않던 1세기 독자에게 맞춘 '점진적 계시'의 일환이다. 결국 이런 구절은 미래 세대를 위해 평등주의의 기초를 놓은 것뿐이다. 교회는 한때 가정과 교회에서 남자가 리더로 나서야 한다고 생각했지만, 이는 오늘날에까지 적용해야 할 성경적 진리가 아니라 이제는 버리고 규명해야 할 역사적 치부다.

반면 보완주의 관점에 따르면 하나님은 남편에게 사랑으로 섬기는 리더 역할을 맡기셨다. 보완주의는 남자의 능력이나 가치가 여자보다 낫다는 뜻이 아니라 남녀의 보완 역할을 통해 그리스도와 교회의 관계를 세상에 가장 잘 드러내기 위한 것이다. 보완주의자는 앞 문단에 열거한 성경 구절을 전부 재해석하기에는 그 횟수가 너무 많다고 본다. 너무 많은 저자가 너무 많은 교회에게 똑같이 썼다는 것이다. 합리적 보완주의자는 성경에 제시된 남편 역할을 **특권**이라기보다 **책임**으로 본다. 남자가 여자를 가부장적으로 또는 사회적으로 압제하는 것은 여기에 용인되지 않는다. 아내를 여러모로 남편보다 열등하게 보던 1950년대의 굴종하는 아내상과도 거리가 멀다.

참으로 성경적인 보완주의대로라면 아내도 집 밖에서 일할 수 있다. 특히 잠언 31장에 소득을 올리는 아내가 언급되어 있다. 골로새서 3장 19절에도 밝혀져 있듯이 '성경적' 남편은 아내의 말을 경청하고 아내를 잘되게 한다. 사실 바울이 에베소서 5장에 묘사한 결혼을 보면 보완주의란 남편이 자신의 취향보다 아내의 유익을 앞세운다는 뜻이다. 그러려면 남편이 가정과 부부관계에서 수동적 태도를 버리고 주도적으로 나서서 그리스도께서 교회를 사랑하여 자신을 주심같이 아내를 사랑해야 한다. 많은 사람이 믿기로 바로 이것이 앞서 소개한 모든 성경 본문의 가르침이다. 교회사 전반에 걸쳐 그런 의미로 적용되어 오다가 이전 세대쯤에서 중단되었다.

'보완주의'와 '평등주의'라는 명칭은 더는 그다지 유익하지 않다. 두 입장 사이에 논쟁이 치열한 데다 양쪽 모두에 부정적 고정 관념이 따라붙기 때문이다. 이것은 성경 해석의 문제다. 어느 한쪽에 동조하기보다 중간에 끼어 있는 그리스도인이 많다. 그러나 당신에게 꼭 권하고 싶다. 데이트 중에 시간을 내서 위에 열거한 성경 구절을 검토해 보라. 하나님의 감동으로 기록된 이 교훈의 말씀들에 충실하려면 어떤 부부관계가 적합할지 반드시 서로 전반적 합의를 이루라. 이 부분에서 당신 커플의 견해가 일치하는 게 아주 중요하다. 거기에는 그만한 이유가 있다.

## 견해가 일치하는 사람과 결혼해야 하는 이유

이 문제에 견해가 일치하지 않을 때 나타나는 문제는 당신이 생각하는 것과는 다를 수 있다. 보완주의 입장의 아내도 돈 관리를 맡을 수 있고, 같은 입장의 남편도 요리를 많이 하거나 도맡을 수 있다. 반면 평등주의 입장의 남편도 강한 리더일 수 있다. 이런 피상적이고 비성경적인 이슈 때문에 본질이 흐려지기 일쑤다. 그런 이슈는 명확하지 못하며 유익하지도 않다. 어이없는 편견 때문에 문제가 옆으로 빗나갈 때가 많다. 마치 보완주의 입장의 남자는 모두 군림형 남성우월주의자고 평등주의 입장의 남자는 모두 여자 같고 줏대 없는 자유주의자라도 된다는 듯이 말이다.

성 역할에 대한 일반적 오해는 대부분 성경과는 무관하다. 돈 관리는 누가 맡고, 청소와 요리는 누가 하고, 휴가를 어디로 갈지는 누가 정할 것인가? 성경적 성 역할은 대개 그런 문제를 다루지 않는다. 심지어 집안 모든 결정의 99.9%가 무엇에 관한 것이어야 하는지도 다루지 않는다. 하지만 성 역할 개념은 서로를 향한 부부의 기대, 자녀를 양육하는 법, 어느 교회에 다닐 것인지, 성경을 보는 관점 등에 반드시 영향을 미친다. 이 모두가 매우 중요한 사안이다.

여자는 남편이 영적 리더가 되어 주기를 바라는데 정작 남편은 그런 개념이 여성을 비하한다고 생각한다면, 끊임없이 갈등이 발생할 것이다. 영적 리더십의 개념을 믿지 않는 남편에게 영적 리더가 되어 줄 것을 기대할 수는 없다. 재정이 쪼들릴 경우 그녀는 남편이 나서서 더 수입이 좋은 직장을 잡기를 기대할 것이다. 그런데 남편은 "내가 집에 있고 당신이 직장을 두 군데 다니면 어떨까?'라고 생각할 수 있다. 영적 리더를 원하는 여자는 사고방식이 같은 남자와 결혼해야 한다.

가정을 이끌도록 부름 받았다고 믿는 남자는 그것이 허용되지 않으면 거세당한 기분이 들 것이다. 남편이 리더 노릇을 하지 않으면 그것을 바라던 여자는 좌절감이 들 것이다. 평등주의를 철칙으로 삼는 여자가 보완주의 관점의 남자와 결혼하면 무시당하는 기분이 들 것이고, 자녀를 기르는 방식에서 심각한 문제가 생길 것이다.

평등주의자와 보완주의자가 만나 결혼했다 하자. 남편도 아내도 각자의 관점대로 상대에게 배우자의 본분을 다한다. 그런데 상대에게는 그것이 본분으로 받아들여지지 않고 거부감으로 다가온다. 보완주의 입장의 여자에게 사랑과 존중으로 보이는 것이 평등주의 입장의 여자에게는 비하와 좌절로 느껴질 수 있다. 거꾸로도 마찬가지다. 그런데 이것이 성경의 적용과 직결되다 보니, 당신이 갈망하는 것에 배우자가 거부감을 느낀다면 그 좌절은 극에 달할 수밖에 없다.

이 문제에서 견해가 갈리는 부부도 동일한 하나님을 예배할 수는 있다. 하지만 동일한 자녀를 기르거나 동일한 집안을 꾸리기는 어려울 것이다.

## '방향을 돌릴' 절호의 기회

나는 하나님이 결혼을 설계하신 목적 중 일부는 우리를 행복하게 하시기보다 거룩하게 하시기 위해서라고 믿는다. 그래서 나는 하나님이 결혼을 설계하신 목적 중 또 다른 일부는 남녀 모두의 교만을 꺾으시기 위해서라고 믿는다. 보완주의 세계관에서 볼 때, 남편의 교만은 아내의 필요와 위안을 자신보다 앞세워야 한다는 명령 앞에서 꺾인다<sub>엡 5:25~29</sub>. 남자의 시간과 돈과 애정에 대해 정당한 권리 정도가 아니라 **우선적** 권리를 가진 사람이 갑자기 등장한 것이다.

아울러 성경은 남편을 사랑하고 돕는 법을 배우라는 말씀으로 여자의 교만을 꺾는다<sub>딛 2:4 외</sub>. 성경은 모든 여자가 모든 남자에게 복종해야 한다고 말하지 않는다. 아내가 자기 남편에게 복종해야 한다고 말할 뿐이다<sub>'복종'의 의미에 대해 논쟁을 벌이는 이들도 있다</sub>.

이렇게 자아에 대해 죽는 법을 배울 때 우리 영혼이 바르게 빚어진다. 내가 보기에 바로 그것이 보완주의 모델의 기초다. 이를 통해 부부는 둘 다 겸손, 섬김, 이해심, 이타심에서 자라 간다. 이는 우리의 성품이 성장해 그리스도를 닮아 갈 수 있는 영적 옥토와도 같다.

물론 보완주의가 너무 지나치면 극단으로 흘러 여성을 학대하고 비하하는 지경에까지 이를 수 있다. 하지만 악용된 사례가 있다는 이유만으로 굳이 그것을 거부한다면 이는 논리적이지 못하다. '특권'을 부르짖는 남편은 **순교**라는 말뜻을 모르는 남편이다.

내 딸이 다니는 대학에서 수업 시간에 성 역할을 다루었는데 딸이 거기에 대해 흥미로운 반응을 내놓았다. "아빠, 대다수 남자가 아내를 아빠가 엄마를 대하듯이 대하고 대다수 오빠나 남동생이 여동생이나 누나를 그레이엄이 우리를 대하듯이 대한다면, 더 많은 여자가 보완주의자가 될 거예요. 여자는 대부분 자기를 그렇게 대해 주기를 원하거든요. 그런데 현실은 그렇지 않죠. 제 또래의 많은 사람은 건강하지 못한 결혼생활을 보았어요. 그래서 그것을 원하지 않는 거예요. 제 생각에 대다수 여자는 아빠와 그레이엄처럼 대해 주는 남자를 원해요. 자기 집에서 보았던 것을 거부할 뿐이죠."

나나 내 아들을 높이자고 하는 말이 아니다. 나도 남편과 아빠로서 더 잘할 수 있는 부분이 수없이 많았다. 다만 진지하게 생각해 보라. 당신이 결혼하면 전혀 새로운 가정을 창출할 기회가 주어진다. 출신 가정의 건강하지 못한 이슈 때문에 새로 이룬 가정마저 잘못 세워서는 안 된다. 과거에 대한 **반작용으로서는** 더욱 안 된다.

하나님이 당신에게 방향을 돌릴 기회를 주시는 셈이다. 그 기초는 당신의 경험이 아니라 **그분의 말씀**이다. 물론 나는 풍성하고 아주 친밀한 결혼생활로 하나님을 영화롭게 하는 평등주의 부부들도 알고 있다. 당신의 생각을 성경으로 씻음받고, 마음을 하나님의 용서와 수용으로 깨끗하게 하라. 가장 건강하고 가장 하나님을 영화롭게 하는 선택을 내려야 한다. 그것을 열망하라. 당신이 태어난 가정은 당신의 선택이 아니었지만 누구와 결혼하여 새 가정을 창출할 것인지는 오롯이 **당신의 선택**이다.

성 역할은 딸을 어떻게 키우고 아들에게 어떤 가치관을 심어 줄 것인가에도 영향을 미친다. 이 문제는 인간 정체성의 핵심과 맞물려 있다. 내가 보기에 이것은 또한 당신이 성경을 읽고 공부하고 해석하는 방식에도 직접 영향을 미친다. 하지만 거기서 제기되는 또 다른 논란거리는 여기서 다루고 싶지 않다.

> **하나님이 당신에게 방향을 돌릴 기회를 주시는 셈이다. 그 기초는 당신의 경험이 아니라 그분의 말씀이다.**

결혼하기 전에 이 문제에 대해 서로 합의를 이루라. 앞서 언급한 성경 본문들을 읽고 공부하라. 묵상하고 기도하라. 최선의 결론에 도달하라. 둘의 견해가 일치하지 않거든 신중을 기하라.

중요한 점이 하나 더 있다. 결국 이것은 당신이 원하는 게 무엇이냐의 문제라기보다 성경의 이슈다. "어떤 역할이 **내게** 더 좋아 보이는가?" 그것은 적절한 물음이 아니다. 그보다 당신은 이렇게 물어야 한다. "성경에서 어떤 관점이 가장 명확해 보이는가?" 그 결론에 도달했거든 당신과 견해가 같은 그리스도인을 찾으라. 타협해도 되는 이슈도 있지만 이것을 무시하면 상당히 위험하다.

**1.** 당신 부모의 부부관계는 보완주의와 평등주의 중 어느 쪽에 더 가까웠는가? 당신이 생각하는 바람직한 결혼생활에 더 가까운 것은 둘 중 어느 쪽인가?

**2.** 이 부분에 대해 성경이 뭐라고 가르치는지 분별하려면 당신에게 공부가 더 필요한가? 어떻게 공부할 수 있겠는가?

**3.** 보완주의 입장의 남자와 평등주의 입장의 여자가 만나 결혼할 때 십중팔구 발생할 수 있는 문제는 무엇인가? 반대의 경우는 어떤가?

**4.** 이 두 관점은 당신이 자녀를 기르고 훈육하는 방식에 어떤 영향을 미칠 수 있는가?

# 데이트 할 때 꼭 해야 하는 대화

## 15

많은 청중 앞에서 두 사람이 이렇게 상극일 수는 없다고 말하는 부부 강사를 나는 그동안 결혼 세미나와 교회 강연회에서 적어도 여남은 쌍은 보았다. 천국에 가면 하나님이 그들을 모두 한 방에 모아 놓고 최고의 상극을 뽑는 대결을 붙이셨으면 좋겠다.

그들의 요지는 항상 이것이다. 자신들은 사실상 서로 잘 맞지 않는데도 결혼생활을 잘하고 있다는 것이다. 하지만 독신인 당신이 그렇게 생각한다면 그것은 위험한 일이다. 부부가 서로 맞춰야 할 부분은 **여러 가지가** 있으며 그중 어떤 것은 다른 것보다 중요하다. 성격 차이야말로 가장 흔히 등장하는 이혼 사유 중 하나인 만큼 여기서 이 문제를 살펴볼 가치가 있다.

　반대 성격끼리 끌리는 것은 인지상정이므로 걱정할 것은 없다. 관건은 두 사람이 똑같아야 한다는 게 아니라 가장 중요한 부분을 공유하는 것이다. 그중에서도 공통된 인생관이 첫째다. 결혼 상대의 참모습을 바로 알고 진정으로 존중하는 것이 둘의 유사성보다 훨씬 중요하다.

　당신이 애인과 잘 맞는지 알고 싶다면 여기 독신으로서 극복해야 할 도전이 있다. 짝을 찾는 연애 시절과 신혼 초에는 **무조건** 서로 잘 맞아 보인다. 관계 초기에는 성적 끌림과 연애 감정과 당장의 매력이 너무 강렬해 둘의 차이 따위는 눈에 들어오지도 않는다. 둘 다 서로에게 푹 빠져 있는데 어찌 잘 맞지 **않을** 수 있겠는가? 그러다 결혼으로 진전되어 결혼식을 구상할 때쯤이면 예식 자체가 둘의 공통분모가 된다. 함께 그것을 계획하고 거기에 대해 대화하며 실무를 분담한다. 결혼식이 끝나면 새로운 아파트나 동네로 이주하여 신접살림을 차리고 거기서 둘의 삶을 결합하려 노력한다. 이 또한 둘의 공통된 일이자 대화 주제다. 초혼인 경우 자녀를 낳을 것이다. 육아는 많은 대화를 요하는 거대한 공통분모다. 하지만 결국 자녀는 집을 떠나고 부부만 남는다. 바로 이때부터 문제가 발생한다. 찰떡궁합이라면 둘이서 새로운 고지에 오르겠지만, 그렇지 않다면 거대한 블랙홀 같은 것이 둘의 관계에서 생기를 빨아낼 것이다.

　자녀가 집을 떠난 후에 많은 부부관계가 파국을 맞는 것은 그동안 서서히 서로 멀어졌기 때문이다. 그들은 한때 '사랑에 빠졌던' 것과 같은 집에 살며 대소사를 함께 치러 낸 것 말고는 애초에 공통분모가 별로 없었을 수 있다.

마태복음 6장 33절의 가치관을 공유하는 커플은 다행히 영적 궁합이 잘 맞는다. 부부를 결속해 주기에 그것으로 충분하다. 여기에 다른 요인까지 잘 맞으면 분명히 관계가 더 즐거워진다.

## 동반자 같은 관계

좋은 관계는 서로의 **성격**과 **성품**을 있는 그대로 존중하는 데서 시작된다. 내 아내는 나와 같지 않지만 나는 아내의 모습이 그대로 **좋다**. 많은 부분에서 아내가 나와 같지 않아서 오히려 다행이다. 하지만 그런 부분이 내게 몹시 거슬리거나 아내를 멸시하게 한다면 그것은 문제다.

나는 내성적이고 리자는 외향적이다. 그러다 보니 대개 나는 사교 행사에서 리자보다 한 시간쯤 먼저 자리를 뜨고 싶어진다. 강연차 함께 출장을 가면 나는 호텔 방에 들어박혀 스포츠를 보거나 책을 읽으며 쉬어도 전혀 괜찮다. 하지만 리자는 잠잘 때 외에는 실내에 머무는 게 싫어 박물관과 공원과 식당 등 어디든 찾아내서 나를 데리고 나간다. 나는 강연 후에는 좀처럼 외출할 **기분**이 아니지만 그래도 따라 나서기를 잘했다는 생각이 거의 매번 든다. 이렇듯 부부는 서로 다르기에 오히려 둘 다 더 풍요로워질 수 있다.

관계의 궁합을 평가하는 부분에서 작가 벤 영<sup>Ben Young</sup>과 새뮤얼 애덤스Samuel Adams가 우리에게 일깨워 주는 것이 있다. 사람의 성격은 변하지 않는다는 것이다. 우리는 성장하고 발전하지만 완전히 딴사람이 되는 것은 아니다. **일단 결혼하고 나면 그 사람의 성격과 평생 함께 사는 것이다.** 당연한 말 같은데 많은 사람이 그렇게 믿지 않는다. 그들은 결혼 상대의 **잠재력**에 홀딱 빠져, 그 사람이 본질적으로 다른 존재로 변할 것으로 생각한다. 그래서 자신과 별로 맞지 않을 수 있는데도 그냥 결혼한다. **차차** 잘 맞기를 바라면서 말이다.

당신을 짜증나게 하거나 창피하게 하는 사람과 평생 부부로 살고 싶은가? 웃을 일이 아니다. 정말 그런 경우가 비일비재하다. 사람들이 그런 상대와 결혼하는 이유는 혼기가 찼다고 생각하거나 그나마 이게 최선이라고 생각하기 때문이다. 연애 감정에 빠져 어울리지도 않는 사람과 서둘러 결혼하는 경우도 있다. 그래놓고는 금세 상대의 모습을 못마땅해 하며 고치려 든다. 행운을 빈다.

함께 지내기에 즐거운 사람을 찾는 것이 당신과 똑같은 사람을 찾는 것보다 훨씬 중요하다. 자아도취의 위험도 줄어든다. 영과 애덤스에 따르면 "성격이 같은 사람을 찾을 필요도 없거니와 그것이 유익하지도 않다. 문제는 당신에게 상대의 성격 스타일을 수용하고 거기에 적응할 능력이 있느냐는 것이다. 상대의 성격이 바뀔 거라고 전제해서는 안 된다."[1] 다시 말해서 당신은 복제품이 아니라 보완이 될 사람을 찾는 것이다.

당신이 내성적이어도 외향적인 배우자와 함께 행복하게 살 수 있다. 배우자가 아주 사교적이라는 사실을 당신이 좋아하는 한에는 그렇다. 당신이 그런 자극을 통해 좀더 바깥으로 나가고 싶다면 이는 좋은 일이다. 하지만 저녁 시간을 대부분 집에서 보내고 싶다면 내성적인 사람끼리 결혼하는 것이 좋다. 영과 애덤스가 설명했듯이 서로에게서 최선의 모습을 이끌어내 주려면 서로 **존중하고 인정해야** 한다. 당신이 파트너를 존중하고 인정하지 않는다면 둘은 궁합이 맞지 않는 사이다. 당신을 괴롭히는 사람, 늘 창피하게 하는 사람, 별로 존중심이 들지 않는 사람과는 진심으로 참된 동반자가 될 수 없다. 물론 당신은 남자친구나 여자친구를 사랑한다. 하지만 상대를 **좋아하기도** 하는가? 상대는 당신이 함께 지내기에 즐거운 사람인가? 성적 끌림이나 로맨틱한 감정이 없다 해도 여전히 그 사람과 같이 있으면 즐겁겠는가?

> **우리는 성장하고 발전하지만 완전히 딴사람이 되는 것은 아니다. 일단 결혼하고 나면 그 사람의 성격과 평생 함께 사는 것이다.**

동반자 의식은 관계의 심장과도 같아서 당신의 결혼생활에 혈액을 공급해 준다. 사람들은 흔히 성적 끌림을 통해 서로에게 이끌린다. 물론 성적인 면도 어느 정도 관계의 활력소가 되지만, 부부란 섹스 파트너보다 동반자로 지내야 할 시간이 대부분이다. 게다가 동반자 관계는 대개 세월이 갈수록 더욱 깊어지는 반면 성적 끌림은 훨씬 기복이 심하다. 동반자끼리는 애정과 사랑에서 비롯한 만족스러운 성생활이 가능하지만, 거꾸로 성생활이 만족스럽다고 좋은 관계가 보장되지는 **않는다**.

잊지 마라, 당신은 **참고 견딜** 대상이 아니라 **꼭 함께 살고 싶은** 대상을 찾는 것이다. 감정이 아주 뜨겁다는 이유로 벌써 관계를 위해 상대의 성격을 애써 참고 있다면, 진행에 신중을 기하라.

## 여가에 대한 생각

어떤 부분은 부부가 어느 정도 같은 것이 도움이 된다. 바로 놀고 쉬는 취향에 대한 부분이다. 웬만한 사람은 큰돈을 들여 자주 휴가를 갈 형편이 못 된다. 당신은 혹 다를지 모르지만 여기서 궁합이 심각한 문제가 될 수 있다. 우리 부부의 친구인 한 부부는 해마다 카리브해의 세인트 마틴에 간다. 그들은 몇 시간이고 햇볕 아래 누워 **매일** 오후 마사지를 받고 저녁을 일찍 먹고 하루를 마친다. 거기서 14일을 보내는 동안 다른 레저를 한두 가지 즐길 때도 있으나 그 이상은 아니며 그것도 마음이 내킬 때에 한해서다.

내 아내라면 해마다 똑같은 곳에 가서 똑같은 일을 해야 한다면 미쳐 버릴 것이다. 리자는 섬에 내리자마자 이렇게 생각하는 사람이다. "남은 시간은 336시간뿐인데 그동안 어떻게 이 축복의 땅을 한 치도 빠뜨리지 않고 다 탐험할 수 있을까?"

꼭 휴가만이 아니라 저녁 시간과 주말과 휴일을 어떻게 보내는가도 마찬가지다. 골동품 쇼핑, 정원 일, 책방 나들이, 좋아하는 스포츠

팀 응원, 최대한의 교회 활동, 마라톤 등을 부부가 둘 다 참으로 즐긴다면 이런 공통된 활동 덕분에 세월이 갈수록 친밀함이 **깊어진다.** 공통된 관심사는 헌신과 만족과 소통을 북돋는 거름과 같다.

안타깝게도 현대의 삶은 대개 부부를 따로 떼어 놓는다. 부부가 한 곳에서 일하는 경우는 드물기 때문에 대부분 우리는 하루 중 가장 활동적인 시간을 서로 떨어져 지내야 한다. 일주일에 적어도 닷새는 그렇다. 그런데 휴식과 여가마저 각자 따로 있어야 온전히 즐길 수 있다면 소통은 언제 할 수 있을까? 게다가 배우자의 가장 큰 관심사를 당신이 정말 좋아하지 않는다면 참된 소통이 가능하겠는가?

나이 들어 재혼한 부부는 여가의 궁합을 좀더 잘 찾아내는 편이다. 이는 다분히 경험이 더 많은 덕분이다. 많은 20대 젊은이는 한창 바쁜 직장 생활 와중에 휴가를 어떻게 보내고 싶은지 아직 잘 모른다. 이것은 상상만으로는 어려운 문제인 만큼 나도 젊은 세대에게는 이것을 크게 강조하지 않는다. 하지만 생각해 볼 문제인 것만은 분명하다.

## 생활 환경에 대한 대화

당신의 사고와 대화를 자극하기 위해 다음 세 편의 실화를 보라. 이 부부들은 결혼 전에 생각지도 못했던 심각한 타협이 한쪽 또는 양쪽 모두에게 불가피해지는 바람에 가슴 아픈 상황에 부닥쳤다.

우선 한 50대 남자는 소속 정당에서 미국 대통령에 출마할 유력한 후보였다. 하지만 그의 아내는 워싱턴 DC로 이사 갈 마음도 없었고 국가 공직을 감수할 마음도 없었다. 참모진도 출마를 권유했고 사람들도 그의 출마를 촉구하는 청원서를 돌렸다. 수많은 전문가가 그가 출마할 경우 승산을 매우 높게 점쳤다. 하지만 그는 후보로 나서지 않기로 결정했다. 가까운 친구들과 참모진이 꼽은 이유는 딱 하나, 바로 아내의 반대였다.

니아는 회사에서 승승장구 승진을 거듭한 끝에 꿈에도 생각지 못했던 직위를 제의받았다. 전국을 총괄하는 본사의 연수 책임자라는 요직이었다. 회사 측에서 그녀를 장래의 부사장으로 발탁하려고 절차를 밟고 있는 게 분명했다. 다만 큰 문제가 하나 있었다. 그녀의 남편은 남부에서 가업을 물려받을 계획이었는데 니아는 새 직위에 부임하려면 시카고로 가야 했다. 둘은 결혼 전에 이런 가능성에 대해 대화해 본 적이 없었다. 둘 다 꿈의 성취가 눈앞에 다가왔으나 양쪽이 서로 충돌했다. 과연 누구의 꿈을 먼저 추구할 것인가?

끝으로 한 젊은 부부가 서로 견해가 다르다며 내게 중재를 부탁했다. 남편은 해외에 나가 선교 사역을 하기 원했으나 아내는 원하지 않았다. 그들이 결혼한 지 9개월밖에 되지 않았기에 나는 자연스럽게 물었다. "결혼하기 전에 이런 대화를 안 했던가요?"

"한 줄로 알았는데…" 남편의 대답이었다.

당신이 해외에 나갈 마음이 없는 사람과 결혼한다면 장담하건대 **매번 배우자가 논쟁에 이기게 되어 있다.** 상대를 억지로혹은 구슬려서라도 해외에 데려다 놓고 결혼생활과 사역이 잘되기를 바랄 수는 **없다**. 하나님이 당신을 해외로 부르셨다면 당신은 그 비전을 공유할 수 있는 사람과 결혼할 영적 책임이 있다. 그래야 상대도 그 사실을 알고서 결혼을 결정할 수 있다. 그렇지 않으면 당신은 청지기직을 소홀히 하여 일생의 소명을 위험에 빠뜨리는 것이다.

이상의 세 가지 상황에는 공통점이 있다. 당신이 어디에 살며 무엇을 할지에 대해 배우자에게 엄청난 거부권이 있다는 사실이다. 지금은 둘이 함께 있을 생각뿐이지만 함께 있는 것만으로 부족한 때가 온다. 그때가 되면 함께 있지 **않는** 시간 – 주당 40~60시간 – 에 하는 일도 중대사로 떠오른다.

당신 커플은 어디에 살며 무엇을 할지에 대해 대화한 적이 있는가? 다음 몇 년만이 아니라 앞으로 20년 후에 대해서도 말이다. 당신이 **죽었다 깨어나도** 하지 않을 일이나 살지 못할 곳이 있다면 그것을 솔직히 말한 적이 있는가?

물론 거주지 선택은 외국이나 타지방의 문제로 끝나지 않는다. 대도시의 삶과 시골의 삶도 서로 크게 다르다. 농장이든 도시의 아파트든 교외 주택이든 어느 한 곳에 살고 싶다 해서 거기에 도덕적 우열 개념은 없다. 다만 둘의 견해가 완전히 서로 다르다면 이것은 극복해야 할 아주 큰 도전이다.

당신이 지방 중소 도시에서 자라나 그 밖의 삶은 상상할 수도 없다면 그 자체를 존중하라. 농어촌 출신 여자가 도시 출신 남자에게 빠지는 경우가 있다. 도시 생활이 막연히 로맨틱하고 이국적으로 보일 수 있기 때문이다. 하지만 막상 부모의 융자 월부금보다 비싼 단칸방에 살면서 사철 오염된 공기를 마시고, 종일 밤낮없이 요란한 사이렌 소리를 듣고, 마켓에 갈 때마다 걸인들 옆을 지나다니다 보면 그것도 걸어가거나 대중교통으로 가서 물건을 손에 들고 와야 한다면, 여자는 서서히 미쳐 간다. 마찬가지로 도시 생활을 즐기는 남자가 한적한 교외에 살려면 머리를 쥐어뜯어야 한다. 도심에는 식당이 항시 열려 있고, 늘 활기가 가시지 않고, 각종 오락 거리가 넘쳐나지만 교외는 저녁 7시면 사실상 상가가 다 문을 닫는다.

당신은 도시에 살아 본 적이 없는데 결혼 상대는 도시를 양보할 수 없다면, 여기 당신에게 유익한 실험이 있다. 몇 달 동안 아파트를 세내어 도시에서 살아 보는 것이다. 요즘은 에어비앤비처럼 가정집을 휴가용으로 임대하는 사이트가 많아서 이게 정말 쉬워졌다. 감당할 만한 삶인지 겪어 보기 전에는 모른다. 마찬가지로 교외의 생활 방식이 상대의 꿈이라면 당신이 시험 삼아 소도시에 가서 살아 보라. 나는 지금까지 시애틀 지역과 워싱턴 DC 인근과 텍사스 주 휴스턴에서 살아 보았는데 셋 다 **아주 달랐다.**

## 자녀에 대한 생각

왁자지껄한 소리만 들어서는 무슨 폭동이라도 난 것 같았다. 우리 부부가 네덜란드 마스트리흐트의 도로에서 자전거를 타고 있는데 마치 거리 시위대가 우리 쪽으로 오고 있는 것 같았다.

"어쩌지요?" 리자가 물었다.

"소리 나는 쪽으로 가서 무슨 일인지 알아봐야지요."

무리는 점점 많아지고 소리도 더 커졌다. 사방에 흥분의 기류가 팽배했다. 더 다가가서 보니 웃음이 절로 났.

초등학교가 파해 수백 명의 아이가 쏟아져 나오고 있었다. 함께 집에 걸어가려고 아이를 데리러 온 엄마들도 쭉 늘어서 있었다.

난생처음 간 지구 저편의 동네에서 그토록 정겨운 광경을 보노라면 왠지 가슴이 뭉클해진다. 엄마 품으로 달려가는 아이들을 보면 하나님이 설계하신 본연의 삶을 예찬하게 된다. 그들의 언어를 알아듣지 못하지만 굳이 알아들을 필요도 없다. 아이들은 미술 시간에 그린 그림을 자랑하고, 어쩌다 바지에 구멍이 났는지 설명하고, 다가오는 시험에 대해 말한다. 한마디도 모르는 언어지만 무슨 말인지 알아차리기란 어렵지 않았다.

이것은 정치적 공정성에 대한 대화 이상이다. 미래의 자녀를 누가 어떻게 기를 것인가? 당신 커플은 이와 관련된 많은 중요한 이슈에서 합의를 이루어야 한다. 남성이여, 자녀가 학교를 마치고 왔을 때 집에 반겨 줄 엄마가 있었으면 좋겠는가? 그렇다면 똑같이 그렇게 원하는 여자와 결혼하라. 여성이여, 그런 엄마가 되고 싶은가? 그렇다면 당신에게 그런 자유를 줄 수 있을 만큼 경제력이 있는 남자와 결혼하라. 집에 있다가 아이를 맞아 줄 사람이 남편이었으면 좋겠는가? 그렇다면 거기에 대해서도 대화해야 한다. 당신 커플은 어린 자녀가 보모나 할머니의 품으로 달려가도 둘 다 괜찮겠는가?

당신의 자녀를 누가 기를 것인가? 당신 커플은 둘 다 정시에 퇴근하고 주말에는 시간을 비워 두기로 헌신할 것인가<sub>만일 그렇다면 둘 다 특정한 일자리를 수락할 수 없다</sub>? 아니면 이따금 둘 중 한쪽만 집에 남아 자녀와 함께 있어도 괜찮은가?

크리스마스와 추수감사절을 자녀와만 함께 지내고 싶은가, 아니면 대가족과 함께 지내고 싶은가? 대가족 중에서도 누구 쪽 대가족인가? 당신이 다니고 싶은 교회는 큰 교회인가 작은 교회인가? 그 이유는 무엇인가? 배우자가 '가정 교회'나 아예 '무교회'를 고집한다면 어찌할 것인가?

당신은 가족끼리 식사하는 시간을 중시하는가, 아니면 식사 중에 텔레비전 뉴스를 볼 것인가? 홈스쿨링, 사립학교, 공립학교, 대학 등록금을 위한 희생 등 자녀 교육에 대해서는 대화해 보았는가? 우리 부부는 은퇴 자금을 기꺼이 헐어 세 자녀를 사립대학에 보냈다. 그런 우리를 친구들은 대부분 어리석게 여겼다<sub>우리가 상담해 본 모든 재정 전문가도 마찬가지였다</sub>. 이 문제에서 친구들과 견해가 일치하지 않는 것은 큰 문제가 아니다. 하지만 배우자와 견해가 갈린다면 큰 문제다.

## 정치 성향과 신학 노선

이 부분은 약간 애매하다. 각자의 신념을 얼마나 열렬히 옹호하느냐에 따라 달라지기 때문이다. 한쪽은 열성 보수나 진보인데 다른 쪽은 정치에 별로 관심이 없는 부부도 있다. 이럴 때는 큰 문제가 없다. 그러나 양쪽 다 정치에 관심이 뜨거운데 서로 반대 진영에 속한다면 싸움이 날 수 있다.

신학적으로도 마찬가지다. 어떤 배우자는 감리교나 침례교나 장로교나 천주교 중에서 딱히 선호하는 것도 없고 교리가 서로 어떻게 다른지도 모른다. 그러나 한쪽은 은사중지론<sub>기적을 일으키는 은사가 사도 시대에 끝났다는 입장</sub>을 믿는데 다른 쪽은 오순절파라면 둘 다 좋아할 만한 교회를 찾기가 어려울 것이다.

정치와 신학 면에서 배우자와 견해가 일치하는 게 당신에게 얼마나 중요한가? 중요하다면 이런 주제로 미리 대화하라.

## 잠시 멈추어 점검하라

물론 이 정도면 대화할 것과 생각할 것이 **많다**. 하지만 이거야말로 데이트를 하는 목적 중 하나다. 지금 당신에게 부탁하려는 일은 그보다도 더 고통스럽게 느껴질 수 있다. 상대와 약혼할 단계나 결혼할 단계까지 왔다면 공식 발표를 몇 주 미루고 제3자가 동석한 가운데 여러 횟수에 걸쳐 이 모든 이슈에 대해 **다시** 깊이 대화하라. 내가 이렇게 말하는 이유가 있다. 사랑에 빠진 커플은 자기가 듣고 싶은 말만 골라서 듣는 기발한 재주가 있다. 앞서 소개한 실화 중에서 선교사가 되고 싶었던 남자의 예가 기억나는가? 그는 해외에서 선교사로 사는 문제에 대해 결혼 전에 지금의 아내와 대화한 줄로 **생각했다**.

어떤 이슈든 생각나는 대로 모두 제기하라. 가끔 견해가 일치하지 않는다 해서 관계가 끝장나는 것은 아니니 너무 두려워할 것 없다. 하지만 중요한 부분에서 대책 없이 서로 끝까지 어긋나는데 그것을 무시한다면 어리석은 일이다. 그런 어긋남이 드러나는 대로 사랑으로 지적해 줄 제3자를 찾아야 한다.

내게 혼전 상담을 받은 한 커플의 남자는 직업 군인이 되려 했다. 여자의 솔직한 생각을 물으니 그녀는 군인의 아내가 될 마음이 없다고 딱 잘라 말했다. 둘의 결정에 담긴 의미를 더 잘 이해할 수 있도록 그들을 군목과 연결해 주었다. 결혼식이 몇 달밖에 남지 않았는데도 그들은 이 문제가 **해결되지 않은** 상태였다. 이처럼 큰 갈등의 불씨를 보지 못하는 커플을 나는 자주 만난다. 이런 이슈 중 너무 많은 부분이나 하나의 정말 큰 이슈에서 타협한다면 자칫 당신은 평생 원망과 싸워야 할 수도 있다.

이번 관계가 서로 잘 맞지 않는다면 굳이 억지로 맞출 필요가 없음을 명심하라. 물론 모든 커플에게 어느 정도의 타협은 필요하다. 하지만 일정 수준의 행복을 원하는 것은 잘못이 아니며, 사실 전체적으로 생각을 잘 조율하는 것은 지혜로운 일이다. 나쁜 궁합은 연애 관계나 약혼을 깰 근거는 되지만 이혼의 성경적 근거는 **아니다**. 그래서 혼인 서약 이후가 아니라 그 **이전에** 여러 가지 궁합을 진지하게 따져 봐야 한다. 어리석게 배우자를 잘못 선택한다면 성경의 가르침대로 평생 그 결과를 떠안고 살아야 한다.

**1.** 상대를 있는 모습 그대로 보고 결혼하는 게 아니라 앞으로 바뀌기를 바라면서 결혼하는 사람이 얼마나 많다고 보는가? 당신은 사람이 결혼한 후에 본질적으로 즉 근본적인 면에서 변한다고 보는가?

**2.** 단지 사랑하는 사람이 아니라 또한 당신이 좋아하고 존중하는 사람과 결혼하는 것이 중요하다. 왜 그렇다고 보는가? 당신을 창피하게 하는 사람과 결혼하면 어떤 위험이 따르겠는가?

**3.** 저녁, 주말, 휴가, 명절 등의 여가 시간은 당신에게 얼마나 중요한가? 그런 날에 하는 다양한 활동은 당신에게 얼마나 중요한가? 그중에 당신이 결코 양보하고 싶지 않은(또는 양보해서는 안 되는) 것이 있는가?

**4.** 여가 면에서 공통분모가 거의 없는 두 사람이 결혼생활을 즐겁게 할 수 있다고 보는가?

**5.** 지금으로부터 20년이 지난 후에 당신이 절대로 살고 싶지 않을 곳(도시, 교외, 시골, 외국 등)이 있는가?

**6.** 부모 중 한쪽이 아이와 함께 집에 있는 것, 아이를 어린이집에 맡기는 것, 보모를 고용하는 것, 직장 생활과 육아를 최대한 균형 있게 병행하는 것 중에서 당신이 머릿속에 그리는 미래의 모습은 무엇인가? 당신이 받아들일 수 없는 방법은 무엇인가?

**7.** 상대를 향한 로맨틱한 감정을 중시하느라 이미 많은 부분에서 타협하고 있는 그리스도인이 다행히 그 사실을 인지한 경우, 이제부터 어떻게 그런 문제를 책임감 있게 풀어 나갈 수 있겠는가?

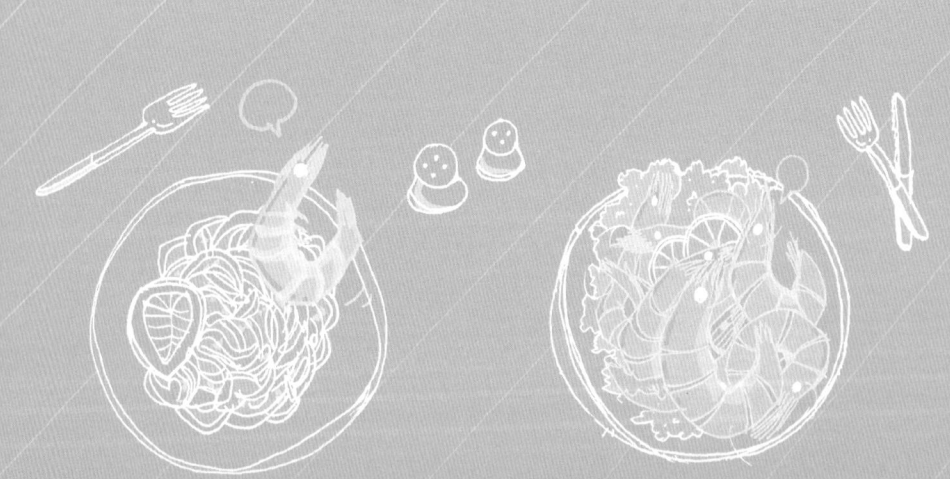

# 건강하고
# 유익한
# 데이트 시간 16

　데이트는 위험한 춤이 될 수 있다. 대부분 우리는 상대에게 참으로 알려지고 받아들여지기를 원한다. 그런데 한편으로 두렵다. 상대가 내 참모습을 알면 혹시 달아나지 않을까? 딱히 내보일 만한 것이 내게 있기나 한가? 상대는 내 참모습에 싫증을 낼까? 두려움을 느낄까? 반감이 들까? 그래서 우리는 숨는다. 더러는 상대에게 알려지기보다 그냥 결혼하기를 더 원한다. 그래서 상대를 알아 가려 하기보다 비위를 맞추려 한다. 의식적으로 나를 제대로 알리기보다 그냥 남자친구나 여자친구의 호감을 사려 한다. 이런 '춤'을 통해서는 결코 서로 참으로 알 수 없다. 그래서 우리는 내 본색이 드러나면 파트너가 떠날지도 모른다는 불안 속에서 살아간다.

　당신이 할 일은 이런 겉모습을 뚫고 들어가 결혼 상대를 참으로 알아 가는 것이고, 상대에게도 당신의 참모습을 보여 주는 것이다. 무엇을 어떻게 할 것인지 깊이 생각하지 않으면 데이트를 해도 서로 참모습을 알 수 없다. 물론 영화를 보고 공원에서 자전거를 타고 외식하는 등의 활동을 통해서도 일정 수준의 애정이 생겨날 수 있다. 하지만 그것은 현실의 삶이 아니다. 대개는 현실 속의 관계도 아니다. 그냥 노는 것이다. 그렇게 해서는 남자가 건강의 위기나 직업의 위기에 어떻게 대처할 사람인지, 여자에게 어떤 용기가 있는지, 각자 삶의 가치관이 무엇인지, 상대를 이끄는 영적 추구가 무엇인지 별로 알 수 없다. 일부 데이트에는 목적이 있어야 한다. 남자친구나 여자친구의 성품을 파악하기 위한 시간이 따로 필요하다.

　당신의 사명은 상대를 정말 알아 가는 것이며 그러려면 의지적 노력이 필요하다. 다음과 같이 하면 된다.

## 대화의 중심에 하나님을 모시라

　왜 그토록 많은 관계가 서서히 시들어 의미를 잃는지 아는가? 하나님 나라를 먼저 구하지 않기 때문이다. 커플의 삶에 자신들의 즐거움 외에 궁극적 사명이 없기 때문이다. 그래서 그들의 삶은 시시한 싸움과 피상적 염려의 덫에 갇힌다. 여자가 거실 가구를 고르는 데 들이는 시간이 잃어버린 한 영혼을 알아 가는 데 들이는 시간보다 훨씬 많다 하자. 더 비싸고 전망 좋은 사무실을 구하는 데 사실상 정신이 팔려 있다 하자. 그런 여자에게 장기간 매료될 남자는 없다. 남자가 하나님께 자신을 내드리기보다 골프 실력을 높이는 데 몰두해 있다 하자. 그런 남자에게 여자가 어찌 조만간 흥미를 잃지 않을 수 있겠는가? 인간은 점차 서로 싫증을 느끼게 마련이다. 원대한 열정이 없이 그저 자신을 위해 산다면 누구든 싫증나게 마련이다.

그렇다면 해결책은 무엇인가? 하나님 나라를 먼저 구해야 한다. 수단으로서가 아니라 목표 자체로 구해야 한다. 그것을 추구하면 대화의 성질이 근본적으로 달라진다. 일차적으로 하나님과의 관계에서 비롯하는 대화다. 그래서 나는 이것을 '삼인조 대화'라 부른다. 우리가 기도하고 성경을 읽으면 하나님이 우리에게 자신을 계시해 주신다. 그러면 우리는 자신의 동기를 보는 눈이 달라진다. 자신의 죄가 보인다. 다행히 하나님은 우리 죄를 지적하실 때도 은혜 안에서 하신다. 덕분에 우리는 겸손히 자신의 약점을 인정하고 더 나은 미래를 향한 비전을 얻을 수 있다. 힘을 얻어 하나님을 위해 위대한 일을 시도할 수 있다. 절대로 대화 소재가 떨어지지 않는다. 우리가 새로운 비전과 새로운 목적을 품은 새사람이 되어 가기 때문이다. 우리의 화제는 이제 시시하고 정체된 삶이 아니다. 그런 삶은 인격적 성장에 별로 도움도 되지 않고 비전도 없다. 대신 우리는 날로 더 그리스도를 닮아 가는 역동적인 사람이 된다. 하나님의 일이 온 세상에 확장되는 것을 보려는 우리의 열정에도 수시로 다시 불이 붙는다.

내 좋은 친구 케빈 하니 Kevin Harney는 결혼한 지 오래되었을 때 하나님의 특별한 음성을 들었다. 교회의 어떤 용도를 위해 "아낌없이 드리라"라는 말씀이었다. 하나님이 명하신다고 생각된 헌금 액수는 정말 어마어마했다. 그렇게 많은 돈을 드리려면 부부가 평생 저축한 돈을 사실상 다 털어야 했다.

그가 퇴근하니 아내 셰리$^{Sherry}$가 먼저 입을 열었다. 아침에 조깅하던 중에 하나님이 자신의 마음을 준비시켜 동일한 일에 '후히 드리게' 하셨다는 것이었다. 그녀는 남편의 반응을 우려하며 어렵게 액수를 말했다. 하나님이 남편의 마음에 부담을 주셨던 액수와 정확히 일치했다.

이 일로 그들의 은행 잔액은 바닥났지만 부부 사이에 친밀함이 흘러넘쳤다. 그들은 하나님 안에서 **함께** 자라 갔고, 다시 한 번 **함께** 그분을 섬기며 삶의 감격에 휩싸였다. 결혼한 지 30년이 넘었는데도 케빈과 셰리야말로 서로 싫증을 느끼는 것과는 거리가 먼 부부다.

이것은 하나님을 위해 무엇을 하느냐의 문제만이 아니라 또한 그분 안에서 어떤 사람이 되느냐의 문제다. 늘 하나님과 교제하며 살면 나는 말 그대로 다른 사람이 된다. 그래서 아내는 늘 새로운 나를 알아 가야 한다. 역으로도 마찬가지다. 최근에 아내가 어떤 힘든 부모를 위해 아주 귀한 기도를 했다. 아내 안에 계신 성령이 어찌나 놀랍도록 확연하던지 아내를 향한 내 사랑이 또다시 새로워졌다. 이렇게 기도의 은혜 가운데 자라 가는 여자와 결혼하게 하신 특권으로 인해 하나님께 감사드렸다.

하나님 나라를 먼저 구하려면 당신의 대화는 삼인조가 되어야 한다. 대화의 중심에 하나님을 모시라. 그분이 요즘 보여 주시는 것은 무엇인가? 행하고 계신 일은 무엇인가? 무슨 일로 당신을 용서하고 지도하고 격려하고 계시는가?

데이트 중에 당신은 하나님이 상대 안에서 그리고 상대를 통해 무엇을 하고 계시는지 파악해야 한다. 상대가 하나님의 음성을 듣기는 하는가? 자신의 죄를 인식하고 있는가? 조금이라도 사명 의식이 있는가? 당신 커플은 서로 감화하고 격려하여 함께 하나님 나라를 구하는 데 더 집중할 수 있는가?

## 다른 사람들과 함께 있는 자리에서 잘 관찰하라

남자친구나 여자친구와 함께 있을 때는 **잘 관찰하라.** 상대는 자신의 가족을 어떻게 대하는가? 부모와의 관계는 어떤가? 형제자매와의 관계는 어떤가? 주변에 아이가 있을 때 어떻게 행동하는가? 웨이터나 경비원 등 눈에 띄지 않는 사람을 어떻게 대하는가? 남자가 너무 게을러 패스트푸드점에서 자신의 식탁조차 치우지 않거나 마트의 카트를 주차장의 제자리에 돌려놓지 않는다면, 그런 사람이 어떻게 나중에 집안에 물건을 어질러 놓지 않겠으며 그것을 남이 치워 주기를 바라지 않겠는가?

여기 냉엄한 현실이 있다. 당신이 누구와 연애를 시작하든 파트너가 100% 이타적일 수는 없다. 지금 상대는 당신에게 뭔가를 원한다. 당신과 결혼하고 싶을 수도 있다. 당신을 끌어안고 싶을 수도 있다.

그냥 당신의 호감을 사고 싶을 수도 있다. 어쨌든 당신과 함께 있을 때의 행동이 상대의 최선이라고 보면 된다. 그러므로 남자친구나 여자친구가 **당신에게** 해 주는 일 – 꽃을 사 준다든지 요리를 한다든지 격려를 베푸는 등 – 에는 여러 가지 동기가 섞여 있다.

그래서 성품의 참모습을 알려면 상대를 다른 사람들과 함께 있는 자리에서 관찰해 봐야 한다. 여성이여, 남자친구가 예비 사역자인데 다른 모든 목사와 그들의 설교를 모조리 비판한다면 장담하건대 결혼한 지 5년 후면 아내인 당신을 향해서도 끝없이 비판을 쏟아낼 것이다. 남성이여, 여자친구가 당신 외에는 **누구에게도** 잘해 주지 않는다면 당신에게 잘해 줄 날수도 극히 제한되어 있다. 실제로 결혼식 후에 몇 주밖에 가지 않을 것이다.

몇 년 만에 만난 대학 동창에게 내가 결혼생활에 대해 물었을 때 그가 웃으면서 한 말이 있다. "너도 기억하겠지만"실제로 기억났다 자기 아내는 학생 때 늘 장시간 도서관에서 공부했듯이 지금은 학교 교사로서 교안 준비에 똑같이 많은 시간을 들인다는 것이었다. 아내가 날마다 준비할 업무량이 많다 보니 딸을 돌보는 일은 다분히 그의 몫이 되었다. 그거야 그도 싫지 않았지만, 요지는 이것이다. 학생 때의 모습이 그대로 직업 교사의 모습으로 이어졌다는 것이다.

데이트할 때는 잘 관찰하라. 사역의 상황, 가족의 상황, 어쩌면 스트레스 상황 속에까지 들어가 상대가 어떻게 반응하는지 보라. 작은 일 하나만 틀어져도 상대가 데이트 전체를 망쳐 버린다면, 장래의 가족 휴가 때도 한바탕 난리만 벌어지고 쉼은 별로 없을 것이다. 가족 휴가 중에는 꼭 뭔가 일이 틀어지게 마련이기 때문이다.

현대인의 데이트는 대부분 두 사람이 서로 어떻게 대하는가에 집중된다. 하지만 그것은 별로 도움이 되지 않는다. 한창 연애 감정이 뜨거울 때는 특히 더하다. 관계 밖으로 나가야 당신이 생각 중인 결혼 상대의 동기와 속내를 들여다볼 수 있다.

## 과거를 알면 미래가 보인다

우리는 지금 진지한 연애 관계를 시험하는 법을 살펴보는 중이다. 계속 같은 주제로 이번에는 남자친구나 여자친구가 **당신을 만나기 전에** 어떤 사람이었는지 알아보라. 그때도 상대는 스포츠를 좋아했는가? 교회에 다녔는가? 지금 당신 커플이 함께 즐기는 일을 상대가 그때도 했는가? 너무 표시 나지 않게 하되 의식적으로 애인의 과거 암호를 풀어 보라. 과거는 미래를 알려 주는 꽤 정확한 지표다.

결혼 상대가 당신을 만나기 전에 교회에 다니지 않았다면 결혼식 후에도 교회를 우선으로 삼지 않을 것이다. 상대가 지금 스포츠나 박물관이나 요리를 좋아하는 척한다면 그런 연기는 머잖아 끝날 것이다. **상대의 과거를 알아야 당신의 미래를 읽을 수 있다.** 무엇이든 크게 달라진 부분이 있다면 자못 수상하게 여겨야 한다.

상대의 형제자매, 부모, 친구들과 대화해 보라. 옛날의 사진첩을 보여 달라고 하라. SNS에서 상대의 과거 게시물을 검색해 보라. 물론 조금 조심할 필요가 있다. 증인을 심문하는 FBI 요원처럼 해서는 안 된다. 평소의 대화 중에 격의 없이 물어 보라. 그렇게 결혼 상대의 정신세계 속으로 좀더 깊이 들어가라. 결혼한 후에 깜짝 놀랄 일이 적을수록 좋다.

이런 여러 이슈를 생각하는 당신에게 폴 프리젠$^{Paul\ Friesen}$ 박사의 책 *Before You Save the Date: 21 Questions to Help You Marry with Confidence*청첩장을 보내기 전: 21가지 질문으로 자신 있게 결혼하라를 권하고 싶다. 상대의 마음속을 들여다보게 해 주는 책이다.

> 상대의 과거를 알아야 당신의 미래를 읽을 수 있다.

## 함께 기도해 보라

혼전 커플은 함께 기도해서는 **안 된다고** 조언하는 이들이 있다. 너무 가까워져 육체관계로 이어질 수 있다는 것이다. 당신 커플이 그런 경우라면 아마 다른 사람들과 함께 있을 때만 기도해야 할 것이다. 나라면 상대와 단둘이 주님 앞에 나아가 상대의 마음속 관심사를 들어 보고 싶다. 그러면 상대가 그리스도 안에서 정말 어떤 사람인지 더 잘 읽을 수 있다.

당신의 여자친구나 남자친구는 하나님께 어떻게 말하는가? 그 사람에게 그분은 친구인가 낯선 타인인가? 당신이 사랑하는 사람은 그분을 거의 두려워하거나 그분 앞에서 쩔쩔매는 듯 보이는가? 마음에서 우러나온 열정이 느껴지는가? 그분과의 대화에 익숙해 보이는가? 아니면 상대의 기도는 정작 하나님께 말하기보다 당신에게 말하며 당신의 호감을 사려는 것처럼 들리는가? 기도 제목과 내용은 어떤가? 사람들을 걱정하는 마음이 보이는가? 기도 내용이 시시한 삶이나 하찮은 관심사에 머무는가? 아니면 사람들을 향한 하나님의 긍휼이 배어 나오는가?

물론 사람들은 기도할 때도 '연기할' 수 있다. 그러나 여러 번 함께 기도해 보면 상대가 주님과 어떤 사이인지 더 잘 파악할 수 있다.

사랑에 빠진 커플은 늘 서로에게 더 잘 보이려 한다. 앞서 말했듯이 연애 감정이 있을 때는 누구나 자신이 바라는 것을 얻고 지킬 생각밖에 없다. 이 관계가 잘되기를 일편단심 바라기에 생활 방식의 작은 타협과 **일시적** 변화쯤이야 얼마든지 감수할 수 있다. 심지어 성격까지도 이 관계에 맞출 것이다. 하지만 이런 동기는 언제나 연애 감정과 함께 사라진다. 여기에 맞서려면 데이트에 의지가 수반되어야 한다. 가면 속에 가려진 상대의 참모습을 알아내라. 그리고 당신도 남자친구나 여자친구에게 꼭 참모습을 보여 주라.

**1.** 우리는 대부분 누군가를 참으로 알기 원하고 상대에게 알려지기 원한다. 그런데 왜 로맨틱한 관계에서는 대개 서로 숨기거나 실제와는 다른 모습을 보일까?

**2.** '현재의 원대한 열정'은 어떻게 결혼생활의 지속적 원동력이 될 수 있는가? 그런 열정을 공유하지 않은 사람과 결혼하면 어떤 위험이 따르는가?

**3.** 우리는 그리스도인이 되는 데서 그쳐서는 안 되고 그리스도인으로서 **성장해야** 한다. 당신은 그것이 얼마나 중요하다고 보는가? 데이트 상대가 영적으로 침체해 있는지 성숙해 가고 있는지 어떻게 알 수 있는가?

**4.** 남자가 자신의 누나나 여동생이나 엄마를 대하는 방식을 보면 앞으로 어떤 남편이 될지 내다볼 수 있고, 여자가 자신의 오빠나 남동생이나 아빠를 대하는 방식을 보면 앞으로 어떤 아내가 될지 가늠할 수 있다. 당신은 이것이 공정한 말이라고 보는가? 어떤 면에서 그런가?

**5.** 데이트 중인 남녀가 함께 기도하는 것은 위험한 일인가? 유익이 있다면 무엇인가? 어떻게 하면 함께 기도하는 일을 적절하게 할 수 있는가? 함께 기도하기는 해야 하는가?

# 이성을 마비시키는 신경화학 전쟁 17

세스와 가브리엘은 일요일 이른 아침에 텍사스 주 휴스턴에서 법적으로 부부가 되었다. 그런데 80시간쯤 후인 수요일 밤까지 성관계를 하지 않았다.

내막을 설명하면 이렇다.

이 젊은 커플은 본래 멕시코에서 결혼할 예정이었다. 그런데 멕시코 법에 따르면 그들은 멕시코에서 혈액 검사를 받아야 했고 주례도 멕시코 성직자에게 맡겨야 했다. 아울러 혼인의 효력이 발생하려면 일정 기간 국내에서 대기해야 했다. 세스와 가브리엘이 원한 주례는 생면부지의 성직자가 아니라 자기네 교회 목사였다. 그래서 그들은 절차상의 예식을 미리 간소하게 치르고 혼인 신고를 한 뒤에 멕시코행 비행기에 올랐다.

가브리엘은 세스에게 말했다. "이건 형식에 불과해요. 아빠가 나를 데리고 입장할 때까지는 결혼이 아니에요." 멕시코에서 '정식으로' 예식을 올려야 한다는 뜻이었다.

하지만 세스는 약식 결혼식이라고 무시할 마음이 없었다. 이미 혼인 신고서에 서명했고 존경하는 목사가 성혼도 선포했다. 게다가 그는 멕시코의 어느 리조트에 멋진 신혼부부용 스위트룸을 얻어 돈까지 지불했다. 그런데 가브리엘은 로맨스를 위해 특별히 꾸며진 그 아름답고 널찍한 방에서 일요일과 월요일과 화요일 밤을 독수공방했고, 세스는 복도 끝 작은 방에서 침대까지 아버지와 함께 쓰며 지냈다. 게다가 그의 아버지는 중요한 날을 앞둔 아들에게 이 마지막 며칠 동안 '신혼여행에 대한 이런저런 조언'을 해 주었다.

여기서 가브리엘이 세스에게 방 열쇠를 주었어야 하는지에 대해 논박을 벌이자는 말은 아니다. 그 일은 세스에게 적잖은 좌절이었지만 나중에 돌아보며 그는 정식 예식이 끝나기까지의 그 시간이 '특별한' 기다림이었다고 고백했다. 하지만 당신은 이렇게 생각할지 모른다. "이 무슨 구닥다리 같은 소리야. 지금은 21세기잖아! 요즘 같은 세상에 결혼할 때까지 기다리는 사람이 누가 있어?"

이 이야기를 소개하는 이유는 지금부터 당신이 섹스와 데이트를 새로운 시각으로 보았으면 해서다. 아마 여태 이런 식으로 생각한 적이 없을지도 모른다. 당신이 그동안 설교로 듣고 성경에서 읽었듯이,

우리는 서로 잘못 대해서는 안 된다. "하나님의 뜻은 이것이니 너희의 거룩함이라. 곧 성적 부도덕을 버리고 각각 거룩함과 존귀함으로 자기의 몸을 절제할 줄을 알고 하나님을 모르는 이방인과 같이 색욕을 따르지 말고 **아무도 이 일에 형제나 자매를 해하거나 이용하지 말라**"살전 4:3~6 NIV.

성욕은 우리를 극도로 취약하게 한다. 바울은 그 취약성을 이용하지 말라고 교회에 권고한다. 결혼 전에 성생활을 하지 말아야 할 이유라면 성경의 이 지침만으로도 충분하다. 하지만 성에 대한 하나님의 목적을 이해하면 혼전 순결에 대한 당신의 헌신이 더욱 굳어질 수밖에 없다. 하나님이 어련히 알아서 정하신 질서다. 그분의 계획은 기발하다. 성에 대한 하나님의 목적을 생각하고 공부할수록 나는 그분이 설계하신 이 신기한 작품에 더욱 감탄하게 된다. 그분은 또한 우리에게 지혜를 베풀어 성의 사용법을 알려 주신다.

나는 섹스를 매우 중시한다. 사용법만 바르다면 섹스를 통해 부부에게 신기하고 놀라운 일이 벌어지기 때문이다. 그러나 섹스가 하나님의 창조 질서를 벗어나면 당신은 순간의 쾌락 때문에 **일생의** 선택을 그르칠 수 있다. 섹스는 미래의 결혼에 도움이 되어야지 당신의 행복과 즐거움을 지켜 주어야지 결혼 상대를 지혜롭게 선택하는 데 방해가 되어서는 안 된다. 당신을 그렇게 준비시켜 주는 것이 이번 장의 목표다.

## 뇌의 신경화학 작용

검사해 보면 알겠지만 평상시 여성의 뇌에 분비되는 옥시토신 양은 평균 남성보다 최고 10배 이상 많다. 옥시토신이란 따뜻함, 애정, 결속, 친밀함 등의 느낌을 유발하거나 전달하는 신경화학 물질<sup>정확히</sup> '신경 펩타이드' 이다. 대체로 여성이 대인 관계를 정서적으로 편안해 한다는 사실이 다분히 그것으로 설명된다.

그런데 유일하게 남성의 옥시토신 수위가 여성에 근접해질 때가 있다. 성관계 직후에는 남자에게 옥시토신이 솟구친다. 그래서 자기도 모르게 엉뚱한 행동을 하기도 한다. 예컨대 잘 알지도 못하는 남자가 후다닥 성관계를 끝낸 후에 "내가 너를 사랑하나보다"라는 말을 내뱉어 독신 여자를 충격에 빠뜨릴 때가 있는데, 그 이유가 이것으로 설명된다. 남자의 그 말은 신경화학 물질의 산물이다.

부부관계 내에서는 옥시토신의 분출이 기발한 연합의 장치다. 하나님은 연애 감정이 금방 시들해질 것을 아신다. 결혼 후에는 우리에게 서로를 향한 애정을 꾸준히 새롭게 해 줄 뭔가가 필요하다. 젊은 아내들이 내게 말하는 가장 큰 상처 중 하나는 이것이다. 그들은 결혼식 전에는 자신이 남편의 우선순위 1위였는데 결혼식 후에는 3~4위로 떨어졌다며 분개한다. 우리 남자들은 일단 '여자를 얻은' 뒤에는 그 다음 도전으로 넘어간다. 남성의 심리 구조에 그런 면이 있다. 그래서 갑자기 새신랑의 관심사가 직업, 골프 핸디캡, 사냥, 스포츠 따위로 돌아선다.

하나님이 이것을 모르실 분이 아니다. 그분은 남자가 본성상 이타적이지 못하며 점차 아내를 소홀히 할 수 있음을 아신다. 그런데 남자의 아내는 하나님의 딸이기도 하며 그분은 자신의 딸이 잘되도록 열성을 다하시는 분이다. 그래서 그분은 기발하게 성욕의 배후 호르몬을 만드셨다. 건강한 남자는 그것을 다량 보유하고 있다. 하나님이 설계하신 결혼에는 다음과 같은 지침이 딸려 있다. 남자는 아내를 통해서만 정당한 성적 만족을 얻을 수 있다는 것이다. 그래서 남편에게는 말 그대로 "내 아내가 필요하다"라고 알려 주는 환기 장치가 있다. 이 욕구가 하나님의 명시적 지침대로 표현되고 충족되면, 남자의 뇌에 결속의 신경화학 물질이 솟구친다. 그 신경화학 물질이 아내를 향한 남편의 애정과 정열에 다시 불을 붙여 준다. 이때 아내가 경험하는 짜릿한 오르가즘은 면역력을 높여 주고, 밤잠을 더 잘 자게 하고, 혈압을 낮춰 주고, 남편과 더 정들게 해 주는 것으로 밝혀졌다.

다시 말하지만 이것은 부부관계 내에서는 기발한 장치다. 지혜로운 남자는 아내와 성적으로 친밀해지려면 정서적 친밀함과 영적 친밀함도 유지해야 함을 금방 배운다. 즉 육체적 욕구 덕분에 그는 관계 면에서 안일에 빠지지 않을 수 있다 물론 포르노 같은 값싼 대용품을 찾지 않는다면 말이다.

그러나 부부관계를 **결속하는** 데 더없이 유익한 이것이 결혼 전의 관계를 시험하는 데는 전혀 무익하다. 연애 감정이 시들어 가는데 성관계를 하며 지낸다면, 이는 계속 신경화학 물질로 서로에 대한 감정을 지어내는 것이다. 서로를 친밀감을 얻을 상대로 묶어 두는 것이다. 하지만 지금은 당신이 관계를 결속할 게 아니라 관계를 시험하고 평가해야 할 때다. 도덕적인 면은 둘째 치고라도 혼전 섹스는 다음과 같은 이유에서 미련한 일이다. 신중에 신중을 기해 최선의 선택을 내려야 할 바로 그때에 섹스가 신경화학 물질로 당신을 몽롱한 혼란에 빠뜨린다. 그래서 머릿속으로는 별로 지혜롭지 못한 만남임을 알면서도 당신은 그 사람과 결혼하고 싶어진다. **그야말로 자신의 이성적 사고에 맞서 신경화학 전쟁을 벌이는 것이다.** 폴 프리젠 박사는 "혼전 성관계보다 더 커플을 현실의 도전에 눈멀게 하는 것은 없다"라고 단언했다.[1]

> 나는 섹스를 매우 중시한다. 사용법만 바르다면 섹스를 통해 부부에게 신기하고 놀라운 일이 벌어지기 때문이다. 그러나 섹스가 하나님의 창조 질서를 벗어나면 당신은 **순간의 쾌락** 때문에 **일생의 선택**을 그르칠 수 있다.

혼전 성관계는 어느 모로 보나 무익하다. 관계를 평가해야 할 당신을 혼란에 빠뜨린다. 평생을 바칠 만한 관계가 아닌 것으로 밝혀질 경우, 그동안의 성관계 때문에 이별이 더욱 고통스러워진다. 본래 하나님은 당신을 지으실 때 성관계를 통한 결속을 중시하도록 지으셨는데, 당신은 오히려 그것을 무시하도록 자신을 길들여야 한다. 상대와 헤어지려면 결국 결속을 **외면해야** 하기 때문이다. 이는 장차 그런 결속이 부부관계에 미칠 긍정적 영향까지 약화하는 결과를 낳는다.

혼전 성관계는 결혼한 후에 배우자와 성적으로 소통하는 능력도 떨어뜨린다. 성관계를 할 때마다 이미 길들여진 대로 신경화학 물질이 결속의 '느낌'을 주기 때문이다.

혼전 순결을 지키기보다 '성적 궁합'을 시험해 보는 게 더 중요하다고 생각하는 이들이 있거니와 이는 잘못된 생각이다. 당신을 지으신 분을 신뢰하라! 하나님은 섹스를 **설계하실** 때 거기에 쾌락과 만족이 따르게 하셨다. 그분이 어련히 알아서 하신 일이며 당연히 성공작이다. 섹스는 정말 놀라운 것이 될 수 있다. 섹스는 배울 수 있는 기술이기도 하며, 바로 결혼생활을 통해 학습이 가능하다. 그러므로 설령 결혼 첫날밤에 '궁합'이 맞지 않는다 해도 차차 궁합에 도달할 수 있는 시간이 평생 주어져 있다.

두 사람이 진정으로 서로 아껴 주며 점점 더 다정해지고 너그러워지고 있다면, 성적으로 서로 즐겁게 해 주는 법과 쾌락을 지속하는 법을 터득하게 마련이다. 굳이 '시험'이 필요 없는 게 섹스다. 정말이지 섹스는 통하게 되어 있다! 둘 사이의 섹스가 즐겁다는 점은 관계를 시험하는 기준이 될 수 없다. 그것은 마치 이렇게 말하는 것이나 같다. "둘 다 초콜릿칩 민트 아이스크림을 맛있어 하니까 우리는 천생연분이야." "우리는 둘 다 노을이 아름답다고 생각해." 어디 당신네 둘뿐이랴. 그렇게 생각하는 사람이 수없이 많다. 마찬가지로 당신을 오르가즘에 도달하게 해 줄 수 있는 사람도 수없이 많다. 그뿐 아니라 당신 쪽에서도 그들을 통한 오르가즘을 즐기게 되어 있다. 하나님은 당신을 지으실 때 살짝만 닿아도 찌릿 전기가 통하는 살갗을 주셨고, 또 말초신경과 성기와 뇌를 주셔서 섹스가 극도의 쾌락으로 느껴지게 하셨다. 결국 당신이 알아낸 것은 하나님이 선하신 창조주요 설계자라는 사실뿐이다. 당신의 몸을 자극해 오르가즘에 이르게 한 상대가 함께 가정을 일굴 만한 역량이 있는 사람인지는 알아내지 못했다.

중요하게 덧붙일 말이 있다. 당신이 결혼하여 섹스를 일주일에 세 번씩 한다 해도 5년차 이상 부부의 평균치보다 높다 성관계하는 시간을 다 합하면 결혼생활의 1%도 되지 않는다. 환상적인 1%로 절망적인 99%를 극복할 수는 없다. '성적 궁합'이 맞아도 이혼하는 부부가 많이 있다. 반대로 결혼생활의 1%에서 가끔 좌절감이 들어도 나머지 99%가 알차고 만족스럽다면 당신의 부부관계는 무너지지 않는다.

물론 성적 순결을 지키기란 쉽지 않다. 파트너가 좋은 배우자감이라면 성적 순결을 지키기가 괴로우리만치 힘들 것이고 점점 더 힘들어질 것이다. 그게 힘들지 않다면 오히려 주의해야 한다. 폴 프리젠은 이렇게 경고한다. "어떤 커플들은 둘의 관계에서 육체적 순결을 지키는 부분이 잘되고 있다고 자랑한다. '우리에게 이 부분은 문제가 안 돼요'라고 말한다. 하지만 연애 기간이 꽤 되었고 결혼까지 생각하고 있는데 '이 부분이 문제가 안 된다면' 문제가 있는 것이다. 당신은 순결을 지키고자 온 힘을 다해 싸우고 있어야 한다. 당연히 서로를 향해 강력한 성적 욕구가 있어야 한다."[2] 성적 욕구가 일어나지 않는다면 배후에 문제가 도사리고 있다는 심각한 신호일 수 있다.

통계에 따르자면 당신은 남자친구나 여자친구와 이미 성관계를 했을 소지가 크다. 그래서 이런 생각이 들 수 있다.

"이제 어떻게 하지?"

당장의 성관계도 연애 감정처럼 점차 시들해지게 마련이다. 한동안은 그것이 당신의 정신을 혼미하게 한다. 하지만 성관계를 하는 커플도 다반사로 헤어진다. 지금 이것은 영적 정황과는 별개로 하는 말이다. 영적 정황에 대해서는 잠시 후에 살펴볼 것이다. 관계를 제대로 평가하고 싶다면 지금부터 데이트를 하나님의 방식대로 하겠다고 결단하라. 지금까지 하던 방식을 중단해야 한다. 그 결과로 관계가 깊어지는지 아니면 힘들어지는지 지켜보라.

아울러 우리는 예비 배우자의 성적 과거에도 잘 대처할 필요가 있다. 지금부터 그것을 살펴보려 한다.

## 만족스러운 미래를 성적 과거에 빼앗길 것인가?

우리는 성적으로 문란한 시대에 살고 있다. 그래서 성적 과거가 '완벽한' 독신 성인은 점점 더 적어진다. 니컬러스 울핑거 Nicholas Wolfinger는 가정학 연구소를 통해 발표한 논문에서 큰 변화를 지적했다. 혼전 섹스 파트너가 한 명 약혼자였을 가능성이 매우 높다이었거나 아예 없었던 기혼 여성이 1970년대까지만 해도 43%인데 반해 현재는 22%다. 과도한 성적 표현이 대중 매체에 속수무책으로 넘쳐나는 지금, 포르노와 에로물과 성폭행 피해 등까지 합하면 피할 수 없는 현실이 있다. 우리 대부분은 많은 성적 부상을 안고 결혼생활에 비틀비틀 들어선다. 과거의 성적 죄나 상처가 없는 사람은 여간해서 찾기 어렵다. 하지만 하나님은 당신이 죄를 지었거나 남에게 피해를 입었다는 이유만으로 당신을 불량품으로 보지 않으신다. 그분은 당신이 결혼을 통해 성적 만족을 누리기 원하신다. 그분이 당신을 치유해 주시기에 당신은 과거에서 벗어나 배우자와 더불어 친밀하고 만족스러운 성적 소통을 가꿀 수 있다.

그래도 혼전 섹스는 여러 가지 문제를 남긴다. 우리는 거기에 솔직해져야 한다. 하나님이 은혜로 용서하신다 해서 성적 과거가 중요해지지 않는 것은 아니다. 과거의 성생활 **수위**는 중요하다. 울핑거가 밝혔듯이 여성 이혼율은 혼전 섹스 파트너가 10명 이상인 경우가 가장 높았고, 2~9명인 경우는 그보다 낮았고, 0~1명인 경우가 가장 낮았다.

결혼 전의 성적 죄는 용서될 수 있지만 죄의 결과는 혹독할 수 있다. 성적 죄는 우리의 사고를 오염시키고 뇌와 몸을 잘못된 방향으로 길들인다. 그동안 내가 많은 부부와 대화해 보니 남자든 여자든 결혼해서 겪는 성적 어려움은 과거에 성적으로 문란했던 정도와 정비례한다. 꼭 그럴 필요가 없는데도 – 그 이유는 잠시 후에 살펴볼 것이다 – 그럴 때가 많다. 이는 다분히 자신의 과거가 너무 부끄러워 좀처럼 과거를 처리하지 않기 때문이다. 그들은 그냥 과거가 없었던 척하거나 과거가 중요하지 않은 것처럼 행동한다. 그러면서 그 결과를 고스란히 당한다. 치유되지 않은 과거를 현재의 성기능이나 만족도와 연결하지 못한다.

성적 죄에 대가가 따르지 않는다면 하나님도 그것을 금하지 않으실 것이다. 하나님은 은혜로우신 분이지 결코 악한 존재가 아니다. 놀랍도록 자상하고 너그러우신 분이다. 그분의 지혜에 정면으로 반발할 뿐 전혀 달라지지 않은 채 아무런 대가도 없기를 바란다면, 이는 하나님을 거짓말쟁이라 부르는 것보다 더 나쁘다. 그분을 쾌락을 앗아가는 악한 거짓말쟁이라 부르는 것과 같다.

하나님이 거짓말쟁이가 **아니기에** 우리는 몹시 고통스럽고 수치스러운 이런 문제를 직시하고 자신의 죄를 과감히 응시할 수 있다. 죄가 흉측한 것이며 과거에 우리를 지배했음을 인정할 수 있다. 사실 우리는 자신의 망가진 모습에 당당히 직면할 수 있다. 우리가 섬기는 예수님이 전능하신 승리의 왕이기 때문이다. 그분은 친히 죽음으로 우리의 죗값을 치르셨고, 성령을 보내 우리를 새로운 방식의 사고와 감정과 생활로 인도하신다. 예수께서 죽으셔서 우리에게 소망을 주셨다. 이 소망이 있기에 우리는 하나님이 주시는 최고의 선물 이하에 안주할 필요가 없다. 그 선물을 받아들일 수 있다. 자신의 어리석은 선택이 남긴 부정적 흔적을 우리는 하나님의 도움으로 극복할 수 있다. 우리를 도우실 능력과 의지가 그분께 있다. 이것이 '디지털' 죄프르노에 어떻게 적용되는지 살펴보고 나서 과거의 성경험 문제로 넘어가자.

## 포르노 문제

여성이여, 당신 앞에 놓인 도전 중 하나는 이것이다. 대중화된 인터넷 탓에 거의 모든 남자가 포르노를 조금이라도 보았고 많이 본 남자도 많다. 남성이여, 포르노를 본 여자의 수도 갈수록 많아지고 있다. 문화의 혼탁한 메시지는 도처에 널려 있는 포르노가 무해하고 재미있다고 말한다. 그러나 포르노 제작자들은 무수히 많은 독신 남녀의 영혼과 기대를 극도로 뒤틀어 놓았다. 때로 여성이 더 수치심에 시달린다. 여자는 '마땅히' 남자만큼 포르노에 빠져서는 안 된다는 생각 때문이다. 수치심 때문에 사람들은 침묵과 자책과 족쇄에서 헤어나지 못한다.

승자 없는 싸움이다.

내가 상담하는 많은 그리스도인 약혼녀는 장래의 남편에게 포르노 이력이 있음을 상담 중에 알고 참담해 한다. 얼마든지 우려하고 신중할 기할 일이다. 하지만 이것이 공정한 싸움이 아님도 당신이 이해했으면 좋겠다. 내가 자랄 때만 해도 일정한 나이가 되어야만 포르노 잡지를 구입할 수 있었다. 지금은 인터넷에서 음란물이 무료로 제공된다. 청소년의 사고를 보호하려는 일말의 노력조차 없다. 나는 하나님을 경외하는 훌륭한 젊은 남자를 많이 상담했는데, 그들은 본의 아니게 이 싸움에 말려들었다. 한창 호기심 많은 열두 살 소년을 아무나 붙잡고 "이 버튼만 누르면 여자 나체를 볼 수 있다"라고 말해 보라. 득달같이 버튼을 누를 것이다. 꼭 음란한 장면이 아니더라도 마찬가지다. 아이들은 본능적 호기심에 이끌린다. 계속 소년에게 "이

버튼을 누르면 이번에는 섹스가 어떤 것인지 볼 수 있다"라고 말해 보라. 역시 호기심이 아이를 이길 것이다. 영적으로 감당할 준비도 되어 있지 않은 채로 포르노에 노출되면, 어떤 소년들은 짜릿한 쾌감을 맛보고 결국 그 습관에 빠져들어 어쩌면 평생 거기서 헤어나지 못한다. 호기심은 긁어 부스럼을 만든 정도가 아니라 소년 세대를 모두 점령했다.

물론 과녁은 남자<sup>소년</sup>만이 아니다. 공인 상담자이자 내 친구인 데브라 필레타<sup>Debra Fileta</sup>는 이렇게 썼다.

> 여자들도 포르노로 힘들어한다. 여성 포르노 사용자는 증가 추세며 여러 연구 보고에 따르면 86%에 달한다. 공인 상담자로서 나는 포르노가 여성의 마음과 뇌에 미치는 악영향을 수시로 본다. 포르노에 익숙해지면 실제 관계가 아니라 가상의 관계에 성적으로 반응한다. 포르노를 보면서 자위행위를 하면<sup>거의 항상 병행된다</sup> 앞으로 남편과의 성관계에 반응하는 신체 기능이 대개 손상된다. 포르노는 건강한 관계의 적이다. 당신이 포르노로 힘들어하는 여자라면 알아야 할 게 있다. 당신만 그런 게 아니다. 천만의 말이다. 포르노를 보는 여자는 남자보다 깊이 수치심에 파묻힐 때가 있다. 그러나 치유의 열쇠는 수치심이 아니라 그리스도다. 전문 상담을 받으면서 삶의 바운더리를 세워 나가면 당신도 중독에서 해방될 수 있다. 마음과 생각을 재조정하는 과정에 들어설 수 있다. 그런 사례를 많이 보았다. 하루도 더 미루지 마라.

치유가 당신을 기다리고 있다.³

성 중독 연구 분야의 선구자로 널리 존중받는 패트릭 칸즈Patrick Carnes 박사는 성 중독을 세 단계로 구분한다. 포르노는 1단계다. 1단계에서 중독을 끊지 못하면 2단계로 발전할 수 있다. 2단계는 노출증, 관음증, 성매매, 강제 접촉 등의 불법 행위다. 일부 가해자는 강간, 아동 성추행, 아동 포르노 등 더 중대한 위법 행위인 3단계로 넘어간다. 2단계까지 가지 않고 포르노를 가끔 보는 사람도 많다. 그러나 많이 볼수록 그 방향으로 빠질 소지가 커진다.

당신이 사귀는 남자가 과거에 장기간 포르노를 보았고 지금도 끊지 못하거나 끊을 필요를 못 느낀다면, 당신이 우려해야 할 이유가 두어 가지 더 있다. 하나는 여자들이 어떤 행동을 어떻게 즐기는가에 대한 그의 기대가 위험 지대로 내던져졌다는 사실이다. 그런 기대는 현실과는 전혀 거리가 멀다. 인터넷 섹스의 세계에 '영혼의 소통'이란 전혀 없다. 하지만 장기적으로 참된 만족을 주는 진정한 성적 소통은 영혼의 소통뿐이다. 인터넷 사이트는 친밀함 대신 충격 요법을 써서 계속 흥미를 유발한다. 하나님이 의도하신 섹스는 부부의 결속을 더해 주지만 포르노는 매번 강박적으로 뭔가 **새로운** 것, **다른** 것을 보게 만든다. 지난번보다 더 괴상한 것을 내놓는다. 이렇게 악순환이 되풀이되어 성적 표현은 점점 더 변태적으로 변한다.

포르노의 작동 원리는 이렇다. 다른 여자의 알몸을 볼 때마다 남자의 뇌에 도파민이 분출되는데, 단 매번 **새로운** 여자라야 한다. 계속 똑같은 동영상이나 사진을 보는 남자는 거의 없다. 이미 본 비디오는 '효력'이 없다. 그래서 성적으로 흥분되려면 아직 보지 못한 새로운 성적 이미지가 필요하다. 결혼과는 정반대. 결혼하면 배우자의 알몸을 수백 번, 수천 번 보고도 여전히 배우자를 상대로 성적으로 흥분되어야 한다. 포르노에 익숙해지면 부부간의 섹스에서 만족을 얻을 수 **없다**.

분명히 말하지만 부부간의 **건강한** 섹스는 모든 면에서 쾌락의 극치에 이른다. 굳이 쾌락을 짜내고 흥분을 지속하려고 이상한 일을 시도할 필요가 없다. 두 사람이 관계적, 정서적, 영적으로 잘 통하고 있고 몸이 하나님이 지으신 본연의 방식대로 기능한다면 굳이 변태적이거나 가학적인 행위를 동원하지 않아도 아주 만족스러운 섹스를 즐길 수 있다. 성경은 남편과 아내에게 많은 창의적이고 재미있는 방식으로 서로 즐기고 또 즐겁게 해 주도록 놀라운 자유를 부여한다.

당신이 이미 사랑에 빠진 남자가 과거에 장기간 포르노를 보았다면 이제 당신은 어떻게 해야 할까? 계속 교제하기로 결정할 경우 당신이 알아야 할 것은 무엇일까? 사고가 포르노에 물든 남자는 더 새롭고 어쩌면 더 변태적인 공상과 행위가 있어야만 똑같은 수준의 흥분에 도달할 수 있다. 그런 사고를 지닌 남자와 장장 50~60년 동안 성생활을 해야 한다는 생각만으로도 당신은 신중을 기해야 한다. 게다가 그의 영혼은 이기적으로 비뚤어져 있어 자신의 쾌락밖에 모른다. 섹스가 선물이라는 개념은 들어설 자리가 없다. 그는 늘 '오늘밤에는 또 무엇을 얻을까?' 하는 생각뿐이다. 이런 남자와 잠자리를 함께하는 여자들이 내게 하는 말이 있다. 자신이 '노리개가 된' 기분, '이용당하는' 기분, 심지어 '포르노 사이트처럼 취급당하는' 기분이 든다는 것이다. 그러니 금방 염증을 느낄 수밖에 없다.

영적 차원과 신경학적 차원에서 볼 때, 포르노를 본 지 오래되었고 섹스 파트너가 많았던 남자들은 한 여자와 성적으로 결속할 수 있는 능력이 떨어진다. 그들은 섹스를 **특정한 한 여자**와 연결하지 않고 **여자 전반**과 연결하도록 자신의 뇌를 길들여 왔다. 본래 섹스의 주된 목적 중 하나는 매번 부부간의 애정을 굳게 다지는 것인데, 이 경우에는 그 목적이 위태로워진다.

어느 20대 남자가 결혼 세미나에서 섹스에 대한 내 강의를 듣고 나서 내게 고백한 말이 있다. 매력적인 동갑내기와 결혼한 그는 모든 조건이 같다면 아내와의 성생활보다 차라리 포르노를 보며 자위행위를 하는 게 더 좋다고 했다. 그는 그런 자신을 부끄러워했고 싫어했다. 하지만 워낙 포르노에 인이 박이다 보니 친밀한 관계 속의 섹스보다 공상 속의 가짜 섹스를 실제로 더 선호했다. 그는 결혼하면 이 문제가 해결되기를 바랐으나 오히려 문제가 드러났을 뿐이다.

남성이여, 당신이 사랑에 빠진 여자가 과거에 장기간 포르노를 보았다면 **당신이** 알아야 할 것은 무엇일까? 포르노에 빠진 많은 여자를 상담한 데브라 필레타는 이렇게 말한다.

> 무엇보다 먼저 알아야 할 것은 과거가 우리를 규정하지는 않지만 반드시 우리에게 영향을 미친다는 사실이다. 삶이 포르노의

악영향에서 벗어나려면 시간이 걸리고 의지가 필요하다.

당신이 알아야 할 게 또 있다. 그녀가 아주 해방되려면 당신의 사랑과 애정만으로 부족하다. 본인이 직접 싸워야만 해방될 수 있다. 교제를 계속 진행하려면 두어 가지 물어야 할 게 있다. **중독이 얼마나 심한가?** 심할수록 완전히 벗어나기가 더 힘들다. **얼마나 오래된 중독인가?** 지난주에 시작되었다면 얼른 끊는 게 좋다. 중독이 하루아침에 생겨나지 않는 만큼 중독 치유도 하루아침에 이루어지지 않는다. 뿌리를 내리는 데도 시간이 걸리지만 뿌리를 뽑으려면 더 오래 걸린다. 포르노의 영향에서 해방된 상태가 적어도 6개월은 지속되어야 한다. 교제를 진행하기 전에 그것을 확인하는 것이 중요하다.[4]

신경가소성은 경고이자 희망이다. 신경가소성이란 우리가 결정하는 대로 실제로 생리적으로 뇌가 형성된다는 뜻이다. 욕망과 습관과 중독도 우리가 만들어 낸다. 똑같은 행동을 장기간 반복하면 결국 그게 곧 내가 된다. 여기에 위험이 도사리고 있다. 내 **행위**가 내 **존재**의 일부로 굳어져 그 행위를 자꾸 또 하게 한다.

다행히 신경가소성 덕분에 우리는 해로운 습성에서 벗어날 수도 있다. 더딘 과정이긴 하지만 교육과 상담과 감시와 우리 안에 주신 하나님의 능력에 힘입어 우리는 새사람이 되어 매일 더 건강한 선택을 내릴 수 있다.

그러나 우리가 속이고 부정하면 회복은 요원하다. 하나님이 치유해 주시려면 우리가 자백하고 회개하고 예수 그리스도의 피를 힘입어야 한다. 거기에 못 미치는 것이라면 무엇으로도 안 된다. 하지만 용서받은 후에도 뇌는 과거의 습성을 버리지 못해 힘들어할 때가 많다. 용서와 성화<sup>거룩한 행실</sup>는 대개 아주 다르다. 뇌의 습성이 건강한 방향으로 바뀌려면 용서받은 후에도 시간이 필요하다.

그래서 만일 당신이 포르노에 상당한 전력이 있다면<sup>끊으려 해 보았지만 매번 실패할 정도라면</sup> **지금 당장** 전문가 차원의 치유를 구해야 한다. 남자든 여자든 마찬가지다. 어느 정도 시간이 지나면 포르노 사용은 도덕성 문제에서 신경계 문제로 변한다. 그러니 이 분야를 잘 아는 상담자를 찾아가라. 해방될 수만 있다면 돈을 들일 가치가 있고 혹시 창피해도 괜찮다.

성적으로 만족스러운 결혼생활은 돈으로 살 수 없는 소중한 것이다. 소망이 있다. 그 소망을 실현하고자 당신의 과거를 처리하는 일이야말로 평생 최고의 투자 중 하나다. 사탄은 당신이 과거 때문에 미래의 성적 만족을 누릴 자격이 없다고 말할 것이다. 그 거짓말을 믿어 평생의 만족을 놓쳐서는 안 된다. 이것은 당신의 자격과 무관한 문제다. 예수께서 이미 당신을 위해 모든 것을 **값 주고 사셨다.**

내가 목사로서 알고 있는 가장 금슬 좋은 부부들 중 일부가 소망의 산 증거다. 남편이 포르노 전력이 있는데 12단계 중독 치료를 마쳤고 지금도 회복 중인 경우다. 이렇게 기꺼이 자신을 성찰하는 남자들은 대개 부부관계에서 특별한 수준의 친밀함을 경험한다. 관계 면에서 더 자신을 살피고 상대를 배려한다. 그래서 나는 비슷한 회복

치료를 누구나 다 받아야 하지 않을까 하는 생각도 든다. 많은 관계 문제를 그런 프로그램이 긍정적으로 해결해 주는 것 같다.<sup>여자들의 경우도 마찬가지겠지만 비슷한 상황에 처한 여성을 내가 직접 상담한 적은 없다.</sup>

적어도 6개월간 이 죄를 이기는 파트너의 모습을 지켜보는 것이 당신에게 안전하다. 상대를 지탱해 줄 당신과의 섹스가 없는 상태에서 말이다. 그러면 결혼 후에 유혹이 닥쳐와도 상대에게 견고히 설 힘이 있음을 알 수 있다. 유혹은 반드시 닥쳐온다. 포르노 전력이 있는 배우자라면 결혼 후에도 몇 년은 어느 정도 힘들어할 것이다.

결혼을 서두르면 위험할 수 있다. 어떤 남자들은 사랑에 빠지면 1년 정도 포르노를 끊지만 연애 감정이 시들해지면 다시 거기로 돌아가기 때문이다. 이것은 숙련된 심리학자로서 하는 설명이 아니라 내가 들었던 여러 고백의 사례에서 도출된 결론이다. 여러 남자가 내게 한 말에 따르면 신혼 초에는 아내와의 성생활 덕분에 포르노 강박증이 1년 가까이 잦아들었다. 하지만 섹스가 늘 뻔해지자 옛날의 충동이 되살아났다. 그들은 부부간의 성생활을 더 만족스럽게 가꾸려고 노력한 게 아니라 오히려 더 쉬운 길을 택해 구습으로 돌아갔다.

그러므로 여성이여, 남자친구가 포르노 전력이 오래된 사람인데 당신이 결혼 전부터 그와 성관계를 한다면, 당신은 그의 치유가 정말 얼마나 사실인지 모른다. 그는 "너를 만난 뒤로는 포르노를 보지 않았어"라고 말할지 모른다. 하지만 몇 달 후 당신과의 섹스에 싫증나면 다시 포르노로 돌아가지 않을지 어떻게 아는가? 그와 혼전 성관계를 하다가 결국 만난 지 1년도 안 되어 결혼까지 간다면 당신은 요행을 바라는 것이다. 그가 정말 치유되었기를 바라고 재발하지 않기를 바라는 것이다. 결혼 후에도 남편이 포르노를 쭉 보았다는 사실을 나중에 알고 PTSD외상 후 스트레스 장애를 겪는 아내가 상당 비율에 달한다.

하나님이 설계하신 섹스는 즐거운 것이지만 그렇다고 쉽다는 뜻은 아니다. 그 점을 명심해야 한다. 서로 만족스러운 성생활을 하려면 반드시 다루어야 할 여러 이슈가 있다. 진정한 관계를 가꾸려면 노력이 필요하다. 그런 노력을 피하고 게으르게 편법을 택할 사람과는 당신도 결혼하고 싶지 않을 것이다. 성욕을 해결할 대상이 아내뿐이라면 그런 남자는 이슈를 무시하기보다 이슈가 떠오르는 대로 더 해결하고 싶어질 것이다.

## 문란한 과거

당신은 그냥 남자나 여자와 결혼하는 게 아니라 어떤 의미에서 상대의 과거와 결혼한다. 신경가소성 원리에 따라 과거가 복잡할수록 극복해야 할 문제도 많아진다.

스티브 윌키 박사는 캘리포니아에서 30년 넘게 치료사로 활동했다. 그가 상담한 많은 여성은 한때 유명 남성지의 누드모델로 일했고 더러는 스트립쇼 댄서 출신이었다. 그런데 그들은 종종 성적 만족을 얻는 데 어려움을 겪었다. 성 자체에는 경험이 있는 듯싶었으나 하나님이 제정하신 부부관계 내의 성적 친밀함에 대해서는 거의 문외한이었다. 이전에 그들이 경험한 섹스는 권력이나 돈과 연관되었다. 막상 성생활을 통해 진정 사랑하는 남편과 친밀함을 가꾸어야 할 상황이 되자 그들은 참된 관계에 이르는 길을 찾기가 무척 힘들었다. 그 결과 서로 만족할 만한 관계에 들어서려면 그들에게 많은 영적, 심리적 치유가 이루어져야 했다. 연극과 은폐와 조종 등 이전의 심리적 생존 방식을 '버리고' 때로 두렵기까지 한 결혼생활의 현실을 받아들여야 했다. 연약한 부분까지 내보이며 소통해야 했던 것이다.

하지만 여기 기쁜 소식이 있다. 윌키 박사는 숱한 커플의 각종 성적 과거가 치유되는 것을 보았다. 그들은 결혼해서 아주 만족스러운 성생활을 누린다. 성적 과거는 부부의 섹스에 비할 바가 못 될 정도다.

윌키 박사는 양쪽의 차이를 내담자들에게 이렇게 설명한다.

"이전의 섹스에서는 늘 돈이나 쾌락이나 권력이나 조종이 중요했습니다. 두 분 다 진정한 관계에 자신을 내어 준 적이 없어요. 진정한 관계란 참으로 사랑과 돌봄과 보호를 받는 관계, 기도와 말씀이 영적으로 덮어 주는 관계지요. 두 분은 아가서의 사랑이나 에덴동산의 사랑을 아직 모릅니다. 섹스를 하나님의 창조 질서대로 경험하고 누리기는 이번이 처음일 겁니다. 그것이 얼마나 차원이 다른 섹스인지 두 분은 전혀 모릅니다."

이런 상황에 처한 커플에게 윌키 박사가 공정하게 하는 말이 있다. 그런 회복에 이르려면 영적, 심리적으로 엄청난 양의 임상 치료가 필요하다는 것이다. 그래야 과거의 악습을 끊고 새로운 습관을 들일 수 있다. 치료해야 할 이력과 배경이 있는 사람은 믿을 만한 전문가와 함께 결혼을 준비해야 한다. 하나님을 영화롭게 하는 방식으로 사랑하는 법을 배워야 한다. 전문가를 만나야 한다는 말이 당신에게 극단적으로 들릴 수도 있다. 하지만 당신의 과거가 복잡하다면 전문가가 필요하다. 팔이 부러지거나 인대가 찢어지면 깁스만 해서는 안 되고 물리 치료도 받아야 한다. 동일한 원리가 영적으로도 적용된다. 일단 피해를 파악해서 '고쳐야' 하지만 건강을 온전히 회복하려면 계속 심리적, 영적 운동이 필요하다.

여자가 자신이 용서받았음을 알고 있고 하나님의 은혜를 깨달았다 하자. 또 영적, 관계적, 정서적으로 자신과 잘 맞는 남편의 사랑을 받는다 하자. 그런 여자는 대개 남편의 품안에서 녹게 마련이다. 그녀의 과거가 미래를 파괴할 수 없다. 단 예외가 하나 있다. 한순간이든 여러 번이든 성폭행을 당한 적이 있다면 그 경우에는 좀더 치료가 필요하다.

남자가 여자들을 정복 대상으로 보던 것을 회개했다 하자. 또는 나이 든 친척에게 성폭행당한 상처를 극복했다 하자. 그런 남자는 마침내 섹스를 서로 즐거운 경험, 소외감과 수치심과 고통 대신 치유와 위안을 가져다 주는 경험으로 볼 수 있다.

그러므로 커플들이여, 둘 중 어느 쪽에든 꺼림칙한 과거 있다면 결혼하기 전에 거금을 들여서라도 최고의 상담을 받아야 한다. 심리 건강에 관한 한 우리 대부분은 자신이 무엇을 모르는지 모른다. 과거가 계속 현재의 즐거움을 방해하는데도 우리는 그것을 알아차리지 못하거나 어떻게 막아야 할지를 모른다. 다행히 우리에게는 그리스도가 계시고 용서와 구속救贖이라는 기독교 진리가 있다. 그래서 당신의 과거를 정직하게 직시하면 결혼생활의 성적 즐거움을 현실적으로 기대할 수 있다.

결론은 남녀 모두 동일하다. 과거의 성적 죄에는 결과가 따르며, 대개 용서받은 후에도 그런 결과를 극복해 나가야 한다. 당신이 생각 중인 결혼 상대가 건강하고 성숙하고 복음 중심적인 방식으로 자신의 과거를 처리했고 지금도 처리 중이라면, 당신은 어느 정도 확신을 품고 진도를 나가도 된다. 하지만 상대가 거짓말하다 들통 나거나 해로운 구습으로 돌아가거나 온전한 치유에 필요한 정신적, 신체적, 영적 노력상담을 받거나 회복 그룹 모임에 성실히 참석하는 등을 거부한다면, 결국 당신은 부부간의 잠자리를 생각만 해도 정이 뚝 떨어질 것이다.

## 거룩한 신뢰를 회복하라

하나님은 깨어진 두 사람을 하나로 불러 언약의 관계로 묶으신다. 두 사람이 치유되고 성장하고 의를 구하는 데 필요한 안정이 그 관계 속에 있다. 그래서 나는 결혼이 참 좋다. 하지만 당신은 대가를 계산해야 한다. 결혼 상대에게 치유가 얼마나 필요한지 파악해야 한다. 결혼하기 전에 반드시 서로의 성적 과거에 대해 대화해야 한다. 지나치게 자질구레한 것까지 다 말할 필요는 없지만, 결혼 후에 부딪칠 이슈를 제대로 파악할 수 있을 만큼은 충분히 서로에게 자신을 열어 보여야 한다. 그것을 이렇게 표현해 보자. 내가 만일 1억 원의 빚이나 중증 질환이나 장래에 취업 길이 막힐 정도의 전과를 속인 채로 결혼한다면 분명히 그것은 사기 행각이다. 마찬가지로 장래의 배우자는 당신과 함께 하나님을 영화롭게 하는 건강한 성관계를 해 나가려면 노력이 얼마나 필요할지 알 권리가 있다.

에이미의 전 남자친구는 에이미의 성적 과거가 '내가 감당하기에는 너무 심해서' 그녀와 절교했다. 다음은 에이미가 결혼한 후에 한 말이다. "그때는 그의 말이 하나님의 은혜를 지독히 부정하는 것 같아 속으로 그를 비웃었어요. 그런데 지금은 그것이 오히려 나를 위한 하나님의 섭리로 보입니다. 지금의 남편은 내 과거를 짐으로 느끼지 않고, 나도 남편의 과거를 짐으로 느끼지 않아요. 우리는 이 부분에서 늘 정직했어요. 둘 다 서로의 결점을 받아들일 준비가 되어 있거든요. 그게 무슨 의미든 말이죠. 우리는 온전한 치유에 이르기까지 이 문제를 함께 풀어 나가기로 다짐했습니다."

과거를 충분히 알아본 결과 상대가 치유되었고 치유되는 중이라고 판단된다면, 그 사람과 결혼하는 것도 어리석은 일은 아니다. 하지만 일단 결혼을 결심했다면 조심할 것이 있다. 상대의 삶이 회복되도록 돕고 싶고 아가서의 섹스를 경험하고 싶다면, **상대의 과거에 대해 함구해야 한다.** 어떤 아버지가 아들에게 참 좋은 조언을 해 주었다. 아들의 여자친구가 자신의 문란했던 과거를 털어놓았는데, 그 후에 이 아버지는 아들에게 아주 지혜롭게 말했다. "앞으로 네 아내의 과거를 절대로 – 말다툼 중에든 어떤 상황에서든 – 무기로 삼지 않겠다고 결심해야 한다."

비유로 말해 보자. 배우자의 빚을 함께 떠맡는 것은 자상하고 너그러운 일이다. 하지만 그 빚만 아니었다면 이것저것 살 수 있었을 거라고 배우자에게 자꾸 들먹이는 것은 잔인하고 옹졸한 일이다. 굳이 남의 빚을 떠맡지 않아도 된다. 하지만 일단 떠맡았다면 그것을 빌미로 상대를 비하하거나 창피를 주어서는 안 된다. 마찬가지로 과거가 당신보다 '복잡했던' 사람과 결혼하는 것은 자상하고 너그러운 일일 수 있다. 그러나 일단 결혼했다면 상대의 과거를 **한번만** 무기로 삼아도 그것이 결혼생활의 안전과 친밀함과 안정감을 해칠 것이다.

섹스는 강력한 도구다. 건강한 부부관계에서 제대로만 쓰이면 섹스는 아주 영광스러울 수 있다. 우리는 하나님을 우리 몸과 성의 창조주로 믿는 사람인 만큼 그분의 선한 작품을 전심으로 받아들여야 한다. 하지만 이것만은 알아야 한다. 강력한 도구일수록 사용법을 배울 때 더욱 훈련과 주의가 필요하다. 그것이 이번 장의 주제다. 즉 당신을 겁주어 섹스에서 쫓아내려는 게 아니라 오히려 섹스를 당신이 여태 꿈꾸던 것 이상으로 누리게 하려는 것이다. 섹스는 당신의 친밀함을 돕는 종이며 순결을 지켜 주는 보호 장치다. 섹스는 쾌락의 아주 신성한 장이며 당신의 관계를 새롭게 해 준다.

**1.** 당신은 섹스가 화학적, 관계적으로 우리에게 영향을 미치는 방식을 알고 있었는가? 그렇다면 혼전 섹스를 보는 당신의 관점이 어떻게 달라져야겠는가?

**2.** 세간의 통념에 따르면 결혼 전에는 열심히 성생활을 하던 커플도 결혼하고 불과 몇 달만 지나면 섹스가 권태로워진다고 한다. 이런 통념이 왜 생겨났다고 보는가? 이런 현상을 예방할 수는 없는가? 이제 당신은 독신으로서 어떻게 하면 그 덫에 빠지지 않을 수 있겠는가?

**3.** "혼전 성관계는 어느 모로 보나 무익하다." 이 말을 생각해 보라. 당신은 거기에 동의하는가? 왜 그렇거나 그렇지 않은가?

**4.** 섹스를 하지 않고도 '성적 궁합'이 맞음을 알 수 있는가? 이것은 중요한 문제인가?

**5.** 상대의 성적 과거를 서로 아는 것이 얼마나 중요하다고 보는가? 얼마나 자세히 알아야 하는가?

**6.** 상대의 과거를 평가할 때 우리가 취할 수 있는 몇 가지 지혜로운 조치는 무엇인가? 당신이 생각하는 '유난히 난잡했던 과거'란 무엇인가? 상대가 문란한 성생활, 포르노, 성폭행 피해 등의 성적 과거로부터 치유되었는지 어떻게 분간할 수 있는가?

# 예수님이라면 데이트를 어떻게 하실까? 18

지금까지 당신에게 배우자감에 대한 영적 종합 평가를 권했다. 이제 물어 보자. 당신은 어떤가? 당신은 데이트에 성실하게 임하고 있는가? 좋은 배우자감을 찾는 과정에서 은혜롭고 친절하게 행동하고 있는가? 그 **과정 자체**가 하나님을 영화롭게 하는가?

솔직히 털어놓자면 나는 독신 때 이 일에 형편없었다. 그래서 나 자신을 모범 사례로 들 수 없다. 나는 너무 성급히 배타적 관계에 들어섰고, 관계를 정리할 때도 대개 똑같이 성급했다. 장기간 여자친구 없이 지내기가 정서적으로 힘들었고, 그래서 거의 항상 여자친구가 있었다.

다행히 우리에게는 훨씬 더 확실한 본보기가 있다. 바로 예수님이다. 사실 그분은 데이트하신 적은 없다. 하지만 친구들이 있었다. 그분의 우정에 나타난 관계의 속성을 보면 그분이 데이트하신다면 어떻게 하실지 미루어 짐작할 수 있다.

요한복음 11장이 아주 좋은 예다. 예수님은 마리아, 마르다, 나사로와 두터운 우정을 가꾸셨다. 나사로가 중병이 들자 두 자매는 기적을 행하시는 랍비에게 전갈을 보내 급히 베다니로 오시도록 청했다. 그분의 친구가 죽어 가고 있었다. 그때쯤에는 의사도 다 소용없었고 예수님만이 그들의 **유일한** 희망이었다. 그런데 예수님은 나사로가 죽을 때까지 일부러 지체하셨다.

겉으로만 보면 정말 야속해 보였다. 베다니의 유대인들은 그전에 예수님을 죽이려 했었다. 따라서 거기로 다시 오시라는 부탁이 그분의 목숨을 걸라는 뜻임을 마르다와 마리아도 알았다. 냉혹하게 본다면 예수께서 두려워서 지체하신 것으로 보였을 수도 있다. 좀 덜 냉혹하게 본다면 그분이 너무 바쁘시거나 가까운 친구의 곤경에 무심해 보였을 수도 있다. 깊은 슬픔은 이성을 거스를 때가 있다. 나중에 예수께서 오셨을 때 두 여인의 입에서 나온 힐난의 말 속에 그들의 의혹이 드러난다.

하나님이신 예수님은 친구들이 배신감을 느낄 것을 아셨다. 그럼에도 고전 작가 R. 소머셋 워드[R. Somerset Ward]의 말대로 "그분은 자연스러운 애정의 충동을 절제하고 기다리셨다."[1] 워드의 문체가 약간 고어라서 나머지를 내가 풀어써 보면 이렇다. 예수님은 친구들이 자신의 행동을 어떻게 생각할 것인가보다 자신의 행동 자체를 더 중시하셨다. 그 정도로 그분의 우정은 진실했다. 그분은 그들이 자신에게 의문을 제기할 것을 아시면서도 소신껏 옳은 길을 가셨다.

당신의 우정도 그만큼 순수한가? 당신은 상대가 당신을 어떻게 볼 것인가보다 상대의 유익 자체를 더 중시하는가? 거기까지 가기란 쉽지 않지만 그것만이 성숙한 사랑의 유일한 기초다. 상대는 당신이 올바른 동기나 배려에서 행동한다고 보지 않을 수도 있다. 그럴 때도 당신은 최선의 행동을 취해야 한다.

워드에 따르면 그런 "이타심은 절제를 통해서만 가능하다. 이기적 욕망과 싸워야만 가능하다. 가장 고결한 우정은 절제의 불속에서 연단된다. 연단이 혹독할수록 우정이 순수해진다는 말은 경험상 사실이다."[2]

> 당신의 우정도 그만큼 순수한가? 당신은 상대가 당신을 어떻게 볼 것인가보다 상대의 유익 자체를 더 중시하는가?

대다수 사람은 뜨거운 정과 의리를 가장 고결한 우정이라 생각한다. 현대인의 사고에서는 상대를 **좋아하거나** 호감을 느끼면 그게 바로 친구다. 그러나 워드의 말대로 가장 고결한 우정은 자아의 절제며, 예수께서 바로 그 본을 보이셨다. 우정이란 상대에게 가장 이롭게 행동하는 것이다. 그것이 혼란이나 두려움이나 반감을 자아낼지라도 말이다. 거기까지 가려면 그야말로 자신의 이기심에 맞서 영적 전쟁을 선포해야 한다.

로맨스의 기초는 헤픈 애정을 무절제하게 마구 표출하는 것이다. 그러나 이런 표출은 마음이 훈련되어 있지 않다는 증거일 수 있다. 때로는 애정의 표출을 자제하고 상대를 향한 하나님의 더 큰 선善에 따르는 것이 가장 큰 사랑의 행위다. 예수님은 즉각 나사로에게 달려가 병을 고쳐 주실 수도 있었다. 그랬다면 마리아나 마르다가 그분의 사랑을 의심할 빌미도 없었을 것이다. 하지만 그분은 나사로를 죽게 두실 수도 있었다. 그리하여 두 자매에게 그분의 사랑과 헌신에 대한 자연스러운 의심을 경험하게 하심으로써 그들에게 소중한 영적 교훈을 가르쳐 주실 수 있었다. 예수님은 영적 교훈 쪽을 택하셨고, 그래서 나사로가 죽을 때까지 기다리셨다.

하지만 이 사건의 의미는 그보다 좀더 깊이 들어간다. 예수께서 제자들에게 말씀하셨듯이, 여기에는 두 자매를 기쁘게 해 주시거나 심지어 나사로를 살리시는 일보다 더 큰 일이 걸려 있었다. 예수께서 죽은 나사로를 살리시는 것은 하나님의 뜻이었다. 그런데 살리려면 먼저 나사로가 죽어야 했다. 예수님은 무엇보다 하나님의 영광을 위해 사셨다. 인간과의 모든 우정보다 그것을 더 우위에 두셨다. 그래서 그분은 모든 남녀 인간에게 가장 진실한 친구가 되셨다.

베다니로 다시 가시기로 한 결정은 그분의 용감한 우정을 보여 준다. 상황이 어찌나 암담해 보였던지 제자들은 그분이 뻔한 사지死地로 걸어 들어가시는 줄로 알았다. 제자 도마는 다른 제자들에게 "우리도

주와 함께 죽으러 가자"요 11:16라고 말했다. 예수님을 움직인 것은 친구들의 견해나 적들의 위협이 아니었다. 그분은 전적으로 하나님의 뜻을 이루기 위해 사셨다.

## 의지적인 사람

이 우정에서 예수님이 얼마나 목적을 두고 의지적으로 행하시는지 보라. 자신의 안위나 평판에 아랑곳하지 않으시고 말이다. 당신에게 까다로운 질문을 하나 하겠다. 우정이나 로맨스가 막 피어나기 시작할 때 당신은 의지적인가, 아니면 조급한가? 먼저 하나님의 얼굴부터 구하는가, 아니면 감정에 '충실해' 감정부터 입에 올리는가? 당신의 감정이 하나님의 뜻에 어긋난다면 그 시점에는 부적절한 감정이다. 예수님이 과연 당신의 '친구'만이 아니라 당신의 하나님이시라면 말이다.

많은 커플이 무절제하고 성급하게 애정을 '고백하는' 경향이 있다. 그들은 상대를 진지하게 알기도 전에 다짜고짜 감정부터 쏟아낸다. 그래놓고는 아주 자기중심적인 습성을 보인다. 상대 쪽에서도 똑같이 반응해 똑같이 절박하게 자신의 로맨틱한 공상을 채워 주기를 바라는 것이다.

예수님은 정반대로 하신다. 워드가 지적했듯이 우리가 우정에서 자주 범하는 실수는 '친구에게 쓸모없는 것은 너무 헤프게 주면서' 정작 '가장 값비싼 선물'을 주는 데는 너무 인색하다는 것이다. 전자는 쉬운 애정 표현이고, 후자는 자신의 감정을 확실히 책임질 수 있을 때까지 희생적으로 감정을 제어하는 것이다. 워드의 말은 이렇게 이어진다. "모든 겉모습의 배후에 숨어 있는 진실이 있다. 사랑의 척도는 희생을 마다하지 않는 데 있다. 감정을 분석하는 것은 진실한 우정에 도달하는 최악의 방법이다. 대가를 감수하는 것이 최선의 방법이다."[3]

**감정을 분석하는 것은 진실한 우정에 도달하는 최악의 방법이다. 대가를 감수하는 것이 최선의 방법이다.**

예수님은 우정과 사랑의 척도가 희생이라고 가르치셨고 친히 그렇게 사셨다. "사람이 친구를 위하여 자기 목숨을 버리면 이보다 더 큰 사랑이 없나니"요 15:13. 상대에게 로맨틱한 감정이 들지만 지금 말하는 게 시기상조고 지혜롭지 못한 일임을 알기에 언급을 삼간다면, 그거야말로 당신에게 요구될 수 있는 가장 힘든 사랑의 행위 중 하나다. 연애 감정이 뜨거운데도 상대에게 그것을 말하지 않기란 어렵다. 게다가 상대의 감정도 같다는 말을 들으면 달콤하기까지 하다. 하지만 그런 감정이나 대화에 무조건 휩쓸린다면 이는 사랑의 반대인 이기심일 수 있다. 상대의 정서적, 영적 건강을 위협하는 일이다. 배려가 없고, 마음을 쓰지 않으며, 참 사랑의 기초인 희생의 의사가 전혀 없다는 증거다.

공공연한 애정 표현, 순전히 기분에서 비롯한 헌신의 고백, 일시적 감정에 기초한 거짓 약속 – 이것은 모두 워드가 말한 '쓸모없는' 선물이다. 우리는 그런 선물에는 아주 후할 수 있다. 그러면서 상대에게 꼭 필요한 유익하고 값비싼 선물에는 너무 인색하다. 즉 우리는 상대의 유익을 고려하지 않고 일단 자신의 헌신이나 애정을 발표한다. 자신의 애정 표현이 건강한 것인지 아니면 혼란을 거쳐 상처를 유발할 수 있는지 생각하지 않는다. 당신은 자신의 이기적 욕망을 부인하는 법을 배우고 있는가? 상대의 영적 유익을 자신의 정서적, 신체적 욕구보다 앞세울 수 있는가?

당신이 상대에게 헌신되어 있고 상대를 정말 사랑하는지 어떻게 아는가? 여기 그것을 제대로 아는 방법이 있다. 당신의 감정을 분석하는 것은 "진실한 우정에 도달하는 최악의 방법이다. 대가를 감수하는 것이 최선의 방법이다." 당신의 사랑을 측정하는 척도는 이타적으로 행동하려는 의지에 있다. 상대에게 영적으로 유익하기만 하다면 자신이 상대에게 못나 보여도 좋다는 자세에 있다. 지혜로운 관계임을 확인할 때까지 당신의 사랑을 입 밖에 내지 않는다면 이는 대가를 감수하는 것이다. 그것은 사랑이다. 그러나 하나님을 영화롭게 하는 관계인지 알기도 전에 상대의 감정도 같은가부터 알고자 한다면 그것은 이기심이다. 당신의 감정을 분석하는 것은 시간낭비다. 그런데도 많은 독신이 거기에 치중한다. 그보다 사랑의 열매를 분석하라. 즉 희생하려는 의지, 상대를 유익하게 하려는 헌신이 자신에게 있는지 살펴보라.

예수님이 마리아와 마르다에게 바로 그렇게 하셨다. 워드의 말을 들어 보자.

우리 주님은 베다니 일가의 영적 유익을 최고로 고려하셨다. 틀림없이 그들은 이틀간의 기다림을 통해 상실을 더욱 온전히 이해하게 되었고, 자신의 믿음을 더욱 온전히 끌어낼 수 있었다. 주님과 그들은 영의 차원에서 가장 긴밀하게 연합되어 있었다. 우리도 사랑하는 이들에게 자신을 내주는 참된 친구가 되려면 그들과의 관계에서 물질적 차원보다 영적 차원을 앞세워야 한다. 결혼이든 우정이든 그 기초가 공통된 영적 관점과 영적 비전에 있지 않으면 결코 완성에 이를 수 없다.[4]

하나님을 영화롭게 하는 우정은 인생 최고의 기쁨 중 하나다. 우정이 결혼으로까지 이어질 수 있다면 그 감격은 더 말할 것도 없다. 그래서 더더욱 우리는 결혼을 지켜야 하고 반드시 든든한 기초 위에 세워야 한다.

어떤 마음가짐으로 우정에 들어서느냐가 우정의 성장을 좌우한다. 우리는 아무 생각 없이 가볍게 우정에 들어설 때가 너무 많다. 하지만 우정을 영적 삶의 일부로 생각하면 그런 낭패를 면할 수 있다. 그 경우 우리는 우정을 중대한 문제로 보고 접근할 것이고, 처음부터 우정을 제대로 제어하려 애쓸 것이고, 아무리 대가가 클지라도 기꺼이 자신의 최선을 우정에 내줄 것이고, 우정을 물질적 차원보다 높은 영적 차원에 둘 것이다. 하나님의 도움으로 그것을 이룰 수 있다면 우리 삶은 지상 최대의 선물로 말미암아 풍요로워질 것이다. 그 선물이란 바로 그리스도께서 나사로와 두 자매에게 베푸신 것과도 같은 우정이다.[5]

당신은 다른 사람들을 이렇게 대해야 함은 물론이고 미래의 남편이나 아내에게도 당신을 이렇게 대해 주기를 기대해야 한다. 예비 배우자가 별로 중요하지 않은 것에는 후하면서 정말 중요한 것에는 인색하다 하자. 즉 신체적 애정 표현이라든가 주로 격한 감정에서 비롯한 값싼 헌신의 말 따위에는 후하면서 정작 자신의 사랑을 절제해 당신의 믿음을 세워 주고 하나님과 더 가까워지게 해 주는 부분에는 인색하다 하자. 그렇다면 상대는 당신에게 맞는 사람이 아니다.

당신을 값싸게 팔지 마라. 육체관계를 강요하는 사람은 이기적이고 해로운 사람이다. 이기심과 해로움이 열정의 가면을 쓰고 있을지라도 말이다. 당신에게 필요한 사람은 당신의 청을 거부할 수 있을 만큼 당신을 존중하는 사람이다. 그런 사람은 당신이 청하는 것이 당신에게 영적으로 유익하지 않다면 그것을 거부한다.

이번 장을 쓰면서 내 마음이 몹시 찔린다. 나는 독신 때 정말 이렇게 살지 못했다! 당신도 그동안 잘못했다면 내가 전적으로 이해한다. 하지만 지금부터는 다르게 살 수 있다. 영적 차원을 앞세우라. 참사랑으로 사랑하는 법을 배우라. 예수님이 하실 법한 방식으로 데이트하는 법을 배우라. 그러면 배우자를 더 지혜롭게 선택할 수 있다. 그 못지않게 중요한 것이 있다. 이를 통해 당신에게 영적으로 친밀한 결혼생활에 꼭 필요한 성품이 빚어진다.

**1.** 배우자를 선택하는 과정 자체도 하나님을 영화롭게 해야 한다. 그것이 왜 중요한가?

**2.** 마리아와 마르다는 이미 많은 것을 보았는데도 여전히 예수님을 의심하는 쪽으로 기울었다. 왜 그랬다고 보는가? 오늘 우리 삶 속에서 하나님이 행하시는 일에 대한 우리의 반응은 어떤가? 이와 관련하여 두 자매의 사례에서 무엇을 배울 수 있는가?

**3.** 데이트하거나 감정을 표현하거나 장래를 약속하는 방식에 어떻게 그 사람의 성품이 나타나는가?

**4.** "감정을 분석하는 것은 진실한 우정에 도달하는 최악의 방법이다. 대가를 감수하는 것이 최선의 방법이다." 이 말을 실제로 어떻게 적용할 수 있겠는가?

# 그리스도 안의 멋진 커플들을 기대하며

**후기**

아도니람 저드슨Adoniram Judson은 앤 해슬틴의 아버지에게 앤과의 결혼을 승낙해 달라는 편지를 쓸 때 미래를 미화하지 않았다. 미국 최초의 해외 선교사가 되기로 결심한 아도니람은 해슬틴 씨의 딸에게 닥칠 수 있는 온갖 위험을 솔직히 밝혔다.

저는 지금 당신께 딸과의 이별에 동의하실 수 있는지 여쭙고자 합니다. 당신의 딸이 이교의 나라로 떠나 선교사의 아내로서 고생과 환난, 바다의 위험, 인도 열대성 기후의 악영향, 모든 빈곤과 궁핍, 멸시와 천대와 박해, 참담한 죽음을 당한다 해도 거기

에 동의하실 수 있는지 여쭙고자 합니다.¹

앤에게 다른 길이 없었던 게 아니다. 앤은 '매사추세츠 추 브래드 포드에서 가장 아리따운 여인'으로 소문이 자자했던 만큼 구혼하는 남자가 많았다. 하지만 그녀의 애정을 얻어낸 사람은 아도니람이었다. 그가 앤의 아버지에게 보낸 편지는 안타깝게도 결국 그대로 현실이 되었다. 버마에 도착한 부부는 열대병으로 자식을 잃었다. 그러다 전쟁이 터지자 아도니람은 간첩 혐의로 체포되어 며칠 연속 천장에 거꾸로 매달려 있었다. 그 사이에 앤은 남편의 석방을 위해 갖은 애를 썼다. 결국 남편이 체포된 지 8개월 만에 앤은 어렵사리 면회를 가 소중한 핏덩이를 내놓았다. 갓 태어난 딸 마리아였다.

아도니람은 몇 달 후에 드디어 풀려났지만 그로부터 얼마 안 되어 앤과 마리아가 둘 다 열병으로 세상을 떠났다.

이런 참혹한 사건 때문에 아도니람은 신경 쇠약에 걸렸다. 그런데도 초자연적으로 견뎌 냈고 평생 충실한 영적 수고로 일관했다.

하나님은 당신을 선교지로 부르지 않으셨을 수 있다. 하지만 아도니람과 앤을 하나로 묶어 준 것이 무엇인지 생각해 보기 바란다. 그것은 바로 큰 사명이었다. 그 사명이 있었기에 그들은 최악의 악몽과도 같은 상황에 기꺼이 부딪쳐 끝까지 견뎌 낼 수 있었다.

하지만 그보다 더 지독한 악몽이 있다. 바로 사명 없는 결혼이요 목적 없는 인생이다. 관계의 목표가 자신들의 '행복'을 벗어나지 못하는 것이다. 하나님의 나라를 먼저 구하라 하신 마태복음 6장 33절

말씀은 모든 결혼에 생명을 불어넣어 준다. 확신하건대 지금도 이 말씀은 두 남녀가 서로의 미래를 연합해야 할 단연 최고의 이유다. 그런 커플은 단순히 50~60년의 낙을 추구하는 데 매몰되지 않는다. 영원한 영향을 미칠 인생을 살기로 작정했기 때문이다.

이 책의 서두에 소개한 두 종류의 눈물 이야기가 기억나는가? 한 기혼자는 고통의 눈물을 흘렸고 다른 기혼자는 기쁨의 눈물을 흘렸다. 다시 한 번 묻는다. 지금으로부터 10년 후에 당신은 어떤 종류의 눈물을 흘리고 싶은가?

결혼을 주제로 책을 쓰고 강연한 지 20년이 되다 보니 그동안 나는 사람들이 극도로 어려운 결혼생활을 견뎌 내고 고쳐 보고자 얼마나 많은 시간과 노력을 들이는지 보았다. 물론 어떤 결혼생활도 쉽지는 않다. 하지만 정말 유독 손이 많이 가는 결혼생활도 있다. 예컨대 치료를 거부하는 중독자나 영적으로 미성숙한 사람과 결혼한다면 당신은 평생 산만한 삶을 자초하는 것이다.

사도 바울은 그것을 결혼과 관련된 주된 우려 사항의 하나로 꼽았다. 그가 기적했듯이 기혼자는 생각이 산만해져 남편이나 아내를 기쁘게 하고자 상당한 시간과 정신적 노력을 들여야 한다. 하지만 그중에도 유난히 더 산만한 결혼생활이 있다. 반면 더욱 집중하여 하나님을 섬기도록 든든히 뒤를 받쳐 주는 결혼생활도 있다.

내 책 《결혼, 영성에 눈뜨다》의 끝부분에 '거룩한 부부'를 비전으로 제시했다. 흔히 우리는 성도를 개인으로 생각한다. 하지만 결혼을 충분히 진지하게 생각해 부부를 성도의 단위로 보면 어떨까? 그들의 결혼생활에는 하나님의 임재와 역사가 눈에 띄게 나타난다. 가정이라는 새로운 정체가 출현할 정도다. 그 가정의 기초는 바로 하나님 나라를 먼저 구하는 삶에 있다.

> 소수나마 그리스도인 부부들이 이 선구적 도전을 진지하게 받아들여 지금부터 '부부 성도'가 되면 어떨까? 그들과 하나님의 관계는 더는 개인적 차원에서 규정되지 않는다. 그들은 함께 노력하여 하나의 거룩한 단위가 된다. 언약궤를 덮은 한 쌍의 그룹처럼 그들의 한가운데서 하나님의 임재가 극명하게 드러난다. 이것은 … 흥미로운 초대다. 오늘날 과연 이 초대에 응할 사람이 있는가?[2]

독신들은 **결혼 전부터** 이것을 숙고하면서 결혼의 동기를 순수하게 해야 한다. 결혼 상대도 그것을 바탕으로 정해야 한다. 그러면 위와 같은 부부가 훨씬 많아질 것이다. 다시 말해서 당신은 결혼 상대를 정하기 전에 결혼의 이유부터 따져 봐야 한다. 그러면 상대를 정하는 데도 더 지혜로워질 소지가 크다. 이것은 결혼 상대나 결혼의 이유 중 양자택일의 문제가 아니다. 먼저 이유가 바로 되어 있으면 **최선의 상대를** 고르는 데 도움이 된다.

그렇게 배우자를 지혜롭게 선택하는 사람이 더 많아졌으면 좋겠다. 그런 부부는 기도의 차원이 달라진다. 그저 고함지르며 싸우지 않고 한 집에 살 수라도 있게 해 달라고 기도하는 게 아니라 그리스도를 위해 가장 요긴한 영향을 미치려면 어디에 살아야 할지를 놓고 기도할 수 있다. 나는 하나님이 이렇게 서로 뜻이 잘 맞는 부부들을 일으켜 주시기를 기도한다. 그만큼 그들은 더 강건하게 모든 영적 공격을 당해 낼 것이다. 열매 맺는 그리스도인이라면 누구에게나 반드시 공격이 닥쳐오게 마련이다. 나는 그리스도인들이 자녀를 많이 낳거나 입양해 아이들에게 하나님 중심의 결혼생활이 어떤 것인지 보여 주기를 기도한다. 물론 그런 부부도 자신들의 죄 문제를 해결하는 과정에서 외부의 도움과 조언이 필요할 때가 있다. 하지만 그럴수록 그들이 상담과 기도와 격려와 모본을 통해 다른 부부들에게 좋은 자원이 되어 주기를 나는 기도한다.

잘못 만난 부부들은 결혼생활을 조금이라도 견딜 만하게 만들어 보려고 하나님 나라의 시간을 많이 낭비한다. 나는 여기서 당신이 긍정적 비전을 보았으면 좋겠다. 두 사람이 잘 만나면 하나님 나라의 일을 엄청나게 많이 이룰 수 있다. 그들은 협력하여 하나님 나라를 구하고, 의롭게 자라 가며, 그리스도 안에서 자신들만의 독특한 소명을 실현한다.

이런 가정이 더 많아져야 한다. 아무리 많아도 지나치지 않다. 오늘날 이런 가정이 부족하다. 우리 대부분에게 그런 가정을 창출할 기회는 딱 한 번뿐이다. 부디 배우자를 지혜롭게 선택하기 바란다. 당신의 지혜로운 선택이 요긴하다.

# 주

## 02. 짜릿한 감정이 있어야만 하는가?

1. Debra Lieberman & Elaine Hatfield, "Passionate Love: Cross-Cultural and Evolutionary Perspectives," *The New Psychology of Love*, Robert Sternberg & Karin Weis 편집 (New Haven, CT: Yale University Press, 2006), 280.
2. Vinita Mehta, "The Allure of Aggressive Men," *Psychology Today*, 2013년 5월 28일. www.psychologytoday.com/us/blog/head-games/201305/the-allure-aggressive-men.

## 03. 사랑에 빠지면 이성이 마비될까?

1. Helen Fisher, "The Drive to Love," *The New Psychology of Love*, Robert Sternberg & Karin Weis 편집 (New Haven, CT: Yale University Press, 2006), 88.
2. 같은 기사, 88.
3. Thomas Lewis, "Twenty-First-Century Love: The Neurological Underpinnings of Human Relationships," *San Francisco Medicine* 82, no. 6 (2009년 7~8월): 13. http://issuu.com/sfmedsociety/docs/july-august.
4. 다음 기사에서 재인용했다. Kelly Dickerson, "Love's effect on the brain is as powerful as heroin or cocaine" 2015년 10월 12일. www.businessinsider.com/loves-effect-on-the-brain-is-as-powerful-as-heroin-2015-10.
5. Helen Fisher, Arthur Aron, & Lucy L. Brown, "Romantic Love: A Mammalian Brain System for Mate Choice," *Philosophical Transactions of the Royal*

Society 361, no. 1476 (2006년 11월): 2173~186. https://royalsocietypublishing.org/doi/10.1098/rstb.2006.1938.

6. David M. Buss, "The Evolution of Love in Humans," *The New Psychology of Love*, Sternberg & Weis 편집, 76.
7. 같은 기사, 76.
8. 같은 기사, 80.
9. 같은 기사, 77~79.
10. Paul Friesen, *Before You Save the Date: 21 Questions to Help You Marry with Confidence* (Bedford, MA: Home Improvement Ministries, 2010), 53.
11. Fisher, "The Drive to Love," 91~92.

## 04. 남자와 여자가 피해야 할 실수

1. Kayt Sukel, *Dirty Minds: How Our Brains Influence Love, Sex, and Relationships* (New York: Free Press, 2012), 전자책 loc. 3583.
2. 같은 책, 3588.
3. *Titanic*, James Cameron 감독 (Los Angeles: Twentieth Century Fox, 1997).

## 05. 운명적인 반쪽? 동반자 같은 짝?

1. *Jerry Maguire*, Cameron Crowe 감독 (Los Angeles: TriStar Pictures, 1996).
2. "The State of Our Unions 2001," The National Marriage Project, Rutgers University, 2001년 6월. www.stateofourunions.org/pdfs/SOOU2001.pdf.
3. Plato, *Symposium*, Seth Benardete 번역 (Chicago: University of Chicago Press, 1993), 19. (《향연》 문학과 지성사)
4. 같은 책, 20.
5. 같은 책, 20.

## 06. 천생연분은 진짜 있을까?

1. 다음 주석의 통찰을 참고했다. Dr. Bruce Waltke, *Genesis: A Commentary* (Grand Rapids, MI: Zondervan, 2001), 328.

## 08. 언제, 어떤 사람과 결혼할까?

1. Deborah Lieberman & Elaine Hatfield, "Passionate Love," *The New Psychology of Love*, Robert Sternberg & Karin Weis 편집 (New Haven, CT: Yale University Press, 2006), 277.
2. Paul Yelsma & Kuriakose Athappilly, "Marital Satisfaction and Communication Practices: Comparisons among Indian and American Couples," *Journal of Comparative Family Studies* 19, no. 1 (1988년 봄): 37~54.

## 09. 나와 그대의 결혼스타일은?

1. 본문에 소개한 스타일은 대부분 다음 기사의 표에서 따온 것이다. Robert Sternberg, "A Duplex Theory of Love," *The New Psychology of Love*, Robert Sternberg & Karin Weis 편집 (New Haven, CT: Yale University Press, 2006), 192. 다만 내 취지상 일부는 내가 추가했고 일부는 의미와 표현을 바꾸었다.

## 10. 어떤 사람을 만나야 할까?

1. "Making Screen Magic Is in the Family Scirpt," *USA Today*, 2011년 6월 12일. www.usatoday.com/LIFE/usaedition/2011-06-13-Jada-Pinkett-sidebar_ST_U.htm.
2. Dennis Rainey, *Stepping Up: A Call to Courageous Manhood* (Little Rock, AR: FamilyLife Publishing, 2011), 13~14.
3. 같은 책, 14.

## 12. 절대로 동정심에서 결혼하지는 마라

1. Ben Young & Samuel Adams, *The One* (Nashville: Thomas Nelson, 2001), 150~51.
2. Byron & Carla Weathersbee, *Before Forever: How Do You Know That You Know?* (Waco, TX: Leading Edge, 2008), 27~29. 허락을 받고 실었다.
3. 같은 책, 38~39.

## 15. 데이트할 때 꼭 해야 하는 대화

1. Ben Young & Samuel Adams, *The One: A Realistic Guide to Choosing Your Soul Mate* (Nashville: Thomas Nelson, 2001), 92.

## 17. 이성을 마비시키는 신경화학 전쟁

1. Paul Friesen, *Before You Save the Date: 21 Questions to Help You Marry with Confidence* (Bedford, MA: Home Improvement Ministries, 2010), 129.
2. 같은 책, 123.
3. Debra Fileta, "Porn Is Not Just a Man's Problem," TrueLoveDates.com, 2018년 9월 20일. https://truelovedates.com/porn-is-not-just-a-mans-problem.
4. 같은 기사.

## 18. 예수님이라면 데이트를 어떻게 하실까?

1. R. Somerset Ward, *To Jerusalem: Devotional Studies in Mystical Religion* (Harrisburg, PA: Morehouse, 1984), 91.
2. 같은 책, 91~92.
3. 같은 책, 92.
4. 같은 책, 94.
5. 같은 책, 94.

후기 : 그리스도 안의 멋진 커플들을 기대하며

1. Robert J. Morgan, *On This Day: 365 Amazing and Inspiring Stories about Saints, Martyrs and Heroes* (Nashville: Thomas Nelson, 1997), 2월 15일자.
2. Gary Thomas, *Sacred Marriage* (Nashville: Thomas Nelson, 2000), 268. (《결혼, 영성에 눈뜨다》좋은씨앗)

나랑 결혼해 줄래?